# La souveraineté
# dans l'impasse

## DU MÊME AUTEUR

*Nous voilà rendus au sol. Essais sur le désenchantement du monde*, Montréal, Bellarmin, 2003.

*Fernand Dumont, un témoin de l'homme* (entretiens colligés et présentés par Serge Cantin), Montréal, Éditions de l'Hexagone, 2000.

*Ce pays comme un enfant. Essais sur le Québec 1988-1996*, Montréal, Éditions de l'Hexagone, 1997.

*Le philosophe et le déni du politique. Marx, Henry, Platon* (préface de Fernand Dumont), Sainte-Foy, Les Presses de l'Université Laval, 1992 (Prix Raymond- Klibansky 1993).


## DIRECTION D'OUVRAGES COLLECTIFS

(Avec Robert Mager) *Modernité et religion au Québec. Où en sommes-nous ?*, Québec, Les Presses de l'Université Laval, 2010.

(Avec Marjolaine Deschênes) *Nos vérités sont-elles pertinentes ? L'œuvre de Fernand Dumont en perspective*, Québec, Les Presses de l'Université Laval, 2009.

(Avec Robert Mager) *L'Autre de la technique. Perspectives multidisciplinaires*, Québec, Les Presses de l'Université Laval et L'Harmattan, 2000.

SERGE CANTIN

# La souveraineté dans l'impasse

Presses de
l'Université Laval

Les Presses de l'Université Laval reçoivent chaque année du Conseil des Arts du Canada et de la Société de développement des entreprises culturelles du Québec une aide financière pour l'ensemble de leur programme de publication.

Nous reconnaissons l'aide financière du gouvernement du Canada par l'entremise du Fonds du livre du Canada pour nos activités d'édition.

Mise en pages : Diane Trottier
Maquette de couverture : Laurie Patry

ISBN : 978-2-7637-2238-2
PDF : 9782763722399

www.pulaval.com

# Table des matières

# Avant-propos

C e livre se veut en quelque sorte la suite de *Ce pays comme un enfant*[1], un recueil d'essais sur le Québec que j'ai fait paraître en 1997. Une suite longtemps différée. Il m'aura fallu en effet pas mal de temps avant que je me décide à rassembler sous forme de livre ces publications éparses. Déjà en 2006, j'avais accumulé suffisamment d'articles et d'essais sur le Québec pour envisager d'en faire un nouveau recueil. Puis les aléas de la vie intellectuelle et universitaire m'éloignèrent de ce projet, jusqu'à ce que l'invitation lancée il y a quelques mois par André Baril des Presses de l'Université Laval ne vienne le raviver, même s'il m'arrive encore de douter de sa pertinence. Qu'est-ce qui peut bien en effet justifier de rééditer ces textes dont certains remontent déjà à plus d'une quinzaine d'années? Peut-être simplement l'espoir qu'en les regroupant puisse ainsi se transmettre à un plus large lectorat l'inquiétude qui depuis longtemps m'habite face à l'impasse où je vois s'enfermer le projet de souveraineté politique du Québec. Une inquiétude qui vient de loin, d'aussi loin que le sentiment d'appartenir à ce pays «sans bon sens». C'est la petite histoire de cette appartenance inquiète que je voudrais raconter brièvement au seuil de ce livre, afin de permettre à mon lecteur de mieux mesurer ce qui unit et fonde, existentiellement pour ainsi dire, les différents essais qui le composent.

\* \* \*

---

1.  *Ce pays comme un enfant. Essais sur le Québec (1988-1996)*, Montréal, L'Hexagone, 1997.

J'ai vécu les douze premières années de ma vie dans la basse-ville de Québec, au pied de la Pente douce, là où Roger Lemelin a planté le décor de son premier roman, qui, avant même *Bonheur d'occasion* de Gabrielle Roy, fit arriver la littérature québécoise en ville. Je n'ai jamais lu *Au pied de la Pente douce*, ni du reste aucun des romans de Lemelin, mais je me souviens encore très bien de l'adaptation télévisée de la *Famille Plouffe*, que j'écoutais religieusement avec mes parents, sans me rendre compte (mais les adultes qui m'entouraient le savaient-ils eux-mêmes ?) que les péripéties de la famille en question se déroulaient dans mon propre milieu, dans le quartier populaire de Saint-Sauveur. J'ai gardé aussi un vif souvenir des processions de la Fête-Dieu que Gilles Carle a si fidèlement mis en scène dans son adaptation cinématographique du même roman. Je me souviens... La mémoire de l'enfance nous hante à mesure que nous vieillissons, et d'autant plus obstinément qu'entre le monde qu'elle évoque et celui auquel on tâche tant bien que mal de s'adapter il semble n'y avoir plus rien de commun, comme si notre vie s'était déroulée sur deux planètes distinctes. Le Canada français de mon enfance formait une société « tricotée serré » par la religion ; un demi-siècle plus tard, le Québec qui en est sorti se veut résolument laïque, sans que l'on sache trop toutefois sur quelles valeurs fonder cette laïcité ni, par conséquent, comment traiter les coutumes religieuses venues d'ailleurs. Mais ce contraste entre le monde que j'ai connu enfant et celui d'aujourd'hui mériterait sans doute d'être nuancé, car l'Église catholique, du moins dans le milieu où j'ai grandi, n'exerçait déjà plus l'autorité qu'on lui prêtait officiellement et que personne n'osait d'ailleurs trop ouvertement lui contester. Ainsi ai-je vécu la fin d'une époque, celle de la « grande noirceur », que vint signer la mort de Maurice Duplessis, que j'ai apprise assis devant notre petit écran de télévision...

Ensuite, tout alla très vite dans ma vie comme dans celle de ma société, les deux étrangement mêlées dans ma mémoire : les « cent jours » de Paul Sauvé, l'élection de « l'équipe du tonnerre » en 1960, la nationalisation de l'électricité par René Lévesque en 1962, qui coïncida avec mon déménagement dans la « ville de l'électricité » (Shawinigan) après la mort de mon père, la campagne électorale de 1966 et la défaite surprise des libéraux de Jean Lesage, la démission de René Lévesque et la fondation du Mouvement souveraineté-association, qui deviendra, l'année suivante, le Parti québécois, la Nuit de la poésie, cette nuit sans pareille de mars 1970 à laquelle j'eus le bonheur d'assister et qui demeure l'un des grands souvenirs de ma vie. Bref, en deux mots, la Révolution tranquille, dont l'expression devait prendre cependant un certain temps avant de s'imposer. La Révolution tranquille, cette *recréation* du Québec à laquelle la mort de Pierre Laporte, un jour d'octobre 1970, mit brutalement fin. Quand suis-je devenu, comme tant d'autres hommes et femmes de ma génération, « indépendantiste », comme on disait en ce temps-là ? Je serais bien incapable de dater ma *conversion* ; elle s'est produite insensiblement, en respirant l'air du temps.

Durant les années 1970, je suis allé étudier la sociologie à l'Université de Montréal, où j'eus entre autres pour professeurs Marcel Rioux et Guy Rocher. Mais c'est l'enseignement d'un autre professeur, de l'Université Laval celui-là, qui s'avéra pour moi décisif. Au semestre d'hiver 1976, alors que je poursuivais ma maîtrise en sociologie, Fernand Dumont, qui jouissait déjà à l'époque d'une grande renommée, fut invité par le Département de philosophie de l'Université de Montréal à dispenser le séminaire de deuxième cycle en philosophie de l'histoire. Ne connaissant alors Fernand Dumont que de réputation – mais en tant que sociologue et non pas comme philosophe –, je me présentai à la première rencontre, mû par-dessus tout par la curiosité. Dès les premiers instants où il prit la parole pour expliquer son plan de cours, cette curiosité se mua en fascination. Pour la première fois, on ne m'imposait pas un savoir : on pensait ! Fernand Dumont me faisait en effet l'honneur de penser devant moi, m'administrant par là même la preuve tangible qu'il existait une vie de l'esprit, que l'on pouvait vivre une véritable aventure de l'esprit. Or de quoi la jeunesse a-t-elle le plus soif, sinon d'aventure ? Et y a-t-il plus belle aventure de l'esprit que celle à laquelle nous convie, aujourd'hui comme hier, la philosophie ? Telle est la leçon inoubliable que m'a servie il y a presque quarante ans le « sociologue » Fernand Dumont, et qui m'aura convaincu de lâcher la proie de la sociologie pour l'ombre de la philosophie.

L'année suivante, en 1976, j'ai, comme des millions d'autres Québécois, applaudi à l'élection du Parti québécois. Mais avec retenue, convaincu au fond de moi-même – par défaitisme atavique ? – que l'avenir était loin d'être joué, que bien des obstacles restaient à franchir avant que le Québec n'accède à son indépendance. Quatre ans plus tard, en 1980, les résultats du premier référendum vinrent confirmer mes appréhensions. Malgré toute sa tiédeur stratégique, la politique souverainiste-associationniste, prônée par René Lévesque dans son manifeste de 1968, venait de subir son premier échec, pas assez cuisant toutefois pour provoquer la remise en question de l'«option». Il y aurait une «prochaine fois»…

Au cours de la décennie 1980, je vécus trois années en France afin de poursuivre mes études doctorales en philosophie à l'Université de Montpellier. Avec pour viatique l'exhortation de Fernand Dumont à porter «ce pays comme un enfant», cet exil volontaire dans la mère patrie fut propice au questionnement sur mon identité québécoise. Jusque-là, la «question de Québec» m'avait certes préoccupé, mais ni plus ni moins que tant d'autres de mes compatriotes; à la faveur de l'éloignement, elle prit une dimension nouvelle: de problème politique à résoudre collectivement au moyen d'un référendum, elle devint un enjeu spirituel et moral engageant ma propre existence. Sans doute la lecture de L'Homme rapaillé, que j'avais faite quelques années auparavant dans «la détresse et l'enchantement», m'avait-elle préparé à une telle intériorisation; il avait néanmoins fallu que, comme Miron lui-même, je vive en France, là où la langue française coulait de source, pour que je prenne pleinement conscience de la profondeur de la maladie que le poète avait diagnostiquée au cœur de la culture québécoise. Toutefois, les poèmes de L'Homme rapaillé ayant été écrits pour la plupart avant 1966, on pouvait penser que, avec les changements considérables intervenus depuis au Québec, cette maladie séculaire était en voie de guérison et que les Québécois seraient bientôt en mesure d'assumer leur avenir. Miron lui-même, qui avait cessé d'écrire pour répandre à travers le monde la bonne nouvelle d'un Québec «arrivé à ce qui commence», ne donnait-il pas crédit à cette hypothèse? Ne l'avais-je pas entendu à la radio française, un jour de 1984 ou 1985, affirmer que l'indépendance du Québec était entrée dans un processus irréversible? Je me rappelle que, malgré l'immense admiration que m'inspirait Miron le magnifique, son optimisme m'avait laissé pour le moins perplexe. Lui était-il dicté par le rôle quasi officiel qu'il occupait désormais comme ambassadeur culturel de la cause souverainiste? Miron s'obligeait-il à être optimiste pour «ne pas désespérer Billancourt», selon la célèbre formule de Sartre? Ou était-ce encore une fois mon défaitisme atavique qui me rendait aussi sceptique? Quoi qu'il en soit, je crois bien que c'est à partir de ce jour-là que la question du Québec commença littéralement à me hanter.

De retour au Québec en 1986, je terminai d'abord ma thèse de doctorat pour ensuite m'engager dans une carrière sinueuse d'enseignant et d'essayiste. Dans les années 1990, je fis paraître deux livres et un grand nombre d'articles qui me valurent une modeste reconnaissance dans le milieu intellectuel québécois. Tout ce que j'écrivais, ou presque, était marqué par l'influence de celui que je considérais, et que je considère toujours, comme mon maître; tant et si bien que l'on finit par me considérer comme un spécialiste de l'œuvre de Fernand Dumont et, en particulier, du volet «études québécoises» de celle-ci. Aussi est-ce un peu à ce titre qu'à l'été 1999, je fus invité par Michel Venne à participer, avec onze autres intellectuels, à une série d'articles sur l'état de la «nation québécoise» dans *Le Devoir*. Il s'ensuivit d'abord un colloque, qui eut lieu en octobre de la même année à l'Université McGill, puis un livre qui parut chez Québec Amérique en 2000. C'est ma contribution à ce livre, intitulée «Pour sortir de la survivance», qui ouvre le présent recueil et qui en donne pour ainsi dire la tonalité générale.

Comment ne pas parler de ce colloque à l'Université McGill, qui fut l'une des expériences les plus éprouvantes de ma vie? En lisant les articles de mes collègues dans les pages du *Devoir* durant l'été 1999, je dus constater à quel point mon propre article détonnait. Comme il s'agissait de réfléchir sur l'identité québécoise actuelle, il m'avait paru naturel de mettre d'abord celle-ci en perspective en évoquant la longue histoire où elle venait s'inscrire, celle de la nation canadienne-française et de sa survivance. Sauf que j'étais pour ainsi dire le seul à tenir compte de cette survivance et à reconnaître que l'avenir de «la nation québécoise» concernait d'abord le sort d'une nation historique particulière. Même pour les auteurs qui se définissaient comme souverainistes, il s'agissait de *construire* une nouvelle identité québécoise à partir d'un espace public commun englobant les diverses cultures, toutes placées sur le même pied. Il faut dire qu'à l'époque, en 1999, le Québec subissait les contrecoups du second référendum et de la déclaration de Jacques Parizeau sur le vote ethnique, dont il fallait à tout prix que les nationalistes se démarquent sous peine d'être taxés d'ethnicisme, sinon de racisme. Ainsi un grand nombre d'intellectuels québécois s'empressèrent d'épouser l'idéologie multiculturaliste et le *nationalisme civique* qui lui servait d'alibi. Cette rectitude politique me répugnait; aussi fis-je part à Michel Venne de ma volonté de ne pas participer au colloque; ce dont il me dissuada en invoquant la responsabilité de l'intellectuel. J'y allai donc à reculons, quoique bien résolu à défendre envers et contre tous la conception dite «ethnique» de ladite «nation québécoise». Et c'est que je fis en effet, et avec d'autant plus de hargne que l'on me fit participer à la même table ronde que Charles Taylor et Gérard Bouchard, le fédéraliste et le souverainiste qui avaient déjà trouvé entre eux des accommodements tout à fait raisonnables… Le débat, particulièrement houleux, m'a laissé un souvenir amer, comme le colloque tout entier du reste, où je me sentis aussi à ma place qu'un chien dans un jeu de quilles.

En 2002, après une quinzaine d'années comme chargé de cours en philosophie, je fus enfin embauché, alors que j'avais déjà plus de cinquante ans, comme professeur permanent à l'université. Je continuai à écrire des essais sur le Québec et à m'efforcer de garder vivant l'héritage philosophique de Fernand Dumont, laissé en déshérence par ceux auxquels il était d'abord destiné.

*  *  *

Au fil des années, j'ai perdu les trois intellectuels québécois qui furent mes modèles d'engagement et que j'eus le privilège de connaître personnellement, à divers degrés. Gaston Miron est mort en 1996; Fernand Dumont, l'année suivante; Pierre Vadeboncœur, en 2010. Dans l'esprit de l'humanisme combattant qui animait ces trois hommes nés dans les années 1920, la lutte pour l'indépendance du Québec était inséparable du combat pour l'égale dignité de tous les hommes et de toutes les cultures. En même temps qu'un acte de résistance contre les forces de déculturation et d'uniformisation que sécrète la modernité, cette lutte se voulait plus précisément une réponse à «la fatigue culturelle du Canada français». Bien que la souveraineté soit devenue prisonnière d'une impasse peut-être définitive, la réponse que ces trois grands indépendantistes apportèrent à notre fatigue demeure, elle, toujours pertinente, car, plus encore peut-être que dans son résultat, c'est dans la lutte elle-même qu'ils trouvèrent cette réponse, une lutte qu'ils nous appellent, par-delà la mort, à continuer. Comme l'écrivait Fernand Dumont à la fin de sa *Genèse de la société québécoise*: «La survivance ne cessera pas de requérir une constante vigilance, contrairement à ce qu'affirment certains avec une curieuse assurance. Si la plupart des Québécois ont enfin récusé l'exclusivité des stratégies de défense, beaucoup reste à faire pour sortir de la marginalité qui fut le prix de la survivance[2]. »

Oui, il nous reste beaucoup à faire pour sortir de la marginalité et de la survivance elle-même, celle à laquelle nous sommes, presque insensiblement, revenus depuis une vingtaine d'années, mais sans la religion catholique qui l'avait rendue autrefois possible en la gratifiant d'un sens transcendant, en l'élevant à la hauteur d'une mission sacrée en terre d'Amérique. Quoique cette mythologie nous fasse aujourd'hui sourire, elle ne fut pas moins ce qui nous aura permis de durer, de persévérer dans notre être canadien-français. N'est-ce pas au fond ce que viennent implicitement nous rappeler ces « communautés culturelles » qui, en mettant la religion au centre de leur existence, nous ramènent, au cœur de la société québécoise contemporaine, à ce que nous avons été et ne voulons ni ne pouvons plus être, à ce dont la Révolution tranquille nous a fait sortir, pour le meilleur et pour le pire ? Ainsi, sous le conflit des *valeurs* qui, au moment où j'écris ces lignes, paraît se manifester au grand jour entre *eux* et *nous*, se dissimule un autre conflit entre deux représentations temporelles de nous-mêmes : l'une, ancienne, où la religion nous avait jadis permis de survivre comme nation, et dont nous gardons, secrètement, la nostalgie, et une autre, moderne, où les *individus* que nous sommes devenus sont voués à la recherche incertaine de ce qui peut encore les unir après la religion. En effet, qu'est-ce qui peut encore faire communauté entre des sujets jaloux de leur autonomie et réfractaires à ces totalités « aliénantes » que sont devenues les religions aux yeux de beaucoup de Québécois ?

Prendre cette question au sérieux, c'est reconnaître l'importance primordiale, pour le Québec, du problème de la mémoire, de « l'avenir de la mémoire ». Problème autour duquel gravitent les essais qui suivent et qui ne sont, à tout prendre, qu'une défense et illustration de l'œuvre magistrale de Fernand Dumont.

---

2.  Fernand Dumont, *Genèse de la société québécoise*, Montréal, Boréal, 1993, p. 335.

# PREMIÈRE PARTIE

# Un pays toujours incertain

Pays incertain, le Québec l'a au fond toujours été, depuis l'époque où, abandonnée par la mère patrie, la nation canadienne-française naissait péniblement à elle-même, jusqu'à aujourd'hui où, apparemment sorti de la survivance, le peuple québécois éprouve tant de peine à renaître à lui-même, à se donner une mémoire adulte, garante d'un avenir qui soit bien le sien. Car, s'il ne fait aucun doute que le passé n'est plus et ne sera jamais plus « notre maître », il reste que nous ne pouvons le traiter avec mépris sans risquer qu'il se retourne contre nous tel un boomerang. Que faire de notre passé ? Que faire de notre survivance ? De celle-ci, sommes-nous d'ailleurs vraiment sortis ? « Au Canada français, écrivait Fernand Dumont en 1958, on laisse son adolescence de deux façons : en demeurant dans la coque mythique standardisée ou en la brisant brusquement. Or, le drame, ajoutait-il, c'est que, si l'adolescence est une chrysalide, la conscience historique n'en est pas une : [...] la conscience historique n'est pas à moi, elle est rigoureusement moi. C'est de là que naissent deux formes de conscience malheureuse : la défense de l'univers mythique, et son rejet qui n'est que l'envers de la première. Et toutes nos discussions sur le patriotisme ne sont souvent que l'impossible dialogue de ces deux consciences[1]. »

Plus d'un demi-siècle plus tard, il y aurait lieu de se demander si ce dilemme n'est pas toujours le nôtre, si toutes nos discussions sur le nationalisme, tous ces débats entre les tenants d'un nationalisme dit « ethnique » et les partisans d'un nationalisme dit « civique », ne participent pas du même dialogue impossible, de la même

---

1. Fernand Dumont, « De quelques obstacles à la prise de conscience chez les Canadiens français ». Ce texte programmatique, qui trace les linéaments de l'interprétation que Dumont développera au cours des décennies suivantes, a d'abord paru dans *La crise de conscience du Canada français* (Montréal, Institut canadien d'affaires publiques, 1957, p. 20-26), puis, l'année suivante, dans *Cité libre* (n° 19, janvier 1958, p. 22-28). Depuis, il a été repris, en totalité ou en partie, dans quelques anthologies, la dernière en date étant celle de Yvan Lamonde et Claude Corbo : *Le rouge et le bleu. Une anthologie de la pensée politique au Québec de la Conquête à la Révolution tranquille*, Montréal, Les Presses de l'Université de Montréal, 1999, p. 515-523. La citation renvoie aux pages 518-519 de ce livre.

conscience malheureuse. Comme si le Québec d'aujourd'hui n'était pas plus capable que le Canada français d'hier de laisser son adolescence autrement qu'en « brisant brusquement » sa « coque mythique », qu'en rejetant son propre passé, quitte à perdre le ressort même de ce *caractère distinct* que les Québécois prétendent pourtant vouloir préserver. Rien ne trahit peut-être davantage de nos jours cette impuissance endémique de notre conscience historique que la thèse de l'*américanité* de la société québécoise, cette américanité à laquelle il faudrait, selon certains, consentir comme à « une vérité longtemps cachée par cette croyance imaginaire que le Canada français était de culture française[2] ». Cette « vérité longtemps cachée » ne cache-t-elle pas elle-même une tentation inavouable, et néanmoins récurrente dans notre histoire, celle de l'annexion aux États-Unis ? « Le voisinage des États-Unis, infiniment plus que celui des provinces canadiennes, est aujourd'hui comme jadis le défi le plus décisif[3]. » Reste à savoir si les *individus* que sont devenus et que se veulent désormais les Québécois sont prêts à relever ce défi *collectif*, le défi d'être moderne sans pour autant renoncer à l'identité singulière que la survivance nous a forgée en terre d'Amérique.

La question n'est pas théorique ; elle sourd de l'impasse politique actuelle. Qu'elle ne se soit guère posée avant le choc du premier et surtout du second référendum, cela peut s'expliquer, en partie du moins, par l'atmosphère utopique, hégéliano-marxiste, dans laquelle a baigné la Révolution tranquille. Un peu comme l'avènement de la société sans classes, la souveraineté du Québec semblait portée par le mouvement irréversible de l'histoire. Or la dialectique historique n'ayant pas plus dans un cas que dans l'autre rempli ses promesses, la question se pose à nouveau, plus pressante que jamais dans une culture mondialisée qui ne produit et ne consomme que de l'événement : *y a-t-il encore un avenir pour notre mémoire ?*

C'est au fond autour de cette question redoutable que s'articulent les treize essais qui composent la première partie de ce livre. Dois-je préciser qu'ils n'ont pas la prétention d'y répondre ? Plutôt visent-ils à convaincre de l'urgence de se la poser avant qu'elle ne se pose plus, avant que notre « fatigue culturelle » ne l'ait définiti-

---

2. Joseph Yvon Thériault, *Critique de l'américanité. Mémoire et démocratie au Québec*, Montréal, Éditions Québec Amérique, 2002, p. 27. La formule de Thériault est bien sûr une antiphrase, son livre se voulant une critique en règle des « vérités » de l'américanité.
3. Fernand Dumont, *Genèse de la société québécoise, op. cit.*, 1993, p. 334.

vement résolue, comme le suggère le silence que gardent sur elle ceux que, dans le premier essai, j'appelle non sans ironie nos universitaires-spécialistes-de-la-question-nationale. Ce silence, Fernand Dumont en avait appréhendé le retour au lendemain de la crise d'Octobre : « Qu'avons-nous fait au juste depuis 1960 ? Avons-nous célébré la fête exaltée que se donne une société avant d'entrer dans une agonie plus silencieuse ?[4] »

Aussi importe-t-il par-dessus tout d'examiner ce silence, de chercher à comprendre ce qui nous arrive ou plutôt ce qui ne nous arrive plus, cette « panne d'interprétation » que le même Dumont diagnostiquait dans *Raisons communes*[5]. Que l'on ne s'attende donc pas à trouver dans les réflexions qui suivent des ingrédients pour une autre recette « gagnante » en prévision d'un troisième référendum. Laissons aux intellectuels organiques du Parti québécois le soin de nous concocter ce *fast food* politique, comme à leurs adversaires fédéralistes celui de réapprêter les restes des vieilles salades *canadian*. Laissons-les s'agiter devant l'impasse qu'ils feignent d'ignorer, pendant que nous, les mélancoliques[6], continuons de ruminer.

---

4.   Fernand Dumont, *La Vigile du Québec. Octobre 1970 : l'impasse ?*, Montréal, Hurtubise HMH, 1971, p. 95. (réédition : Bibliothèque québécoise, 2001).
5.   Fernand Dumont, *Raisons communes*, Montréal, Boréal, 1995, p. 18.
6.   Ainsi ai-je été, avec quelques autres, étiqueté par Jocelyn Maclure dans *Récits identitaires. Le Québec à l'épreuve du pluralisme*, Montréal, Éd. Québec Amérique, 2000.

# Pour sortir de la survivance[*]

*Le combat suffira-t-il encore longtemps à justifier
les combattants ?*

PIERRE PERRAULT

Qu'en est-il de nous-mêmes? Où en sommes-nous dans notre histoire de survivants dont les commencements sont si mal assurés, furent si peu fondés au sens politique du terme qu'il a bien fallu comme le petit Léolo rêver, se fabriquer des héros mythiques, s'inventer une mission providentielle en terre d'Amérique afin d'y justifier le paradoxe de notre présence, de notre persistance française. Pour expliquer ce travail compensatoire de l'imaginaire, Fernand Dumont est même allé jusqu'à parler d'une origine avortée, d'un «traumatisme de l'enfance» survenu bien avant la conquête anglaise de la Nouvelle-France[1]. Ça ne fait pas des enfants forts, pour le dire en vernaculaire.

Et pourtant, nous sommes toujours là, tels qu'en nous-mêmes l'histoire nous a changés, en précaire équilibre entre le oui et le non, tenant bon, comme par habitude de durer...

---

[*]    Ce texte a d'abord paru dans *Penser la nation québécoise*, sous la direction de Michel Venne, Montréal, Éditions Québec Amérique, 2000, p. 85-101. Cet ouvrage, auquel contribuèrent de nombreux intellectuels québécois, a pour origine une série d'articles publiés durant l'été 1999 dans *Le Devoir* et qui furent suivis d'un colloque tenu à l'Université McGill en octobre de la même année. Le texte que j'ai rédigé pour l'ouvrage collectif, et que je reprends ici avec quelques corrections mineures, s'est enrichi de la réflexion suscitée en moi par l'éprouvante expérience de ce colloque...

[1].    Cf. Fernand Dumont, *Genèse de la société québécoise, op. cit.*, p. 55-58.

## D'OÙ VENONS-NOUS ?

«Nous sommes venus il y a trois cents ans, et nous sommes restés... Ceux qui nous ont menés ici pourraient revenir parmi nous sans amertume et sans chagrin, car s'il est vrai que nous n'ayons guère appris, assurément nous n'avons rien oublié [...]. De nous-mêmes et de nos destinées, nous n'avons compris clairement que ce devoir-là : persister... nous maintenir... Et nous nous sommes maintenus, peut-être afin que dans plusieurs siècles encore le monde se tourne vers nous et dise : Ces gens sont d'une race qui ne sait pas mourir... Nous sommes un témoignage[2]. »

La prosopopée du pays dans *Maria Chapdelaine*. J'avoue ne jamais relire sans émotion ces lignes écrites en 1912 par un Français de passage au «pays de Québec». Elles évoquent le long hiver de notre survivance, la sourde résistance de ces hommes et de ces femmes qui, venus de France aux XVIIe et XVIIIe siècles, durent apprendre, à la suite de la Conquête, à survivre comme «race» distincte. Apprentissage hasardeux, dont les étapes n'étaient inscrites nulle part. N'allons pas croire en effet que nos ancêtres (qui, en 1760, étaient à peine 70 000 disséminés sur un vaste territoire) gardaient par-devers eux un plan de survie collective. Si la survivance ne fut pas le miracle que l'on a dit, elle ne correspond pas non plus, du moins au départ, à un projet de société. Il s'est agi plutôt d'un pis-aller : la survivance fut la réponse à une impasse historique. Aux prises avec la menace de son assimilation aussi bien qu'avec le refus du conquérant de l'admettre à égalité dans la nouvelle organisation politique, impuissante par ailleurs à s'emparer de celle-ci pour instaurer une république, comme devait le démontrer l'échec de la Rébellion, la collectivité française en fut réduite, après l'Acte d'Union de 1840, à chercher sa raison d'être dans la conservation de sa langue, de sa religion et de son mode de vie. Les chemins de la liberté politique étant désormais impraticables, lui restaient ceux de la survivance, dont elle finit par faire sa vocation. Survivre et en témoigner.

Mais survivre n'est pas vivre, ainsi que se plaisait à le répéter autrefois Michel Brunet. Ce que, un siècle avant lui, lord Durham avait du reste reconnu. Dans son célèbre rapport, il argue en effet de la prolétarisation inévitable à laquelle s'exposerait selon lui la survi-

---

2. Louis Hémon, *Maria Chapdelaine*, Montréal, Boréal Express, 1980, p. 197-198.

vance d'une nationalité française pour en recommander l'assimilation. Si choquante que demeure pour nous cette conclusion, force est de reconnaître la justesse de l'argument sur lequel elle s'appuyait. Car, en quittant leurs rangs et leurs paroisses rurales pour la ville à la fin du XIXe siècle, les Canadiens français sont devenus effectivement, comme Durham l'avait prédit, « pour la plupart des manœuvres à l'emploi des capitalistes anglais[3] », c'est-à-dire un peuple de prolétaires, ces prolétaires dont, hier encore, Maurice Duplessis vantait aux capitalistes anglais et américains la docilité, quitte à devoir l'imposer à coups de matraque.

Il faudra attendre le milieu des années 1950 pour que l'on commence à discerner les causes réelles, politiques, de cet état d'infériorité économique des Canadiens français. À cette prise de conscience, à laquelle il est vrai les livres et l'enseignement de l'abbé Groulx avaient contribué[4], restent associés les noms de ceux qui furent ses élèves, les trois historiens de l'École de Montréal : Maurice Séguin, Guy Frégault et Michel Brunet[5]. Dans le contexte de la mutation profonde que subissait à l'époque la société canadienne-française, et qui eut pour principal effet de disqualifier les idéologies traditionnelles, ceux-ci vont procéder à une réinterprétation globale de notre histoire axée sur la Conquête et sur la lourde hypothèque qu'elle continuerait de faire peser sur l'avenir de la nation et sur l'épanouissement des individus qui la composent. Récusant les mythes compensatoires dont s'était nourri jusque-là le nationalisme de la survivance (l'égalité des deux peuples fondateurs, la mission française en Amérique, etc.), la nouvelle historiographie n'en concluait pas pour autant au rejet du nationalisme, comme le feront à la même époque les intellectuels de *Cité libre* ; au contraire, elle venait jeter les bases d'un nouveau nationalisme, tout à la fois économique, politique et culturel, auquel devait se rallier la majeure partie de l'intelligentsia québécoise dans les années 1960 et 1970.

---

3.  John George Lambton Durham, *Le Rapport Durham*, traduction et introduction de Denis Bertrand et d'Albert Desbiens, Montréal, l'Hexagone, coll. «Typo document», 1990, p. 235.
4.  Voir à ce sujet *Lionel Groulx. Une anthologie*, textes choisis et présentés par Julien Goyette, Bibliothèque québécoise, 1998.
5.  Lire de Jean Lamarre, *Le Devenir de la nation québécoise selon Maurice Séguin, Guy Frégault et Michel Brunet*, Québec, Septentrion, 1993.

Or, un demi-siècle plus tard, et près d'un quart de siècle après l'élection du premier gouvernement du Parti québécois, non seulement ne sommes-nous pas encore sortis de la survivance (contrairement à ce que certains voudraient bien nous faire croire), mais peut-être sommes-nous en train d'oublier les raisons mêmes pour lesquelles nous avions conçu le projet révolutionnaire-tranquille d'en sortir. Cet oubli manifeste une crise de la mémoire collective, crise où se jouent l'identité et l'avenir de la nation.

## QUI SOMMES-NOUS ?

À notre ancien nom de Canadiens français correspondait une définition dont les éléments étaient faciles à reconnaître : notre langue, notre religion, nos coutumes, nos lois civiles fournissaient une description de ce que nous étions dans laquelle chacun pouvait se reconnaître en tant que membre d'une nation dont il importait avant tout de conserver les caractères distinctifs. Définie en fonction de critères par-dessus tout culturels, cette identité canadienne-française reposait sur une scission préalable entre la nation culturelle et la nation politique ; plus précisément, elle postulait que la nation canadienne-française pouvait *survivre* comme nation culturelle minoritaire à l'intérieur d'un État qu'elle ne contrôle pas. Ce postulat, Pierre Elliott Trudeau – pas plus que Wilfrid Laurier et Louis Saint-Laurent avant lui – ne le remettra pas en question, la réussite personnelle de Trudeau n'ayant eu pour effet, une fois de plus, que de nous mystifier, en masquant la réalité politique, collective, d'un problème dont cette réussite prétendait fournir par elle-même la solution toute individuelle. Dans la logique néoli-bérale de Trudeau, nos maux séculaires résultaient encore et toujours d'une mentalité arriérée, qu'il appartenait à chaque individu de réformer en lui-même et pour lui-même. Le trudeauisme a hérité du volontarisme canadien-français, à moins qu'il ne l'ait tout simplement exploité, machiavéliquement.

«Canadien français» : dès les années 1950, des intellectuels, notamment des poètes, commencent à soupçonner que ce nom-là n'est, et depuis toujours, qu'un miroir aux alouettes (… je te plumerai). L'agonie des communautés françaises hors Québec ne prouve-t-elle pas assez que le Ô *Canada*, qu'il soit chanté en français ou en anglais, sonne le glas de la langue et de la culture françaises en Amérique ? La substitution du nom Québécois à celui de

Canadiens français, au tournant des années 1960, témoigne de la prise de conscience de ce « génocide en douce[6] » en même temps que de la volonté d'y mettre fin avant qu'il ne soit trop tard. Le nouveau nom impliquait le deuil de l'ancien, du mot et de la chose Canada ; le concept du pays devait nécessairement perdre en extension s'il voulait gagner en compréhension, si nous voulions devenir enfin, comme le clamait un fameux slogan politique de la Révolution tranquille, « maîtres chez nous ».

Cette maîtrise de soi, cette indépendance politique tarde dangereusement à se réaliser. Oublions un instant les résultats, du reste volatils, du dernier référendum, pour envisager la situation actuelle du nationalisme québécois. Que voyons-nous, sinon l'indifférence croissante de ceux que l'on appelle désormais les Québécois francophones vis-à-vis de la question de leur identité nationale ? Comme si la question s'éloignait de plus en plus de la culture commune et de ses enjeux politiques pour s'en aller flotter dans l'empyrée des débats policés entre universitaires-spécialistes-de-la-question-nationale. Et comme si, à l'inverse, les intellectuels québécois croyaient pouvoir (enfin) « penser la nation québécoise » en toute objectivité, en faisant abstraction de leur appartenance à cette nation. Sans doute y parviennent-ils ; mais à quel prix ? Et que cache cette rupture épistémologique dont les résultats s'entassent sur les rayons de nos bibliothèques ? La honte de soi, de notre passé, du Groulx qui sommeillerait encore en nous[7] ? Dans un article paru dans *Le Devoir*, Jacques Beauchemin faisait pertinemment observer que « la critique antinationaliste est parvenue à atteindre la mauvaise conscience qui sommeille en chaque nationaliste épris de démocratie », que « les accusations d'antidémocratisme d'un Mordecai Richler ou d'un William Johnson ont eu pour effet d'acculer les nationalistes du Québec à démontrer le caractère inclusif et démocratique du projet souverainiste[8] ». À vrai dire, les nationalistes universitaires ont poussé si loin la démonstration qu'ils y ont laissé... leur nationalisme, au profit d'un « souverai-

---

6.   Cf. Pierre Vadeboncœur, *Un génocide en douce. Écrits politiques polémiques*, Montréal, l'Hexagone et Parti pris, 1976.

7.   Voir plus loin, dans la deuxième partie de ce livre, l'essai intitulé « La réception herméneutique de Lionel Groulx chez Fernand Dumont ».

8.   Jacques Beauchemin, « Une fascination qui mine le projet souverainiste », *Le Devoir*, 25 juin 1999, p. A9. Quelques années plus tard, Jacques Beauchemin a fait paraître un livre au titre et au sous-titre révélateurs : *L'histoire en trop. La mauvaise conscience des souverainistes québécois*, Montréal, VLB éditeur, 2002 (note de 2014).

nisme sans nationalisme», selon l'excellente formule de Laurent-Michel Vacher[9].

Comment nos clercs universitaires en sont-ils arrivés là, à se voir et à nous voir avec les yeux des autres? Comment ont-il pu, sous prétexte d'ouverture aux autres, adopter le point de vue des autres sur nous-mêmes, tout en cherchant à nous faire croire et à se convaincre eux-mêmes, à grand renfort d'arguties, que les autres sont avec nous, alors qu'ils ne sont pour la plupart disposés à l'être, avec nous, qu'à la condition que nous renoncions à devenir nous-mêmes, que la majorité francophone abandonne son projet d'indépendance politique? Mais c'est déjà une vieille histoire, aujourd'hui largement occultée, que celle de ce dédoublement, dont Jean Bouthillette a su retracer l'origine dans *Le Canadien français et son double*[10]: «Le dédoublement de notre personnalité n'est autre qu'une assimilation inconsciente à l'Anglais, un mimétisme, une fascination. L'Anglais n'est plus l'Autre, distancé, mais notre double […]. Faisant nôtre le regard que l'Anglais pose sur nous, nous avons perdu notre image, qui a pris le chemin de l'exil intérieur[11].»

C'est à cette fascination-là qu'il faut remonter si l'on veut comprendre celle qu'exerce aujourd'hui la notion d'une identité québécoise multiple, ouverte, pluraliste, métissée, etc. Notre ouverture aux autres, cette disposition à se mettre à la place de l'étranger, révèle en réalité à quel point nous sommes toujours fascinés par le regard que le conquérant a posé sur nous et que nous avons intériorisé. Fascinés au point de nous culpabiliser d'avoir cherché, il y a une quarantaine d'années, à nous affranchir de ce regard. Fascinés au point de ne plus pouvoir, ou vouloir, lutter contre cette fascination, qui loge désormais, tel un cheval de Troie, dans le camp retranché de l'État souverainiste non souverain. Mine de rien, le nouveau credo de la nation québécoise ouverte et plurielle, multi- ou transculturelle, mine le projet qu'il prétend servir, en le privant peu à peu de sa raison d'être. Paradoxe terminal de l'histoire de notre peuple, il risque de sonner son *requiem*. Car il

---

9.   Laurent-Michel Vacher, «Souverainisme sans nationalisme: la nouvelle trahison des clercs?», *Argument*, vol. 2, n° 1, automne 1999, p. 9-17.
10.   Voir, dans la troisième partie de ce livre, l'échange épistolaire entre Jean Bouthillette et moi.
11.   Jean Bouthillette, *Le Canadien français et son double*, Montréal, l'Hexagone, 1989 [première édition:1972], p. 48.

implique que nous disparaissions par altruisme ; que nous renoncions, au nom de la démocratie, au principe même de la démocratie,
au droit des peuples à disposer d'eux-mêmes, à se gouverner[12].

## À QUI PENSONS-NOUS ? (OU LA RESPONSABILITÉ DE L'INTELLECTUEL)

De ce piège, qui est en train lentement de se refermer sur nous,
beaucoup de Québécois dits « de souche » en ont conscience et ce ne
sont pourtant pas des penseurs professionnels de la nation québécoise. Alors, d'où vient que ces derniers ne le voient pas ; d'où vient
qu'ils ne voient rien venir ? Qu'est-ce qui les rend aussi intellectuellement absents au « phénomène de la vulnérabilité mortelle du
Québec », pour reprendre la formule de Pierre Vadeboncœur dans
*Gouverner ou disparaître*[13] ? J'ai fait allusion à notre culpabilité
séculaire, à nos vieux réflexes de colonisés ; mais cela n'explique pas
tout, puisque, encore une fois, d'autres, moins savants, perçoivent
clairement l'impasse. C'est donc qu'il doit bien y avoir autre chose,
un autre facteur. Il y en a un en effet, et il rend le premier, le séculaire,
d'autant plus efficace qu'il le masque : c'est qu'à force de ne vivre
qu'avec ses semblables, dans sa tour d'ivoire universitaire, l'intellectuel finit par perdre, sans même s'en rendre compte, le sens
commun dont parle Descartes au début du *Discours de la méthode*, ce
sens commun qui est aussi le sens politique par excellence. Ainsi,
sans attaches, l'intellectuel universitaire pourra-t-il se livrer en toute
bonne conscience à ses spéculations subventionnées, dont il « tirera
d'autant plus de vanité qu'elles seront plus éloignées du sens
commun, à cause qu'il aura dû employer d'autant plus d'esprit et
d'artifice à tâcher de les rendre vraisemblables[14] ». Que reste-t-il, dès
lors, à notre penseur de haut vol pour penser la « nation québécoise » ? Il lui reste la logique qui, laissée à elle-même, privée de son
lien avec le monde et avec l'expérience historique, se trouve non
seulement à la merci de toutes les idéologies de passage, de la

---

12. Tel est là d'ailleurs « le grand paradoxe » de ce que Marcel Gauchet appelle « la démocratie des identités », que celle-ci, en « voulant se donner une image exacte d'elle-même,
en voulant faire droit à la totalité de ses composantes, [...] en vient à s'échapper à elle-
même. Au nom de la démocratie, elle tourne le dos à l'exigence démocratique suprême,
celle de se gouverner soi-même » (*La religion dans la démocratie. Parcours de la laïcité*,
Paris, Gallimard, 1998, p. 126-127).

13. Pierre Vadeboncœur, *Gouverner ou disparaître*, Montréal, Éditions Typo, 1993, p. 17.

14. René Descartes, *Discours de la méthode*, première partie, dans *Œuvres choisies de Descartes*,
Paris, Garnier, tome I, 1950, p. 8-9.

dernière mode intellectuelle venue, du dernier modèle à plaquer sur
la réalité (il faudra bien que l'on fasse un jour l'histoire de cette
colonisation de la pensée québécoise), mais surtout extrêmement
vulnérable à la sophistique antinationaliste et à toutes les manœuvres
qui visent à affaiblir la nation francophone en nourrissant chez ses
membres la honte et le mépris de leur propre histoire collective.

Il n'en fut pas toujours ainsi. Les grands intellectuels néonationalistes de la génération précédente (les Dumont, Miron,
Vadeboncœur, Perrault, Rioux, etc.) ne se sont jamais situés
au-dessus de la mêlée, jamais désolidarisés de l'aventure collective.
La conscience malheureuse de leur nation, ils l'ont assumée comme
la leur propre («À tous je me lie jusqu'à l'état de détritus s'il le faut»,
disait Miron le Magnifique). La fatigue culturelle de leur peuple, ils
l'avaient, comme Hubert Aquin, avec une impitoyable lucidité,
reconnue en eux-mêmes:

> Je suis moi-même cet homme «typique», errant, exorbité, fatigué de
> mon identité atavique et condamné à elle. Combien de fois n'ai-je pas
> refusé la réalité immédiate qu'est ma propre culture? J'ai voulu l'expa-
> triation globale et impunie, j'ai voulu être étranger à moi-même, j'ai
> déréalisé tout ce qui m'entoure et que je reconnais enfin. Aujourd'hui,
> j'incline à penser que notre existence culturelle peut être autre chose
> qu'un défi permanent et que la fatigue peut cesser. Cette fatigue cultu-
> relle est un fait, une actualité troublante et douloureuse; mais c'est
> peut-être aussi le chemin de l'immanence. Un jour, nous sortirons de
> cette lutte, vainqueurs ou vaincus. Chose certaine, le combat intérieur,
> guerre civile individuelle, se poursuit et interdit l'indifférence autant
> que l'euphorie. La lutte est fatale mais non sa fin[15].

Mais pourquoi cette lutte? Et surtout pour qui? Cette question
capitale, la seule qui, à la limite, puisse justifier absolument le
combat pour l'indépendance du Québec, il semble que cette
question, le «souverainisme sans nationalisme» – cette affaire de
parvenus de la culture – l'ait perdue de vue. D'où la vacuité de son
discours en même temps que son extrême vulnérabilité. À lire ou à
entendre ceux qui le tiennent, aussi bien les politiques que les intellectuels, on a l'impression que la nation, quand on ose encore en
parler, n'est plus qu'une idée parmi d'autres à laquelle ne correspond
aucune réalité un peu concrète. Or, qu'est-ce qu'une nation, si ce
n'est d'abord et avant tout les êtres humains qui la constituent et

---

15. Hubert Aquin, «La fatigue culturelle du Canada français» [1962], repris dans *Blocs
    erratiques*, Montréal, Éditions Quinze, 1977, p. 97.

qui en elle se reconnaissent les uns des autres solidaires ? Sans quoi la nation n'est bel et bien qu'une idée, laquelle peut servir à tout mais aussi à rien.

Cela, nos grands intellectuels néonationalistes l'avaient parfaitement compris, eux dont l'engagement politique s'enracinait dans une éthique, ancrait sa légitimité dans la solidarité avec la multitude des laissés-pour-compte d'une culture de survivance. Et puis, ces intellectuels-là n'ont pas cru que pour penser l'avenir de la nation il fallait commencer par faire table rase du passé, ni qu'il suffisait de congédier « notre maître le passé » pour ne plus en être prisonnier. Ils ont plutôt misé sur « l'avenir de la mémoire », sur la possibilité de faire jaillir du passé d'autres significations, jusque-là oubliées, refoulées ou censurées. « La mémoire, écrivait Paul Ricœur, exerce deux fonctions : elle assure la continuité temporelle, en permettant de se déplacer sur l'axe du temps ; elle permet de se reconnaître et de dire *moi, mien*[16]. » La mémoire historique ne remplirait-elle pas des fonctions analogues pour une nation, en permettant à ceux qui en font partie de se reconnaître comme tels et de pouvoir dire, sans honte, *nous* ? Le déni et la honte du passé procèdent eux aussi de la mémoire, mais d'une mémoire qui obéit à ce que Freud appelait la « compulsion de répétition », une mémoire hantée par le souvenir de nos défaites et de nos humiliations passées, une mémoire à laquelle manque ce que le même Ricœur appelle l'« oubli actif », « le travail du souvenir[17] ». Ce travail ne relève pas de la compétence exclusive des intellectuels patentés ; il en appelle à une pédagogie collective à laquelle sont conviés tous ceux qui ont charge d'âmes. Notre identité est à refaire. On dit souvent que celle-ci ne repose plus désormais que sur la langue. Mais la langue n'est pas qu'un instrument de communication ; elle est aussi porteuse d'une mémoire, dont l'actualisation dépend en retour, dans une large mesure, de la maîtrise du langage, qui est la faculté politique par excellence. Que des jeunes sortent du collège et même de l'université sans savoir parler ni écrire correctement leur langue maternelle, et ignorants de leur propre histoire nationale, voilà qui n'est sans doute pas étranger à l'impasse actuelle du nationalisme. Maîtres chez nous, nous ne le serons que lorsque nous nous serons

---

16. Paul Ricœur, *La critique et la conviction*. Entretien avec F. Azouvi et M. de Launay, Paris, Calmann-Lévy, 1995, p. 188.
17. *Ibid.*, p. 190.

réapproprié notre langue[18]. Ce qui suppose qu'on ait à cœur de la bien parler comme de la transmettre dans toute sa richesse. Péguy disait: «quand une société ne peut pas enseigner, c'est que cette société ne peut pas s'enseigner; c'est qu'elle a honte, c'est qu'elle a peur de s'enseigner elle-même [...]; une société qui ne s'enseigne pas est une société qui ne s'aime pas; qui ne s'estime pas[19]».

## OÙ ALLONS-NOUS ?

Fernand Dumont s'est attiré pas mal de critiques pour avoir osé écrire, dans *Raisons communes*, qu'il n'y a pas de «nation québécoise» au sens culturel du terme. Ce qui existe, expliquait-il, c'est une nation française ou francophone, laquelle forme la nation majoritaire à l'intérieur d'une société québécoise où il existe d'autres nations, minoritaires: la nation anglaise, les nations autochtones, sans compter tous les allophones[20]. Indépendantiste de la première heure, Dumont était également un humaniste, profondément respectueux de l'autre homme dans ce qui le fait le plus autre que soi, à savoir sa langue et sa culture. Aussi l'indépendance du Québec ne devait-elle pas selon lui donner naissance à un nouvel État-nation. La réconciliation de la nation culturelle et de la nation politique, qu'il appelait de ses vœux à la fin de sa *Genèse de la société québécoise*[21], n'implique pas leur identité. Ce que Dumont avait en vue plutôt, c'est une authentique communauté (ou nation, si l'on veut) politique québécoise, où le traditionnel clivage social entre francophones et anglophones (les deux solitudes) soit enfin surmonté, et «où l'apport de la diversité culturelle enrichisse une culture commune sans s'y perdre[22]». S'inscrivant en faux contre le multiculturalisme à la Trudeau, simple juxtaposition des cultures, il croyait en la nécessité d'un «lieu de ralliement» et de dialogue de toutes les cultures[23]. Cette «culture de convergence», cette nouvelle *référence* à construire par et pour l'ensemble de la société québécoise, ne pouvait être à ses yeux que la culture française, qu'il ne

---

18. Il faut lire à ce sujet: «Le français, une langue en exil», sixième chapitre de l'essai de Fernand Dumont, *Raisons communes*, *op. cit.*, p. 121-142.
19. Charles Péguy, dans *Péguy tel qu'on l'ignore*, textes chosis et présentés par Jean Bastaire, Paris, Gallimard, coll. «Idées», 1973, p. 175-176.
20. Voir *Raisons communes*, *op. cit.*, p. 63-68.
21. Fernand Dumont, *Genèse de la société québécoise*, *op. cit.*, p. 321-336.
22. *Raisons communes*, *op. cit.*, p. 129.
23. Voir *ibid.*, p. 67.

confondait ni avec la culture de la France ni avec l'ancienne culture canadienne-française définitivement révolue comme telle.

Fernand Dumont avait coutume de répéter qu'il était nationaliste par nécessité, et qu'il ne l'aurait sans doute jamais été s'il eût appartenu à une grande nation, sûre d'elle-même et de son avenir. Chez lui, le nationalisme était non une fin en soi mais ce moyen indispensable auquel avait dû recourir la petite nation française d'Amérique, d'abord pour survivre, puis pour essayer ensuite de sortir de la survivance où elle végète depuis plus de deux siècles. Car il y a un prix à la survivance. Un prix très élevé. Qu'on ne le dise pas, ou qu'on ne le dise plus, en dit long sur la profondeur de notre fracture sociale et sur la censure qu'exercent les privilégiés de la culture. Pardonneront-ils jamais à Fernand Dumont d'avoir enfreint cette censure en posant crûment la question : « Une nation comme la nôtre vaut-elle la peine d'être continuée[24] ? »

Être nationaliste aujourd'hui au Québec, c'est répondre oui à cette question avec l'espoir qu'un jour nos enfants n'aient plus à se la poser, qu'ils n'aient plus à être nationalistes, mais qu'ils puissent enfin, tout simplement, être de leur nation. Être nationaliste, cela veut dire, pour moi, rester fidèle à ce néonationalisme issu de la Révolution tranquille et qui se trouve aujourd'hui de plus en plus remis en question par les souverainistes eux-mêmes, obnubilés par la nouvelle orthodoxie des identités ouvertes, plurielles, métissées, postmodernes, orthodoxie dont de nombreux universitaires se font les complices, quand ce ne ne sont pas les théoriciens.

Contrairement à ceux-ci, je n'ai pas de plan de montage sociopolitique à proposer, ni de stratégie qui permettrait d'instaurer un paradis inter- ou transethnique au Québec. Telle n'est pas ma conception du rôle de l'intellectuel dans une société démocratique. Dans ma définition à moi, l'intellectuel est toujours d'un lieu, d'une époque, d'une nation. Il est vrai (et certains auraient du reste intérêt à s'en souvenir) qu'il doit savoir prendre ses distances par rapport à sa société pour être en mesure d'y jouer son rôle critique ; mais il n'en est pas moins vrai qu'il doit savoir aussi, quand il le faut, engager ses convictions et ses incertitudes.

Car nous ne sommes plus à l'époque de Descartes, où le monarque de droit divin régnait sans partage sur les destinées de la

---

24. *Ibid.*, p. 77.

nation et « l'homme de lettres » sur ses spéculations, pourvu qu'elles n'interviennent pas dans les affaires du royaume. Car nous ne sommes plus dans cette société canadienne-française où la religion commune gardait tant bien que mal notre langue et notre culture de leur déperdition. Nous sommes arrivés au moment où, notre emprunt à l'histoire venant à échéance, il faut répondre de notre volonté de continuer à rembourser la dette contractée à l'égard des ancêtres, de donner une suite à l'histoire de ce « petit peuple » qui n'a de leçon de tolérance à recevoir d'aucun autre et qui continuera de se montrer accueillant, ouvert à la diversité culturelle, mais pas au point, du moins je l'espère, de renoncer à lui-même, à sa propre histoire ; pas au point de renier ceux qui, autrefois, ont cru en son avenir, qui y ont cru comme y a cru Lionel Groulx, lui qui déclarait en 1953 :

> Ai-je besoin de le répéter après tant de fois : je ne suis ni antianglais ni antijuif. Chrétien, catholique, et par-dessus tout prêtre, je me sens capable d'aimer facilement tous les hommes. Mais puisqu'il me semble bien qu'en ce pays, chaque groupe ethnique est d'abord pour soi, je me demande pourquoi il serait interdit aux Canadiens français d'être de temps à autre pour eux-mêmes. C'est que, voyez-vous, je ne me sens rien de commun avec le supranationalisme ou l'internationalisme de quelques-uns de nos transfuges ou de nos pseudo-intellectuels, doctrine aveugle qui, dans le contexte démographique de ce pays, ne peut que préparer le triomphe du nationalisme des autres[25].

De Groulx à aujourd'hui, c'est toujours notre mémoire qui se cherche péniblement un avenir. Ne laissons pas quelques hommes de pouvoir s'arroger le monopole de cette recherche, en nous assurant que le temps travaille pour nous. Ne laissons pas le Parti intellectuel (comme disait Péguy) réduire notre question nationale à un thème de colloque à la McGill University. Il est grand temps que les écrivains et les artistes de ce pays retrouvent leur parole politique, qu'ils manifestent dans leurs œuvres la signification politique de notre culture, afin que, comme Jean Larose l'écrivait dans *Le Devoir*, l'idée d'indépendance redevienne ce qu'elle fut naguère : « scandaleuse, impensable, jeune ».

Quant à savoir ce qui nous attend dans les années qui viennent, pas plus qu'un autre je ne saurais déduire les conséquences des événements dont je suis le contemporain et auxquels je participe en

---

25.   Lionel Groulx, *Pour bâtir*, dans *Lionel Groulx. Une anthologie, op. cit.*, p. 90.

y projetant mes partis pris, mes espoirs et mes craintes. Connaître le sens de l'histoire, ainsi que s'en targuèrent tant d'intellectuels-oracles au XX^e siècle, procédait d'une volonté, plus ou moins consciente, d'échapper aux ténèbres dans lesquelles Tocqueville voyait s'avancer «l'homme des siècles démocratiques», quand le passé n'éclaire plus l'avenir[26]. D'une grande noirceur à l'autre. N'y cherchons pas de nouveaux alibis pour justifier nos vieilles peurs; interprétons-la plutôt comme un appel à de nouveaux défis: ceux, inévitables, que devront relever, à l'ère de la mondialisation, les petites nations qui voudront vivre. Défis que nous relèverons avec le courage qu'il nous a fallu garder autrefois, au plus sombre temps de la survivance.

---

26. Alexis de Tocqueville, *De la démocratie en Amérique*, II, Paris, Garnier-Flammarion, [1840], 1981, p. 399.

# 2

# L'esprit de la nation[*]

> *Il [André Laurendeau] est mort avant que j'aie pu*
> *lui dire ce que je lui devais. Et puis il vaut mieux*
> *que ces choses restent aux portes de la mort car elles*
> *ne peuvent être formulées que dans un autre*
> *monde, celui où la gratitude et l'admiration*
> *pourront trouver enfin leur juste langage.*
>
> FERNAND DUMONT

On m'a demandé de jeter quelque lumière sur la lecture qu'a faite Fernand Dumont de l'œuvre et de la trajectoire intellectuelle d'André Laurendeau (1912-1968), c'est-à-dire, si je saisis bien le sens de l'invitation, de tenter de cerner l'enjeu de cette lecture, ou peut-être vaudrait-il mieux dire de ce dialogue posthume que Dumont entreprend avec Laurendeau au lendemain de sa mort, en 1968, et qu'il poursuivra au cours des décennies suivantes, jusque dans *Raisons communes* en 1995[1]. Dialogue posthume au sens où,

---

[*] Article paru d'abord sous le titre «L'esprit de la nation: le dialogue posthume de Fernand Dumont avec André Laurendeau» dans *Les Cahiers d'histoire du Québec au XXᵉ siècle*, n° 10, 1999, p. 155-165.

[1.] Entre «Mémoire d'André Laurendeau», publié dans *Le Devoir* en 1968, et les pages qu'il lui consacre dans *Raisons communes* (Montréal, Boréal, 1995, p. 243-247) – pages issues d'une communication présentée quelques années plus tôt lors d'un colloque sur André Laurendeau («De Laurendeau à l'intellectuel d'aujourd'hui» dans Robert Comeau et Lucille Beaudry, *André Laurendeau, un intellectuel d'ici*, Sillery, Presses de l'Université du Québec, 1990, p. 259-263) –, Dumont a rédigé les préfaces de deux recueils d'articles posthumes de Laurendeau: *Ces choses qui nous arrivent. Chronique des années 1961-1966* (Montréal, HMH, 1970) et *André Laurendeau, artisan des passages* (Montréal, HMH, 1988).

fidèle à sa méthode d'approche de l'histoire de la pensée québécoise[2], méthode axée sur l'écoute des «pensées défuntes», Dumont s'est refusé à «f[aire] mourir une seconde fois» Laurendeau en le cantonnant dans le rôle de l'ancien combattant, en réduisant sa pensée à «un matériau à exploiter par l'histoire dévoratrice[3]»; au contraire s'est-il efforcé de recréer avec lui, par le truchement de son œuvre, les conditions d'un dialogue authentique.

Mais pourquoi Fernand Dumont tenait-il tant à poursuivre ce dialogue posthume avec André Laurendeau? Qu'est-ce qui a bien pu pousser un savant universitaire tel que Dumont, féru de théorie et d'épistémologie, à s'intéresser à l'œuvre de Laurendeau, qui, quels qu'en puissent être par ailleurs les mérites, n'en demeure pas moins avant tout celle d'un journaliste? Ce que Dumont était du reste le premier à reconnaître: «Il faut bien l'avouer, disait-il. Nous avons tous rêvé, pour lui, d'un autre destin. [...] Dispersée aux vents contradictoires de l'actualité et de l'opinion, son œuvre de journaliste ne sera pas ce monument stable et intemporel que d'autres ont rêvé de faire[4].» Alors, la question s'impose: qu'est-ce qui, chez Laurendeau, pouvait, malgré tout, forcer l'admiration de Dumont? Et plus encore que l'admiration, comment expliquer la véritable fascination que le premier a exercée sur le second, au point de lui faire écrire: «Cet homme demeure à lui seul une interrogation sur le destin de l'intellectuel dans la société présente[5]»?

## DE L'ESTHÉTIQUE À L'ÉTHIQUE

Remarquons d'abord que, par-delà tout ce qui peut paraître à première vue les éloigner: l'âge et la génération, le métier, l'origine sociale, la formation intellectuelle, l'engagement religieux, voire l'allégeance politique, les deux hommes au fond se ressemblent, ayant en commun une même sensibilité d'artiste: celle du danseur, du musicien, du romancier et du dramaturge que fut, comme en une vie parallèle, André Laurendeau; celle du poète que n'a cessé

---

2. J'ai procédé à un examen sommaire de cette méthode dans «La réception herméneutique de Lionel Groulx chez Fernand Dumont», *Les Cahiers d'histoire du Québec au XXᵉ siècle*, n°8, automne 1997, p. 104-121. Cet article est repris dans la deuxième partie du présent livre.
3. Fernand Dumont, *Le sort de la culture*, Montréal, L'Hexagone, 1987, p. 314 et 312.
4. Préface de *Ces choses qui nous arrivent*, *op. cit.*, p. XV et XII.
5. *Raisons communes*, *op. cit.*, p. 245.

d'être, mais souterrainement[6], Fernand Dumont. Deux êtres d'une
extrême sensibilité – «de cette terrible sensibilité féminine de
Québécois dévoré de l'intérieur par la Mère», disait Jean Larose à
propos de Laurendeau, et peut-être aussi de Dumont[7] – en même
temps que d'une grande pudeur, celle-là appelant pour ainsi dire
celle-ci à sa défense[8]. Deux êtres à la fois ouverts et impénétrables.
Là-dessus, les témoignages, je crois, concordent. Non seulement les
témoignages de ceux qui ont eu le privilège de les côtoyer, mais
celui que Dumont nous a laissé sur Laurendeau et dans lequel il se
livre, en filigrane, à certaines confidences sur lui-même. Par exemple,
lorsqu'il écrit que ce qu'il aimait par-dessus tout chez Laurendeau
(et ce avant même de le connaître personnellement, à l'époque où,
encore étudiant, il découvrait sa «pensée subtile» dans *Le Devoir*),
«c'était la sensibilité qui affleurait sans jamais s'avouer directement[9]». Il y a fort à parier que c'est aussi ce qui séduisit Laurendeau
chez Dumont, lorsque les deux hommes se rencontrèrent pour la
première fois à Saint-Adèle, en 1959. De cette rencontre, dont
Dumont évoquera plus tard les circonstances[10], naîtra une secrète
complicité, qui, dans le cas de Dumont, semble s'être nourrie d'une
identification à son aîné, un peu comme s'il avait trouvé en
Laurendeau le modèle d'un homme qui, habité par le même
tourment, était cependant parvenu à l'assumer, à élever son drame
personnel à la hauteur d'un destin. Fort de l'éclairage rétrospectif
que nous procure désormais *Récit d'une émigration*, je viens de relire
la préface que Dumont écrivit en 1970 pour *Ces choses qui nous
arrivent*, et je n'ai pu qu'être frappé par la profondeur de cette identification. N'est-ce pas tout autant de lui-même que de Laurendeau
dont nous parle le préfacier lorsqu'il écrit: «Cet homme s'était
sûrement voué aux débats historiques pour se guérir chaque jour

---

6.   Voir ce que dit Dumont, dans *Une foi partagée* (Montréal, Bellarmin, 1996, p. 20-24), à
     propos de «la demeure humaine», qui serait construite sur trois étages: *l'étage d'en haut*
     de la science et de la technique, le *rez-de-chaussée* de l'action et le *soubassement* du mythe
     et de la poésie.

7.   Cf. Jean Larose, *L'amour du pauvre*, Montréal, Boréal, coll. «Papiers collés», 1991,
     p. 135.

8.   «De ma mère, je tiens une affectivité excessive, un peu maladive. Elle en a souffert, et
     moi aussi. J'ai eu à contraindre dans des relations forcément plus complexes que celles
     de mes parents une sensibilité que les contacts avec un univers étranger exacerbaient»
     (Fernand Dumont, *Récit d'une émigration*, Montréal, Boréal, 1997, p. 212).

9.   Préface de *Ces choses qui nous arrivent, op. cit.*, p. XII.

10.  Cf. *ibid.*, p. XIII.

d'une vive sensibilité qui, trop tournée vers l'intérieur, se serait perdue dans sa propre mort[11]. »

Se perdre dans sa propre mort… Tel a bien failli être le sort du poète de *L'ange du matin*[12], avant que, de son propre aveu[13], l'amour d'une femme ne vienne le détourner de son « désespoir stérile » et le sortir de la sphère esthétique (au sens où l'entendait Kierkegaard) où sa vie était en train de sombrer. Le sortir de son « soubassement », mais également de « l'étage d'en haut », afin de le faire vivre *aussi* au « rez-de-chaussée » de la maison[14], au niveau éthique de l'existence[15], là où l'esthétique se trouve non pas abolie mais transfigurée par sa soumission aux exigences du temps et du monde commun. Ce passage à l'éthique, à une sensibilité adulte et responsable, s'atteste dans le second recueil de poèmes de Dumont, *Parler de septembre*, paru en 1970[16]. Cela dit, et trop rapidement sans doute, pour éclairer le sens des lignes suivantes, elles aussi de 1970 : « Le journalisme aura été, pour Laurendeau, une incitation à regarder au dehors. Quand la lumière tournée vers soi est naturellement intense, comme c'était éminemment le cas chez lui, elle doit donner profondeur aux choses extérieures. Il donnait cette profondeur à la politique[17]. »

Cette lumière intense qui se retourne du dedans vers le dehors pour atteindre les choses en leur profondeur, c'est ce que Dumont

---

11. *Ibid.*, p. XVII.
12. Fernand Dumont, *L'ange du matin*, Montréal, Éditions de Malte, 1952 ; repris dans *La part de l'ombre*, poèmes 1952-1995, Montréal, Éd. de l'Hexagone, 1996.
13. Cf. *Récit d'une émigration, op. cit.*, p. 84-85.
14. Cf. *supra*, note 6.
15. Si « toute conception esthétique de la vie est désespoir » et si, en même temps, « l'esthétique est en l'homme ce par quoi il est immédiatement ce qu'il est » (Kierkegaard), comment alors se sortir du désespoir sans renoncer à ce que l'on est ? « Là où tous les possibles sont impossibles, écrit Levinas, là où on ne peut plus pouvoir, le sujet est encore sujet par l'eros. L'amour n'est pas une possibilité, il n'est pas dû à notre initiative, il est sans raison, il nous envahit et nous blesse et cependant le *je* survit en lui. » (*Le temps et l'autre*, Paris, PUF, 1983, p. 81-82). Cette survivance de soi dans et par l'amour, et qui ouvre le *je* à ce que Levinas appelle la responsabilité-pour-autrui ou l'éthique, me paraît bien décrire le parcours existentiel de Fernand Dumont.
16. Dumont s'est lui-même expliqué sur le sens de son évolution poétique : « Sans aller jusqu'au mépris du poème, une méfiance profonde, douloureuse des jeux de la culture s'est installée en moi avec le pesant remords d'avoir abandonné à lui-même le peuple d'en-bas, celui des silencieux. J'ai voulu me livrer aux durs combats de la culture, tâchant à la fois de l'assumer et de la remettre en question […]. C'est de ce combat que la hantise du poème a ressurgi. Sans doute parce qu'il y a aussi une poésie de l'âge d'homme bien différent de l'autre » (dans *La Poésie canadienne-française*, Archives des Lettres canadiennes, tome IV, Ottawa, Fides, 1969, p. 455).
17. Préface de *Ces choses qui nous arrivent, op. cit.*, p. XVII.

caractérisera, une vingtaine d'années plus tard, comme «le passage de l'esthétique au souci éthique» chez André Laurendeau, passage qui en fait «une figure particulièrement exemplaire» de l'intellectuel, en tant que celui-ci se distingue spécifiquement de l'expert, du technocrate ou du metteur en scène du spectacle social[18]. Encore une fois, ce passage n'équivaut pas – comme Laurendeau en est lui-même la meilleure preuve – à l'abandon de la passion esthétique. Il ne s'agit nullement pour l'intellectuel de renoncer à la gratuité de l'art au nom du souci éthique, mais de s'obliger à prendre en compte les exigences du dehors, de s'ouvrir aux impératifs éthiques et politiques de l'être-ensemble. Aussi le passage doit-il s'entendre en un sens verbal, comme le fait de passer d'une sphère à l'autre, dans une tension dialectique jamais résolue où l'esthétique et l'éthique s'éclairent mutuellement, l'intellectuel étant celui qui, ainsi que Dumont le dit de Laurendeau, sait «se tenir en retrait pour sauvegarder la fragilité des valeurs», mais qui sait aussi «se prêter aux leçons de l'évènement et y investir à la fois ses incertitudes et ses convictions[19]».

## L'INTELLECTUEL ET LA NATION

Ainsi commençons-nous à mieux saisir l'enjeu du dialogue posthume de Dumont avec Laurendeau. Il concerne le statut de l'intellectuel, sa place et son rôle dans la société à laquelle il appartient mais dont il doit aussi savoir se distancier pour être en mesure d'y participer pleinement en tant qu'intellectuel. Ce que Dumont retire de son dialogue avec Laurendeau, et ce pour autant qu'il s'agit bel et bien d'un dialogue et non pas d'un monologue intérieur, d'une projection théorique à laquelle Laurendeau ne servirait que de prétexte, c'est une meilleure compréhension de «l'attitude» caractéristique de l'intellectuel, de ce qui fait qu'un intellectuel est un intellectuel indépendamment des critères objectifs, des rôles et des statuts professionnels auxquels on a coutume d'associer son nom. Dumont le dit bien dans un texte où il est du reste question de Laurendeau: «Il nous arrive trop souvent de parler de tradition intellectuelle comme d'une transmission de livres, de produits. Il y

---

18. Cf. *Raisons communes, op. cit.*, p. 231-247.
19. *Ibid.*, p. 245.

a aussi une tradition des intellectuels : d'hommes et de femmes avec leur situation historique, leur sensibilité, leur projet[20]. »

Autrement dit, l'intellectuel est un homme (ou une femme) de quelque part, et ce quelque part, le lieu de l'intellectuel, ne se limite pas au poêle de Descartes, à la « chambre » où il lit, écrit, médite. L'intellectuel appartient à une nation et participe à son histoire ; il est l'hériter d'une tradition intellectuelle particulière dont il est responsable, cette responsabilité ne consistant pas cependant à simplement transmettre les biens culturels qu'il a reçus. En modernité, l'héritage « n'est précédé d'aucun testament », selon l'aphorisme de René Char qu'affectionnait Hannah Arendt. Dans les termes de Dumont : l'héritage est constitué non de solutions, mais « de problèmes non résolus, problèmes que nous portons à la fois comme un fardeau et comme une inspiration[21] ».

De cette appartenance responsable de l'intellectuel à sa nation, de ce nécessaire enracinement de sa pensée dans le particulier comme condition de sa participation à l'universel, Laurendeau demeure le modèle selon Dumont. Un modèle qu'il importe de préserver comme tel si nous voulons continuer de croire qu'il est possible « de penser et d'écrire ici, tout en ne se vouant pas à l'éloge du terroir ou à l'évasion dans les pays de nulle part[22] ». Grâce à Laurendeau, nous savons qu'il existe une véritable tradition intellectuelle universelle au Québec. Car l'universel n'est pas l'opposé du particulier, mais de l'abstrait et du général. Si, aux yeux de Dumont, André Laurendeau incarne la pensée universelle au Québec, c'est précisément parce que sa pensée procède non par « généralisation », non par « enchaînement de concepts où l'origine et la situation de l'intellectuel sont oubliées », mais « par universalisation », en suivant « un cheminement où l'on perçoit le lieu de celui qui pense, sa tension vers un dépassement qui lui permet d'accéder à un dialogue avec d'autres que lui, avec d'autres cultures[23] ».

De ce point de vue, sans doute faut-il convenir que Laurendeau n'est pas particulièrement représentatif de ce que fut historiquement l'intelligentsia québécoise (ou canadienne-française), et de ce

---

20. Fernand Dumont, « Y a-t-il une tradition intellectuelle au Québec ? », dans Nadine Pirotte (dir.), *Penser l'éducation*, Montréal, Boréal, 1989, p. 70.
21. *Ibid.*, p. 67.
22. *Ibid.*, p. 71.
23. *Ibid.*, p. 67-68.

qu'elle reste peut-être encore aujourd'hui. Aussi Dumont déplore-t-il, dans le même texte et dans d'autres[24], le cercle où tend à s'enfermer la pensée au Québec, oscillant, de génération en génération, entre un faux universalisme, un universalisme déraciné qui procède d'une généralisation plutôt que d'une universalisation de la pensée, et une exaltation de notre particularisme qui nous laisse intellectuellement prisonniers de notre emplacement. Mais, en même temps, Dumont nous invite à ne pas faire de ce cercle un nouveau motif « d'auto-accusation », tant il est vrai que « nous ne sommes pas seuls au monde à vivre ce problème » que nous partageons avec « les pays de la *périphérie* », avec les petites nations. « En convenir franchement, ne serait-ce pas une façon de prendre en compte notre tradition intellectuelle en réalisant qu'elle a ainsi quelque dimension universelle ? », demande judicieusement Dumont[25]. En d'autres termes, on ne sort pas du cercle « par un coup de force », mais, comme l'a fait Laurendeau lui-même, en l'assumant et en l'approfondissant, la souffrance dût-elle être l'accompagnement inévitable de cet approfondissement. « J'ai parfois senti jusqu'à suffocation l'amère solitude des miens dans le monde », avoua un jour Laurendeau[26].

Fascinant Laurendeau, dont le souvenir est trop intimement lié aux « raisons de vivre ici[27] », dont les tourments sont trop proches des siens, pour que Dumont ait pu songer à inclure son nom parmi ceux qui lui « ont laissé entrevoir le pays nouveau où l'exil [l]e conduirait[28] ». Absence révélatrice pourtant, où vient s'inscrire en creux le caractère distinctif de l'intellectuel, ce « surplus, bien difficile à désigner », ce souci éthique de « l'authenticité de la Cité politique[29] ». Gaston Bachelard, Maurice Blondel, Emmanuel Mounier: ses maîtres à penser que Dumont honore dans ses mémoires[30], ses maîtres étrangers qu'il faut bien que l'intellectuel se donne dans un « petit pays comme le nôtre », ne sont pourtant que « maîtres de papier[31] ».

---

24. Cf. notamment « Le projet d'une histoire de la pensée québécoise » dans *Le sort de la culture, op. cit.*, p. 311-331.
25. Cf. « Y a-t-il une tradition intellectuelle au Québec ? », *op. cit.*, p. 68-70.
26. André Laurendeau, *La crise de la conscription, 1942*, Montréal, Le Jour, 1962, p. 157; cité par Donald J. Horton, *André Laurendeau. La vie d'un nationaliste 1912-1968*, trad. française par Mario Pelletier, Montréal, Bellarmin, 1995, p. 170.
27. Préface de *Ces choses qui nous arrivent, op. cit.*, p. XII.
28. *Récit d'une émigration, op. cit.*, p. 60.
29. *Raisons communes, op. cit.*, p. 231 et 239.
30. *Récit d'une émigration, op. cit.*, p. 60-69.
31. Préface de *Ces choses qui nous arrivent, op. cit.*, p. XI.

Je dois cependant corriger ou nuancer le dernier énoncé. Car, bien davantage qu'un maître de papier, Emmanuel Mounier aura été, pour Dumont, comme pour Laurendeau, un *témoin de l'esprit*, pour évoquer le titre du premier texte publié de Dumont[32]. Mounier ne figure-t-il pas, en outre, parmi les témoins d'*Une foi partagée*[33], le testament spirituel de Dumont? Pour ce qui est de Laurendeau, on sait l'influence décisive qu'a eue sur lui le fondateur d'*Esprit*, qu'il a rencontré et même interviewé durant son séjour à Paris dans les années 1930[34]. Disciple de Groulx durant sa jeunesse, c'est en partie sous l'influence de Mounier que Laurendeau va entreprendre, dès les années 1930, sa critique ou plutôt son autocritique du nationalisme traditionnel, qui aura l'originalité de n'aboutir ni à l'antinationalisme des Trudeau et Pelletier – qui eux aussi se réclameront du personnalisme de Mounier mais en l'amputant de sa dimension intrinsèquement communautaire[35] – ni au néonationalisme indépendantiste – dont ces autres disciples de Groulx, les Séguin, Frégault et Brunet (l'École historique de Montréal) avaient pavé la voie –, mais au dessein de refaire la Confédération canadienne sur la base de l'égalité des deux peuples fondateurs. Nous ne savons que trop où cela allait conduire Laurendeau, à quelle «mission impossible», qu'il paya de sa vie[36].

## DE L'INTELLECTUEL COMME «THÉOLOGIEN» DE LA LAÏCITÉ

Destin tragique que celui de Laurendeau, victime expiatoire de cette «tragédie» que fut «pour tout le monde», selon l'indépendantiste Fernand Dumont, «l'échec d'une communauté politique canadienne[37]». Aussi, que Laurendeau ait cru jusqu'à sa fin (ou presque...) en la possibilité de celle-ci, au point d'y sacrifier sa santé et de vieilles amitiés nationalistes, qu'il ait misé sur le dialogue

---

32. «Témoins de l'esprit», en octobre 1947, dans *La Nouvelle Abeille*, le journal des étudiants du Petit Séminaire de Québec dont Fernand Dumont était à l'époque le rédacteur en chef.
33. Cf. *Une foi partagée, op. cit.*, p. 178-181.
34. Voir à ce sujet Donald J. Horton, *op. cit.*, chap. III, ainsi que Denis Monière, *André Laurendeau et le destin d'un peuple*, Montréal, Québec Amérique, 1983, chap. IV.
35. À ce sujet, voir notamment André J. Bélanger, *Ruptures et constantes*, chapitre II: «L'émergence de l'homme abstrait: *Cité libre*», Montréal, Hurtubise HMH, 1977, p. 63-135.
36. Voir à ce sujet le témoignage de Francine Laurendeau, «André Laurendeau et la musique», dans Robert Comeau et Lucille Beaudry (dir.), *op. cit.*, p. 122.
37. *Raisons communes, op. cit.*, p. 58.

entre les deux solitudes, au point de s'exposer aux railleries et parfois au mépris de la jeune génération « séparatiste », avec laquelle il tenait tant à rester en contact[38], voilà qui ne pouvait sans doute que susciter la sympathie de l'humaniste Fernand Dumont, d'autant plus peut-être qu'il soupçonnait à quel échec était vouée pareille entreprise. Mais ce n'est pas l'échec qui retient l'attention de Dumont dans l'aventure de Laurendeau à la Commission royale d'enquête sur le bilinguisme et le biculturalisme. « C'est qu'au-delà de toutes les formules politiques, Laurendeau aura souhaité avant tout un affrontement et un dialogue décisifs entre Canadiens français et Canadiens[39]. »

N'en sommes-nous pas toujours là, trente ans plus tard, à chercher un affrontement et un dialogue décisifs avec l'autre ? À moins que nous ne cherchions au contraire à l'éviter, de peur que le dialogue de sourds ne conduise à un affrontement décisif, sans dialogue. À cet égard, ceux qui détiennent présentement le pouvoir à Québec sont-ils plus au clair ou plus résolus que savait l'être à l'époque le « fédéraliste » André Laurendeau[40] ? Il est permis d'en douter, ce doute ayant pour effet rétroactif de rendre toute leur portée aux réticences que pouvait nourrir Laurendeau à l'endroit du néonationalisme. Dans un article sur André Laurendeau, Louis Balthazar y allait de l'observation suivante, qui donne à réfléchir : « Le "matérialisme" de certains nationalistes semble bien les avoir fait passer allègrement du socialisme au capitalisme[41]. » À entendre

---

38. La meilleure preuve en est sans doute les lettres que Laurendeau échangea, en 1966, avec le felquiste Pierre Vallières, alors détenu dans une prison new-yorkaise (cf. Donald J. Horton, *op. cit.*, p. 333). À la fin de son *Journal tenu pendant la Commission royale d'enquête sur le bilinguisme et le biculturalisme* (Montréal et Sillery, VLB et Septentrion, 1990, p. 380-381), Laurendeau, après s'être posé la question : « pourquoi n'ai-je pas évolué dans la direction du néo-nationalisme ? », poursuit en ces termes : « Les années s'annoncent comme ingrates. Je vais me trouver allié à des gens que souvent je méprise [...], et j'aurai contre moi la plupart de mes amis, je veux dire de ceux pour qui l'amitié m'est naturelle et spontanée, le plus bel exemple de ceci, René Lévesque, et les jeunes. Une seule chose me répugne plus que d'être chahuté par la jeunesse, et c'est de la flatter démagogiquement. Voici un nouveau domaine où je serai condamné à la solitude. La vie ne me sourira plus guère. »

39. Préface de *Ces choses qui nous arrivent, op. cit.*, p. XIX.

40. « Le Québec, prévenait Laurendeau, n'est pas une île en plein Atlantique : son départ du Canada signifie la mort du Canada. Je n'arrive pas à comprendre comment un gouvernement canadien pourrait accepter sans réaction violente – ou en tout cas sans réaction vigoureuse – le saccage d'un pays qu'il administre depuis un siècle » (*Le Devoir*, 8 mars 1961, cité par Denis Monière, *op. cit.*, p. 277).

41. Louis Balthazar, « André Laurendeau, un artiste du nationalisme », dans Robert Comeau et Lucille Beaudry (dir.), *op. cit.*, p. 176.

le discours néolibéral que nous tiennent aujourd'hui certains ex-néonationalistes de gauche, force est de s'interroger en effet sur l'esprit ou plutôt sur l'absence d'esprit qui les animait. Peut-être est-ce là d'abord, dans cette absence d'esprit, qu'il faudrait chercher l'explication à l'impasse actuelle du nationalisme québécois, où la question nationale tend de plus en plus à se résorber dans la gestion administrative d'un *bon gouvernement* provincial.

Cette impasse-là, qui est celle d'une nation sans esprit, sans *référence* commune et communautaire, celle d'un nationalisme qui, parce qu'il repose sur la dissociation du spirituel et du politique, sur une laïcité « sans principes[42] », semble de moins en moins capable non seulement de se défendre contre ses ennemis extérieurs mais de se justifier à ses propres yeux, sinon en invoquant des raisons économiques qui participent de l'esprit du capitalisme et de son éthique foncièrement individualiste – cette impasse-là, il semble bien que Laurendeau l'ait appréhendée au moment même où s'opérait le passage au néonationalisme : « Nous savons toute la distance qui sépare le national du religieux, nous savons qu'en allant de l'un à l'autre nous changeons d'ordre, il ne s'agit pas de rééditer des confusions dangereuses. Mais nous savons également que reconnaître des valeurs communes de culture exige un dépassement de soi et des choses purement matérielles ; c'est, d'une certaine manière, accéder à l'esprit[43]. »

---

42. Dans *La religion dans la démocratie, op. cit.*, Marcel Gauchet écrit ceci à propos de la laïcité en France : « Il n'est pas exagéré de dire, je crois, que l'ensemble des sources et des références qui ont permis de donner corps, singulièrement en France, à l'alternative laïque contre les prétentions des Églises sont elles aussi frappées de décroyance. C'est ainsi que, parallèlement à la marginalisation des Églises, la laïcité est devenue peu à peu un fait sans principes » (p. 30). Ne pourrait-on appliquer, *mutatis mutandis*, le même diagnostic à « l'alternative laïque » au Québec ? La différence majeure étant bien sûr qu'ici, plutôt que taries, les sources et les références spirituelles de la laïcité restent encore à découvrir ou à inventer : « en ce pays comme ailleurs, écrivait Dumont, la laïcité s'accompagne d'un flottement de culture collective qui, en si peu de temps, n'a pu se donner encore de nouveaux repères éthiques qui soient communément partagés » (*Genèse de la société québécoise, op. cit.*, p. 335). Mais, comme le dit ailleurs Dumont, cette tâche suppose au préalable que l'on se fasse « de la laïcité une image un peu moins abstraite que celle qu'on entretient en divers quartiers » (*Raisons communes, op. cit.*, p. 223).

43. « Y a-t-il une crise du nationalisme ? », *L'Action nationale*, vol. XL, n° 3, décembre 1952, p. 224 ; cité par Louis Balthazar, *op. cit.*, p. 175.

N'oublions pas que l'homme qui écrivait ces lignes avait perdu la foi depuis quelques années déjà[44]. Aussi «il ne s'agit […] pas pour lui, en aucune façon, de reprendre le discours célèbre de M$^{gr}$ Louis-Adolphe Pâquet sur "la mission spirituelle" du Canada français. Il ne s'agit même pas, ajoute Balthazar, de poursuivre l'idéal de Lionel Groulx». De quoi s'agit-il alors? Ni plus ni moins que «d'une croyance très nette en ce que les solidarités humaines, sociales, nationales sont plus que des réalités matérielles. Elles sont, pour Laurendeau, des réalités spirituelles[45]».

Des réalités spirituelles quoique non religieuses, puisque Laurendeau avait perdu la foi, mais sans pour autant perdre dans l'opération la «croyance très nette» en des réalités spirituelles. Qu'est-ce à dire? Quel statut pourraient bien revendiquer ces réalités spirituelles non religieuses? Sur quoi la «croyance très nette» de Laurendeau portait-elle au juste?

Écartons l'idée que les réalités spirituelles de Laurendeau, aussi bien que les *raisons communes* de Dumont, soient des substances. Elles me paraissent correspondre plutôt, pour employer la terminologie kantienne, à des postulats de la raison pratique, dont la possibilité repose sur un «renversement copernicien de la conscience religieuse […] qui la rend critique d'elle-même», qui «incorpore les critiques qui étaient supposées devoir la détruire». «C'est de nous, dit encore Marcel Gauchet, que part le ressort de la croyance», qui «se recentre et s'organise autour de cette conscience subjective, non pas dans les livres mais dans les modalités quotidiennes de son exercice[46]».

Ce recentrage éthique de la croyance, son inscription dans «les modalités quotidiennes de son exercice», que Gauchet tend à présenter comme un phénomène culturel nouveau, ne se trouvait-il pas déjà à l'œuvre, dès les années 1930, dans le personnalisme communautaire d'Emmanuel Mounier? Cela expliquerait d'ailleurs pourquoi celui-ci a pu être vécu aussi bien par des croyants que par des incroyants, pour autant qu'une telle distinction ait encore ici un sens. Elle ne semble guère en avoir pour Dumont: «est-il possible,

---

44. Dans une lettre à son fils Jean, en 1964, André Laurendeau avoua qu'il avait perdu la foi vers 1945. Cf. à ce sujet Donald J. Horton, *op. cit.*, p. 189. Fernand Dumont fait allusion à la même lettre dans *Le sort de la culture, op. cit.*, p. 255.
45. Louis Balthazar, *op. cit.*, p. 175.
46. Marcel Gauchet, *op. cit.*, p. 109 et 110.

demande-t-il aux premières pages d'*Une foi partagée*, de tracer une ligne de démarcation qui séparerait avec rigueur croyants et incroyants? Rien, à mon sens, ne serait plus illusoire», répond-il sans ambages[47]. Avec la «défection des traditions», la ligne de démarcation entre croyants et incroyants s'estompe, soumettant désormais les uns et les autres, indifféremment, à «la souveraineté de l'éthique» et à la constitution d'un «milieu» où elle pourrait concrètement s'exercer: «Refaire une culture, et non pas seulement en étudier les rouages. Mounier y invitait comme à un projet susceptible de rallier ceux que sollicitait une activité intellectuelle qui fut aussi un devoir[48].»

Projet laïque, si l'on veut, mais non moins exigeant sur le plan éthique, plus peut-être, que tout projet officiellement religieux. Projet où l'intellectuel est appelé à jouer un rôle que Dumont, prenant Laurendeau pour modèle, comparait à celui du «théologien», en ce qu'il consiste à maintenir l'ouverture sur «la transcendance sans nom» des sociétés, à «contester les idéologies où les sociétés menacent de s'enfermer[49]».

## LA RECHERCHE D'UNE NOUVELLE *RÉFÉRENCE*

Mais ce que Dumont a aussi retenu de son dialogue avec Laurendeau, c'est qu'une culture ne se refait pas à partir de rien, que si la culture est *distance* à elle-même, elle est aussi, et inséparablement, *mémoire* d'elle-même: «Le nationalisme de Laurendeau nous aura appris à composer les vieux appels et ceux de l'avenir. Face à ceux qui prêchent le néant de toutes les idéologies en évoquant un homme universel et abstrait qui ne nous concerne guère, Laurendeau est demeuré le témoin à la fois fervent et ironique des vieilles fidélités[50].»

À quoi, à qui Laurendeau est-il demeuré fidèle? Et de qui, de quoi devrions-nous, à son exemple, nous souvenir, garder mémoire? Dans les termes du *Lieu de l'homme*: qu'est-ce «qui, dans un passé contesté et souvent dérisoire, mérite de nous inspirer[51]»?

---

47. *Une foi partagée, op. cit.*, p. 17.
48. *Récit d'une émigration, op. cit.*, p. 69.
49. *Raisons communes, op. cit.*, p. 247.
50. Préface de *Ces choses qui nous arrivent, op. cit.*, p. XIII.
51. *Le Lieu de l'homme*, [1968] Montréal, Bibliothèque québécoise, 2005, p. 267.

À *la lettre*, peut-être rien. Depuis la Révolution tranquille, aucun testament ne nous lie plus au passé. Définitivement révolue, l'ancienne *référence* de la nation ne saurait nous être d'aucun secours pour affronter le défi de *notre* avenir. Reste que sous la lettre morte du passé de la nation sommeille toujours son *esprit*, qu'il nous appartient de réveiller. L'esprit de la nation : « un héritage de dépassement par lequel l'humanité acquiesce à son pouvoir créateur », un héritage de dépassement que notre histoire, cette « modeste mais troublante tragédie[52] », nous commande d'assumer et de transmettre à notre tour, en travaillant à créer d'autres figures de dépassement, à construire une nouvelle référence à la nation.

Là, tout compte fait, réside peut-être l'enjeu ultime du dialogue posthume de Fernand Dumont avec André Laurendeau, dans la recherche d'une nouvelle *référence*, sans laquelle la nation française en Amérique ne pourra résister encore très longtemps au « colosse américain » : « Ce qui rend notre existence difficile, c'est, soulignait Laurendeau, la présence à nos côtés du colosse américain. Nos vraies difficultés actuelles ne viennent pas de ce que nous sommes le tiers du Canada, mais de ce que nous ne sommes pas le trentième de l'Amérique du Nord. L'accession à la souveraineté ne change pas notre situation géographique ou démographique, elle ne modifie pas essentiellement nos rapports avec le monde nord-américain[53]. »

À ce diagnostic que formule Laurendeau en 1962, font écho ces lignes que Dumont écrivait en 1993 dans la conclusion de *Genèse de la société québécoise* : « Le voisinage des États-Unis, infiniment plus que celui des provinces canadiennes, est aujourd'hui comme jadis le défi le plus décisif. Les Québécois forment un îlot étrange sur le continent. Les Canadiens anglais les convient à les rejoindre dans une commune résistance ; ils agitent même le spectre de l'annexion aux États-Unis au cas où adviendrait la souveraineté du Québec. On nous ramène à notre ancienne mission de barrage contre le danger américain. Mais ce qui demeure de façon beaucoup plus évidente, c'est le problème qu'avaient si bien posé les Rouges dans les années 1850 : celui de l'appartenance du Québec à l'Amérique. Problème ancien, problème neuf aussi, et qui mérite autant d'attention que la question d'une éventuelle souveraineté du Québec[54]. »

---

52. Fernand Dumont, *Genèse de la société québécoise, op. cit.*, p. 352 et 331.
53. André Laurendeau, « Condamnés à vivre ensemble », *Liberté*, n° 22, avril 1962, p. 271 ; cité par Donald J. Horton, *op. cit.*, p. 296.
54. *Genèse de la société québécoise, op. cit.*, p. 334.

Puis, deux années plus tard, dans *Raisons communes*: « La souveraineté du Québec est une exigence impérieuse; on entretiendrait une très grave illusion en croyant qu'elle sera suffisante. Elle pourrait même servir d'alibi si nous édifions un abri politique pour un peuple vidé par ailleurs de ses raisons d'être. La souveraineté ne créera pas, par miracle, une nation vigoureuse[55]. »

Pourquoi le grand nationaliste que fut André Laurendeau n'est-il jamais devenu souverainiste? « Peuvent le comprendre, répond Dumont, ceux, très nombreux, qui le sont devenus par une progressive réflexion, par ces déchirements qui sont les premiers garants d'une certaine objectivité[56]. » Déchiré par sa double identité, comme le furent la plupart des Québécois de sa génération et comme nous le sommes peut-être tous plus ou moins restés, tragiquement écartelé entre ses *Deux femmes terribles*[57], dirons-nous que Laurendeau a échoué à cette tâche à laquelle le souverainiste Dumont conviait les Québécois à la fin de *Genèse*…: « joindre le courage de la liberté » à la « patience obstinée de jadis », « raccorder ce que la survivance avait dissocié, réconcilier la communauté nationale avec un grand projet politique[58] » ? Mais Dumont n'a jamais mis en doute ni le courage ni la lucidité de Laurendeau. Évoquant la rencontre qu'il eut avec lui « presque à la veille de sa mort », il écrivait: « À l'écouter et à discuter avec lui, j'ai cru sentir que sa pensée, ses options peut-être allaient faire un nouveau bond. Vers quoi, je ne sais…[59] » On comprend les scrupules de Dumont, mais on se doute bien aussi dans quel camp Laurendeau, l'ami « naturel » de René Lévesque, se serait rangé en octobre 1970 et en mai 1980, lui qui, à la fin de sa vie, considérait Pierre Elliott Trudeau comme un ennemi[60].

---

55. *Raisons communes, op. cit.*, p. 77.
56. Préface à *Ces choses qui nous arrivent, op. cit.*, p. XIX.
57. Tel est le titre d'une pièce de théâtre d'André Laurendeau dont Jean Bouthillette a révélé les ressorts politiques dans *Le Canadien français et son double* (Montréal, L'Hexagone, 1972 ; je renvoie à la réédition de 1989 à l'Hexagone, p. 67 et suiv.), non sans que Bouthillette eût vérifié au préalable, dans une correspondance avec André Laurendeau lui-même, la justesse de son interprétation. Voir, au sujet de cette correspondance, Denis Monière, *op. cit.*, p. 257-258, ainsi que ce que m'en a rapporté Jean Bouthillette dans notre échange épistolaire, reproduit dans la troisième partie du présent livre.
58. *Genèse de la société québécoise, op. cit.*, p. 335 et 336.
59. Préface à *Ces choses qui nous arrivent, op. cit.*, p. XX.
60. Selon le témoignage de Neil Morrison. Cf. Robert Comeau, « André Laurendeau et la Commission royale d'enquête sur le bilinguisme et le biculturalisme », dans Robert Comeau et Lucille Beaudry (dir.), *op. cit.*, p. 206.

Mais à quoi bon spéculer sur ce que Laurendeau aurait pu dire ou faire après sa mort… Ce qui importe, c'est que, trente ans après sa disparition, son œuvre continue toujours, comme celle de Dumont, d'être une inspiration pour ceux qui, contre l'américanisation de l'esprit, veulent demeurer fidèles à l'esprit de leur petite nation.

# 3

# La crise d'Octobre
# ou l'impasse révélée[*]

n octobre 1970, un drame collectif venait interrompre brutalement la marche *normale* de la Révolution tranquille,
incitant du même coup le sociologue et philosophe Fernand
Dumont à s'interroger sur le sens de celle-ci :

> À la faveur de la «révolution tranquille», un certain nombre d'entre
> nous se sont engagés dans la recherche scientifique ou philosophique.
> Dans notre naïveté, nous avons cru que le déblocage était définitif, que
> l'évolution politique du pays se ferait, comme on dit, *normalement*.
> Nous étions plus attachés à des problèmes de *culture*, comme on dit
> aussi, ou à des problèmes *sociaux*. C'est donc par à côté, et toujours
> avec réticence, que la politique a pu nous mobiliser[1].

Traditionnelle méfiance du savant vis-à-vis de la politique[2] ?
Chose certaine, elle n'avait pas empêché jusque-là l'auteur du *Lieu
de l'homme* de s'intéresser, fût-ce «avec réticence», au destin politique

---

\*     Extrait remanié d'un texte intitulé «Le courage du provisoire», paru dans *La pensée
composée. Formes du recueil et constitution de l'essai*, sous la direction de François Dumont,
Québec, Éditions Nota Bene, 1999, p. 213-231.

1.    *La Vigile du Québec. Octobre 1970 : l'impasse ?, op. cit.*, p. 14-15.

2.    (Note de 2014) De cette méfiance, ou du moins de ce «malaise», Dumont avait déjà
offert une explication dans *Le Lieu de l'homme* (Bibliothèque québécoise, p. 183) : «Et
puis, chaque fois qu'il s'engagera dans cette voie [la politique], l'intellectuel aura fata-
lement l'impression d'une discontinuité d'avec son métier ; il éprouvera que le combat
du militant ne procède pas de la même logique ni du même souci. S'il s'accroche au
pouvoir et à l'efficacité politique, il croira trahir la lucidité qui est le suprême devoir de
son métier. Et s'il ne le fait pas, il s'interrogera finalement sur les fins de la science et de
la littérature. »

de la société québécoise, comme en font foi les nombreux articles des années 1950 et 1960 réunis dans *La Vigile du Québec*. C'est même aussi tôt qu'en 1957, dans le texte programmatique « De quelques obstacles à la prise de conscience chez les Canadiens français[3] », que Dumont formulera l'exigence – qu'il remplira pleinement trente-six ans plus tard dans *Genèse de la société québécoise* – de « psychanalyser nos consciences malheureuses » en vue de « *fonder* nos choix dans des fidélités ». Ajoutons que Dumont fut l'un des premiers universitaires québécois à se rallier publiquement à la cause indépendantiste, là où la majorité de ses collègues se montraient encore *réticents* à prendre parti[4].

Quoi qu'il en soit, en octobre 1970, Dumont va, de son propre aveu, prendre soudainement conscience des limites de ce qu'avaient été jusque-là sa réflexion et son engagement politiques et éprouver le besoin de dépasser une certaine « réticence » afin de *penser* la crise qui vient de le surprendre : « La *crise* m'a surpris, pour ma part, dans le cheminement d'un cours d'histoire des idées où je devais parler de Montaigne. Elle m'a surpris aussi dans la rédaction d'un livre auquel je travaille, le matin, sur les rapports entre "théorie et idéologie"[5]. »

## PENSER LA CRISE D'OCTOBRE

L'événement a surpris l'intellectuel en son lieu habituel, dans ce que Heidegger appelait le « séjour du penser ». Bien sûr, la crise d'Octobre a surpris tout le monde, les intellectuels comme les autres. Sauf qu'alors que la plupart de ceux qui font profession de penser ne trouveront rien de plus urgent que de surmonter leur surprise, de *dédramatiser* l'événement en recourant à une explication toute faite qui permette de le classer et à la limite de n'y plus penser, Dumont, lui, décide au contraire de prolonger sa surprise dans un effort de *compréhension* de la crise. Non qu'il sacralise l'événement : « Une société qui, souligne-t-il, a changé très vite et qui n'a pas

---

3.    Voir *supra* p. 2, note 1.
4.    Dumont poussa même l'audace jusqu'à verser au Parti québécois le montant du Prix du Gouverneur général qu'on lui avait décerné, en 1969, pour *Le Lieu de l'homme*, ce qui ne manqua pas de soulever l'ire des fédéralistes. L'épisode est évoqué par Dumont dans ses Mémoires : *Récit d'une émigration, ibid.*, p. 156-159.
5.    *La Vigile du Québec, op. cit.*, p. 14.

digéré à mesure ses transformations rapides devait se heurter tôt ou tard à un bilan dont le prétexte pouvait être n'importe quoi[6]. »

Mais encore fallait-il savoir tirer profit de ce prétexte, s'ouvrir à l'événement et se laisser toucher par le drame qui s'y joue. Or, force est de constater que l'ouverture d'esprit que Dumont manifesta en octobre 1970 fut plutôt l'exception qui confirma la règle du sauve-qui-peut des intellectuels québécois devant un événement qui leur rappelait peut-être trop « l'impasse » de leur histoire pour qu'ils eussent envie de s'y attarder. Leur manquait peut-être, pour penser la crise d'Octobre, ce don singulier que Dumont avait en commun avec Hannah Arendt, à savoir un *cœur intelligent*, « aussi loin de l'affectivité qui submerge que de l'insensibilité qui empêche de penser, aussi loin d'une proximité trop étroite que des obstacles dressés par l'éloignement de la connaissance pure[7] ». Définition cependant toute négative du *cœur intelligent* : quel est donc le lieu propre de celui-ci ? Question mal posée, car, comme Dumont lui-même nous en prévient dans les pages liminaires de *La Vigile du Québec*, il s'agit d'un « lieu hypothétique », d'un lieu où « on ne saurait ranger la raison et le sentiment suivant de nettes délimitations de territoires » puisqu'« on cherche à les réconcilier[8] » et, par là même, à se réconcilier avec le monde, à comprendre ce qui nous arrive et dont le sens ne saurait être déduit d'un universel abstrait :

> Comprendre : quelle prétention ou, au mieux, quelle naïveté ! Au Québec, la raison est partout en apparence. Contre les drapeaux et les signes, les pouvoirs officiels n'opposent-ils pas les raisons susceptibles de tempérer les rêves d'un peuple soupçonné depuis toujours d'être irréaliste et inconséquent ? En certaines contrées de la gauche, je rencontre souvent de semblables apologies de la raison la plus raide [...]. Dans un cas comme dans l'autre, le résidu est toujours le même : le sentiment[9].

En faisant ainsi appel au « sentiment » – un peu comme jadis, face aux excès du rationalisme, Pascal pouvait invoquer les « raisons du cœur » et Tocqueville les « habitudes du cœur » –, Dumont ne cherche pas à introduire dans la pensée le fantôme de l'irrationnel, comme ont pu l'en soupçonner ceux qui fondent l'explication en

---

6.   *Ibid.*, p. 164.
7.   Myriam Revault d'Allonnes, « Un cœur intelligent », *Magazine littéraire*, n° 337, novembre 1995, p. 22.
8.   *La Vigile du Québec, op. cit.*, p. 18.
9.   *Ibid.*, p. 17-18.

sciences humaines sur la réduction préalable de la pensée à «la raison la plus raide[10]», laquelle n'atteint la *vérité* de l'événement historique que pour autant qu'elle a méthodiquement renoncé à en comprendre le *sens*. Cela étant dit, comment comprendre le sens de ce qui nous arrive lorsqu'on a perdu les moyens traditionnels de comprendre, quand les valeurs et les fins de la vie collective n'étant plus données dans une compréhension préalable de la situation – dans ce que Dumont appellera plus tard, dans *Genèse de la société québécoise*, une «référence» –, ce qui arrive semble défier les critères de toute compréhension?

Voilà bien ce que la crise d'Octobre fait apparaître au grand jour: la pauvreté des moyens dont nous disposons, une fois mise hors jeu la traditionnelle définition de nous-mêmes, pour interpréter notre vie collective et conférer «quelque figure d'ensemble» à «ce drame qu'a été l'évolution chaotique du Québec depuis dix ans». «C'est notre culture qui nous a fait défaut à l'heure de la tragédie[11]», insiste Dumont, entendant par là que la société québécoise n'est pas parvenue à se donner cette nouvelle conscience d'elle-même que réclamaient pourtant les transformations profondes qu'elle a subies au cours de la Révolution tranquille, afin que le changement ne soit pas déperdition de soi mais, au contraire, l'occasion d'une remémoration, d'une réactualisation de sa mémoire historique, bref d'une réappropriation par le peuple québécois de son destin. Dans un essai daté de 1966, et que l'on peut considérer comme une première esquisse de *Genèse de la société québécoise*, «De l'idéologie à l'historiographie: le cas canadien-français[12]», Dumont écrivait à propos de François-Xavier Garneau: «Nul n'a éprouvé plus profondément que lui, semble-t-il, le sentiment que les années 1840 marquaient une sorte de crise totale[13].» J'appliquerais volontiers cette remarque à Dumont lui-même face à la crise d'Octobre, à ce «drame qui brouille la symbolique d'une société[14]» et qui, pour

---

10. Cette formule me paraît faire écho à Péguy, dont Dumont fut dans sa jeunesse un fervent lecteur. Voir notamment: Charles Péguy, «Note sur M. Bergson et la philosophie bergsonienne», *Œuvres en prose* (1909-1914), Bibliothèque de la Pléiade, Paris, Gallimard, 1961, p. 1343 sq.
11. *La Vigile du Québec, op. cit.*, p. 164, 165 et 183.
12. Repris dans *Chantiers. Essais sur la pratique des sciences de l'homme*, Montréal, Hurtubise HMH, 1973, p. 85-114.
13. *Ibid.*, p. 110.
14. *La Vigile du Québec, op. cit.*, p. 221.

lui, comme l'Acte d'Union pour Garneau, appelle le travail de la mémoire, la pensée-narration de l'histoire.

## RACONTER SON HISTOIRE

C'est donc le sentiment d'une «crise totale», d'une «impasse» historique, qui va pousser Dumont, au lendemain de la crise d'Octobre, à se souvenir et à récapituler[15] en rassemblant les essais que, tel un Petit Poucet – pour ne pas «se perdre dans une époque où tout est brouillé[16]» –, il a eu la prudence de semer derrière lui tout au long de la Révolution tranquille :

> En somme, j'ai pensé sans trop y réfléchir que, devant une menace qui ne vient plus de nous, chacun pouvait confesser d'où il est parti. Parti de si loin, de si près. Je voudrais que d'autres de ma génération fassent de même. Il me semble que, dans l'enceinte où la panique nous est venue, il faut raconter son histoire. Un peu comme dans les veillées de naguère où, pour conjurer la tempête qui grondait au dehors, les vieux nous narraient les souvenirs de leur passé. Provisoirement. En attendant de reprendre souffle pour des engagements qui seront demain plus complexes et plus durs[17].

Entre la réalité historique et la conscience historique, entre l'événement et sa compréhension, la crise d'Octobre a rendu manifeste le divorce. D'où la «panique» qui s'est emparée de tant de gens à l'automne 1970. Afin de n'y point céder, Dumont s'est réfugié dans le lieu de la pensée, dans ce que Hannah Arendt, en écho à Kafka, a appelé «la brèche entre le passé et le futur» :

> Pendant de très longues époques de notre histoire, en fait à travers les millénaires qui ont suivi la fondation de Rome et furent déterminés par des concepts romains, cette brèche fut comblée par ce que, depuis les Romains, nous avons appelé la tradition. Que cette tradition se soit usée avec l'avance de l'âge moderne n'est un secret pour personne. Lorsque le fil de la tradition se rompit finalement, la brèche entre le passé et le futur cessa d'être une condition particulière à la seule activité de la pensée et une expérience réservée au petit nombre qui faisait de la pensée leur affaire essentielle. Elle devint une réalité

---

15. «L'histoire ne se fait pas seulement en avant; se souvenir, c'est aussi récapituler et recommencer», écrira plus tard Dumont dans *Genèse de la société québécoise, op. cit.*, p. 279.
16. *La Vigile du Québec, op. cit.*, p. 11.
17. *Ibid.*, p. 17.

tangible et un problème pour tous; ce qui veut dire qu'elle devint un fait qui relevait du politique[18].

De même en est-il pour Dumont de la brèche mise au jour par la Révolution tranquille. Selon lui, la «très belle gageure» du «vide idéologique» que, «pendant au moins une décennie», en l'absence d'une idéologie de rechange à l'idéologie traditionnelle, des hommes (notamment les spécialistes des sciences de l'homme) ont voulu relever, cette gageure «était impossible à tenir[19]». Et essentiellement pour la même raison que chez Arendt: parce que la rupture du fil de la tradition ne donne pas accès, en contrepartie, à «une sorte de point zéro entre le passé et l'avenir[20]» d'où il serait loisible au penseur de s'élever au-dessus de l'histoire, de sortir de son champ de force pour accéder à «une conscience *objective*» de l'événement. Au contraire, ce que montre crûment la crise d'Octobre, c'est que la brèche ouverte à la pensée par la Révolution tranquille est «un problème pour tous», qu'elle est une affaire politique, celle qui consiste, dans une société qui ne repose plus sur la force cohésive de la tradition, à «maintenir ouvert le cercle de la parole démocratique[21]».

Cela explique pourquoi, tout en se réfugiant en lui-même pour penser la tragédie collective, Dumont veut en même temps *imaginer* son refuge peuplé d'autres hommes qui comme lui seraient venus, le temps d'une veillée, «reprendre souffle», raconter leur histoire, *penser en commun*[22]. Non qu'il renonce à expliquer la crise d'Octobre de son point de vue particulier. En attribuant à sa propre explication le statut d'un récit[23], Dumont vise plutôt à inscrire celle-ci dans une perspective élargie, proprement politique. «D'autres points de vue

---

18. Hannah Arendt, *La Crise de la culture*, Gallimard, coll. «Idées», 1972, p. 25.
19. *La Vigile du Québec, op. cit.*, p. 36.
20. *Ibid.*, p. 36.
21. *Ibid.*, p. 189.
22. Cette faculté d'imaginer un penser en commun – ce souci des *raisons communes* – rappelle la maxime kantienne de «la mentalité élargie» dans la *Critique de la faculté de juger*, cette manière de penser de l'homme d'esprit ouvert qui consiste à «s'élever au-dessus des conditions subjectives du jugement, en lesquelles tant d'autres se cramponnent, et [à] pouvoir réfléchir sur son propre jugement à partir d'un *point de vue universel* (qu'il ne peut déterminer qu'en se plaçant au point de vue d'autrui)» (Kant, *Critique de la faculté de juger*, traduction Philonenko, Paris, Vrin, 1986, p. 128).
23. Dans *Récit d'une émigration*, Dumont citera en épigraphe ces mots de Maurice Bellet: «Il n'y a que des histoires; les théories sont des histoires endimanchées.» Qu'un théoricien comme Fernand Dumont se soit lui-même perçu d'abord comme un conteur, cela – comme me le signalait un jour mon ami Serge Gagnon – n'est sans doute pas étranger à sa longue fréquentation de la Bible.

sont évidemment légitimes», reconnaît-il du reste[24]. Que l'on ne voie pas là une formule de convention. Si d'autres points de vue sur la crise d'Octobre sont légitimes, et non seulement légitimes mais nécessaires ; si Dumont souhaite que cette crise en incite d'autres à raconter leur histoire, qu'elle donne lieu à d'autres récits que le sien, c'est parce qu'il croit en la démocratie, c'est-à-dire en une narration plurielle de l'histoire, à une histoire-*story* à voix multiples où la pluralité des conteurs se porte garante du sens démocratique de l'histoire. Car «le libre partisan de la démocratie est celui qui, à la fois, défend ses partis pris quant aux problèmes de la démocratie et veille à l'incessante restauration du consensus qui permet justement que les partis pris s'expriment[25]».

Mais la démocratie n'est pas une création *ex nihilo* due à «la main invisible» d'Adam Smith. À moins de la confondre (ce qui est hélas de plus en plus le cas) avec le libéralisme économique ou la Charte des droits et libertés de la personne, la démocratie a elle-même besoin de s'alimenter à des valeurs et à des idéaux collectifs auxquels les individus puissent s'identifier, à des solidarités qui tiennent aux modes de vie, à la culture, bref à une histoire partagée. Or, s'il est vrai que c'est dans la religion catholique que la collectivité canadienne-française avait trouvé ses plus fermes assises, qu'est-ce qui désormais, une fois que le catholicisme a été culturellement et politiquement disqualifié, tiendra ensemble les individus ? Qu'est-ce qui les motivera à participer à la vie démocratique ? Pour Dumont, cette question s'avère d'autant plus légitime et cruciale qu'avec la Révolution tranquille le Québec est entré résolument dans la modernité, c'est-à-dire dans ce régime expérimental de la culture où celle-ci se veut un «perpétuel chantier», «une donnée relative que l'on peut librement contester[26]»? Pourrons-nous à nouveau *nous* reconnaître, parviendrons-nous à nous donner une nouvelle *référence* collective au sein d'une culture, moderne ou postmoderne, dont l'originalité paraît résider dans «son défaut

---

24. *La Vigile du Québec, op. cit.*, p. 17. Dumont dira la même chose plus tard à propos de son interprétation de la genèse de la société québécoise: «Évidemment, d'autres points de vue que les miens sont possibles. Au vrai, ils sont infinis. Pas plus que la mémoire de l'individu, l'histoire n'enferme d'avance dans les préoccupations qui nous engagent à l'interroger» (*Genèse de la société québécoise, op. cit.*, p. 19).
25. *La Vigile du Québec, op. cit.*, p. 188.
26. Voir *Chantiers, op. cit.*, p. 10.

même d'intégration[27] », dans la dispersion de ses éléments et le droit inaliénable pour l'individu sans attaches d'en disposer à sa guise ?

## PESSIMISME ET ESPÉRANCE

Cette interrogation que Fernand Dumont soulevait quelques mois à peine après la crise d'Octobre, cette impasse qu'il s'est efforcé d'éclairer, en quoi nous concerne-t-elle aujourd'hui ? À force de vivre dans l'impasse, on finit par s'y habituer, par s'en faire comme on dit une raison. Si le sentiment d'une impasse, voire d'une urgence, n'a fait que s'accentuer au cours des dernières années, force est d'admettre que ce sentiment-là ne pousse guère à l'action ni à la réflexion. Ce paradoxe, qui tient sans doute en partie à une trop longue «vigile», nul ne peut prétendre y échapper tout à fait. Comme si l'impasse revêtait peu à peu le masque de la fatalité, ou la forme logique de l'aporie, bref, tout ce contre quoi il serait vain de lutter, voire de s'interroger. Dans un entretien qu'il accordait deux ans avant sa mort, Dumont déclarait :

> Je crois que nous sommes devant le *désarroi*. Personne ne le dit trop officiellement, personne n'ose l'avouer parce que, évidemment, comme discours, ça n'a pas beaucoup d'avenir et surtout ça ne peut pas être beaucoup détaillé. Mais je crois que nous sommes devant le désarroi et ce désarroi gagne l'ensemble de notre société. De toute évidence, les élites des années soixante, celles qui ont fait la Révolution tranquille, qui ont essayé d'orienter notre société dans une certaine direction – dans une direction je dirais avant tout technocratique, qui a eu ses bons côtés évidemment –, cette élite est fatiguée. Elle n'a d'autre discours que de défendre, en quelque sorte, l'entreprise dans laquelle elle s'est engagée ; elle ne représente plus, je crois, les inquiétudes, les désarrois de notre société, qui est confrontée au vide et à la menace – qu'on n'ose pas envisager en face – de sa disparition[28].

Il y a peu de chance en effet que ce désarroi soit officiellement reconnu, l'élite en question ayant rangé pour de bon Fernand Dumont dans le camp des mélancoliques et des pessimistes chroniques, des empêcheurs d'improviser en rond. Dumont un pessimiste ? Sans doute. Il n'est pas certain, toutefois, que le pessimisme, bien loin d'être le contraire de l'espérance, n'en constitue

---

27. *Ibid.*, p. 40.
28. Voir *Fernand Dumont, un témoin de l'homme*. Entretiens colligés et présentés par Serge Cantin, Montréal, Éd. de l'Hexagone, 2000, p. 302-303.

pas à notre époque de simulacres la pierre de touche : ce qui, en mesurant l'espérance au pessimisme sur lequel elle doit être gagnée, permet de ne pas la confondre avec toutes les caricatures qu'on nous en offre.

Que pessimisme et espérance aillent de pair chez Dumont, rien n'en témoigne peut-être davantage que les deux citations que lui-même a pris soin de placer en épigraphe à *La Vigile du Québec*. La première est de Renan, qui, en 1871, au lendemain de l'humiliante défaite de la France, écrivait : « Souvenons-nous que la tristesse seule est féconde en grandes choses, et que le vrai moyen de relever notre pauvre pays, c'est de lui montrer l'abîme où il est. Souvenons-nous surtout que les droits de la patrie sont imprescriptibles, et que le peu de cas qu'elle fait de nos conseils ne nous dispense pas de les lui donner. » La seconde, de Lionel Groulx, dit : « J'espère avec tous les ancêtres qui ont espéré ; j'espère avec tous les espérants d'aujourd'hui ; j'espère par-dessus mon temps, par-dessus tous les découragés […]. Nous aurons un pays qui portera son âme dans son visage. »

Qu'est-ce que la mémoire collective aura retenu des événements d'octobre 1970 ? Peu de chose, je le crains, faute d'avoir su trouver en elle, en nous, le courage de penser l'impasse que cette crise dévoilait. D'où, trois décennies plus tard, l'exceptionnelle actualité de *La Vigile du Québec*, la pertinence des questions que son auteur continue, par-delà la mort, à nous adresser.

# 4

# L'intellectuel pour la souveraineté devant l'impasse[*]

L a cause de l'indépendance du Québec préoccupe-t-elle toujours l'intellectuel québécois? Qu'est-ce qui pourrait bien aujourd'hui le justifier de s'engager en faveur de la souveraineté? Cet engagement implique-t-il de sa part qu'il adhère à un parti ou à un mouvement politique? Une telle adhésion est-elle compatible avec son rôle d'intellectuel?

Avant de tenter de répondre à ces questions, je voudrais citer ces quelques lignes de Michel Winock:

> Le propre d'un intellectuel étant de penser par lui-même, il se pourrait qu'il répugne désormais, après tant de mécomptes, à s'aligner en série, à enrichir de son nom les pétitions quotidiennes, à vivre un Nous-autres illusoire; et qu'il s'impose, au contraire, de chercher à saisir, avec prudence, le sens des choses voilé par la complexité croissante du monde. Un retour au Je, dans ces conditions, ne serait pas un effet d'orgueil ou un aveu de narcissisme, mais une déclaration tout à la fois de prudence et de liberté[1].

---

[*]   Texte d'une conférence présentée à l'invitation du mouvement des Intellectuels pour la souveraineté (IPSOS) le 15 juin 2001 à la Maison Ludger-Duvernay. Le texte a paru dans *Le Devoir* (11 juillet 2001, p. A7) et, sous une forme plus développée, dans la revue *Liberté* (février 2002, p. 87-100). C'est cette dernière version que je reprends ici avec quelques modifications.

[1]   Michel Winock, *Le Siècle des intellectuels*, Paris, Éditions du Seuil, 1997; coll. «Points», 1999, p. 771.

Personnellement, je n'ai pas eu à opérer un tel retour au Je, attendu que je ne me suis jamais quitté, ou si peu. Le fait est que je n'ai jamais eu le tempérament d'un militant, ce qui ne m'empêche pas de me sentir concerné par la chose politique, ni d'intervenir de temps à autre sur la place publique, voire de signer à l'occasion une pétition. Mais m'inscrire à un parti ou à une organisation politique, me mettre à son service, en défendre les positions, être solidaire des décisions prises par sa direction, une telle position ne convient ni à ma nature solitaire et indépendante ni à ce que je crois être mon rôle d'intellectuel.

## QU'EST-CE QU'UN INTELLECTUEL ?

Pour moi, l'intellectuel est ce professionnel de l'intellect, cet écrivain, ce professeur, ce savant, cet artiste qui, sur des questions ne relevant pas *a priori* de son champ de compétences, sur des questions éthiques ou politiques, décide librement – je veux dire sans faire dépendre sa décision de ses affinités envers quelque groupe que ce soit – de se prononcer, d'intervenir publiquement, au nom de ce qu'il croit être la vérité dans les affaires humaines. J'insiste sur le mot « croire », parce que cette vérité-là n'est pas une vérité objective, mais une *valeur* pour laquelle l'intellectuel s'engage en son âme et conscience, comme Zola l'a fait, avec un courage exemplaire, au moment de l'affaire Dreyfus.

J'essaie tant bien que mal d'expliquer et de m'expliquer à moi-même pourquoi je n'ai jamais appartenu à aucun parti ni à aucun mouvement politique, ce dont je ne tire aucun orgueil particulier. Les partis et les mouvements politiques sont des outils nécessaires à la vie démocratique, ils font partie intégrante de nos régimes politiques. Pourtant, si je ne me flatte pas de n'appartenir à aucun parti, il m'arrive quelquefois de m'en féliciter, par exemple lorsque les députés de notre Assemblée nationale, plaçant l'obéissance au parti et à son chef au-dessus du principe de justice, votent à l'unanimité une motion de blâme contre le citoyen Michaud[2]. J'en

---

2.   (Note de 2014) Il convient de rappeler ici le contexte général de l'affaire Michaud, laquelle, pour ne pas avoir, et de loin, l'envergure de l'affaire Dreyfus, n'en demeure pas moins un véritable scandale politique que l'on cherche d'ailleurs toujours à étouffer. Le 14 décembre 2000, l'Assemblée nationale du Québec votait une motion de blâme contre Yves Michaud, ex-député péquiste et ami de René Lévesque, au motif d'avoir tenu, le jour précédent, à l'occasion des audiences des états généraux sur la langue

viens alors à me demander si le critère premier de l'engagement de l'intellectuel, ce qui fait la singularité et peut-être aussi le prix de son engagement, ce n'est pas précisément de n'être lié à aucun parti, fût-ce à celui qui travaille ou prétend travailler à la même cause que la sienne, et surtout peut-être si le parti en question occupe le pouvoir. Non que l'intellectuel devrait s'interdire, sous prétexte d'impartialité, d'appuyer un parti politique. Il est au contraire de son devoir, en tant que citoyen, de se prononcer. Car l'intellectuel n'est pas d'une autre essence que le citoyen, il n'est pas au-dessus de la mêlée. Reste que son vote, ce n'est pas d'abord à un parti qu'il le donne, mais plutôt à la cause qu'il prétend servir. On dira qu'une telle distinction ne s'applique pas uniquement à l'intellectuel, que tout citoyen distingue, du moins en principe, entre le parti et la cause qu'il représente. J'en conviens. Ce qui caractérise néanmoins l'intellectuel, c'est la conscience aiguë qu'il a ou devrait avoir de cette distinction. Il en va ici de sa fonction critique, de ce qui fait la particularité du rôle de l'intellectuel dans une société. Ce rôle n'est pas celui d'un oracle ou d'un prophète, ni celui d'un marchand de vérités ou de doctrines. L'intellectuel ne doit jamais perdre de vue le caractère dérivé de son rôle, c'est-à-dire, encore une fois, la cause ou la valeur qu'il vient défendre sur la place publique. En même temps, il lui faut être conscient que ce rôle comporte des risques, ceux qui découlent de toute entreprise de démystification. Comme l'a bien marqué Fernand Dumont, l'intellectuel « n'atteint pas la lucidité sans infraction[3] ». En effet, les détenteurs du pouvoir dans une société, que ce pouvoir soit politique, économique, culturel ou intellectuel, n'apprécient guère qu'on les surprenne en flagrant délit d'hypocrisie, de mensonge, d'opportunisme ou de fraude intellectuelle. Pensons encore une fois à Zola, ou encore à Soljenitsyne;

---

française, des propos prétendument antisémites. La motion fut votée avec une précipitation pour le moins suspecte, sans que les députés de l'Assemblée nationale aient même pris connaissance de la teneur exacte des propos de M. Michaud, qui n'eut jamais de surcroît la possibilité de se défendre. Or, pour inopportune qu'elle fût peut-être, la déclaration de M. Michaud, selon laquelle le peuple juif n'avait pas le monopole de la souffrance, ne justifiait certainement pas, comme plusieurs députés eurent au moins la décence de la reconnaître par la suite, une condamnation officielle de la part du gouvernement québécois. En fait, la motion de blâme visait surtout, comme Josée Legault notamment le souligna, à disqualifier le citoyen Michaud, que le premier ministre de l'époque, Lucien Bouchard, craignait de voir se présenter comme candidat du Parti québécois dans le comté de Mercier. Faut-il rappeler que, après toutes ces années et les poursuites menées devant les tribunaux par le citoyen Michaud, ce dernier n'a toujours pas obtenu réparation pour le tort causé à son honneur et à sa réputation.

3.    Fernand Dumont, *Raisons communes*, op. cit., p. 25.

mais pensons aussi, plus près de nous, à Fernand Dumont lui-même, aux attaques dont il fut la cible à la fin de sa vie, et après sa mort, pour avoir osé enfreindre la censure de ceux qu'il appelait, dans *Raisons communes*, les nouveaux metteurs en scène du spectacle idéologique québécois.

Fort de ces quelques remarques générales sur le rôle de l'intellectuel, je voudrais maintenant tenter de répondre à une question qui n'est pas aussi simple qu'il pourrait le sembler à première vue, à savoir : quelle attitude l'intellectuel pour la souveraineté devrait-il adopter aujourd'hui à l'égard du Parti québécois ?

## L'INTELLECTUEL POUR LA SOUVERAINETÉ ET LE PARTI QUÉBÉCOIS

Cette question n'est pas simple en effet. D'une part, parce qu'il n'est pas simple pour un partisan de la souveraineté, qu'il soit ou non un intellectuel, de concevoir le projet de souveraineté du Québec sans le parti qui s'en est voulu l'incarnation même, et qui s'en prétend encore le seul véhicule politique efficace. La question n'est pas simple, d'autre part, parce qu'en même temps qu'il est en position de pouvoir à Québec[4] le PQ se trouve également, par l'intermédiaire de son rejeton fédéral, le Bloc québécois, en position de contre-pouvoir face à l'État canadien.

Ainsi est-il doublement difficile d'envisager la poursuite de notre lutte nationale sans le Parti québécois. Ce qui explique sans doute pourquoi tant de souverainistes, les intellectuels y compris, continuent d'accorder un soutien presque inconditionnel au Parti québécois, aussi désillusionnés puissent-ils être par ailleurs à son égard. J'en veux pour exemple celui que l'on peut considérer non seulement comme l'un des plus fidèles et des plus ardents défenseurs de la souveraineté du Québec, mais aussi comme l'un de nos plus brillants intellectuels : Pierre Vadeboncœur. Voici ce que celui-ci écrivait à la suite de la défaite du PQ dans la circonscription de Mercier et du résultat surprenant qu'y a obtenu l'Union des forces progressistes[5] : « On ne saurait extrapoler à partir de ce résultat-champignon. Mais, tout de même, cet avertissement n'est pas rien et

---

4. Ce qui était le cas au moment de la rédaction de ce texte, en 2001 (note de 2014).
5. Lors des élections partielles du 9 avril 2001, Paul Cliche, le candidat de l'Union des forces progressistes dans le château fort péquiste de Mercier, récolta près de 25 % des voix, favorisant ainsi l'élection du candidat du Parti libéral.

il a une valeur incontestable. Est-ce à dire qu'un nouveau parti souverainiste est né qui pourrait viser à remplacer éventuellement le PQ? Il n'y aura jamais d'autre grand parti souverainiste que celui-ci. Si le PQ décline, il n'aura pas de réel successeur et ce sera la fin du souverainisme[6]. »

J'ai pour Pierre Vadeboncœur la plus vive admiration. Et je comprends et partage tout à fait son inquiétude quant à l'avenir du projet indépendantiste. Néanmoins, je ne puis que marquer ici mon désaccord avec son raisonnement qui n'est pas sans me rappeler la dialectique de ceux qui cherchaient naguère, tant bien que mal, à concilier leur foi communiste avec leur rôle d'intellectuel. Non que Vadeboncœur ne sache se montrer critique envers le PQ, mais critique, il l'est un peu comme Sartre pouvait l'être à l'endroit du Parti communiste, c'est-à-dire en demeurant, coûte que coûte, «compagnon de route» du parti, en s'interdisant de le remettre en question, sous prétexte que cela ferait le jeu de l'adversaire, en l'occurrence des fédéralistes. Critiquer le PQ, mais jusqu'à un certain point seulement, à condition de ne pas nuire au parti qui représente le seul espoir de ceux qui croient encore en la souveraineté du Québec. Aussi l'intellectuel pour la souveraineté ne peut-il être, selon Vadeboncœur, que du côté du Parti québécois. Ne pas l'être n'aurait pour résultat que de diviser les forces indépendantistes. N'est-ce pas là au fond l'ultime argument qui sous-tend implicitement la position de Vadeboncœur et justifie la pérennité de son appui au PQ? Mais est-il besoin de rappeler qu'un tel argument n'est pas nouveau? Il se trouve à l'origine même du Parti québécois, qui l'invoqua pour convaincre les autres partis indépendantistes de l'époque de la nécessité de se faire hara-kiri dans l'intérêt même de la cause indépendantiste. Il importe toutefois de se demander si, pour défendable qu'il était peut-être à l'origine, l'argument de la non-division des forces indépendantistes n'est pas devenu avec le temps un instrument de chantage au bénéfice du Parti québécois, un instrument qui continue de tirer son efficacité de la disparition des autres partis indépendantistes et du succès électoral qui en a résulté pour le PQ. Certes, se répète-t-on comme un mantra, le Parti québécois n'a pas réalisé la souveraineté du Québec; mais il a pris et repris le pouvoir, et tant qu'il l'occupe, ou tant qu'il a des bonnes chances de le reprendre, rien n'est perdu, la souveraineté demeure à l'horizon.

---

6.    Pierre Vadeboncœur, «La vie en rose», *Le Couac*, mai 2001, p. 2.

Encore une fois, il m'est impossible de souscrire à pareil raisonnement. Et pour une raison assez simple, qui découle de ce que j'ai dit précédemment à propos de la vigilance critique que l'intellectuel doit exercer à l'endroit des partis politiques au regard de la cause ou du projet que ceux-ci prétendent servir. En bref, ce qui me retient aujourd'hui d'appuyer le Parti québécois, c'est que ce parti n'a plus pour fin l'indépendance du Québec. Non pas bien sûr que le PQ ait officiellement renoncé au projet qui en a justifié la fondation ; mais ce projet, les stratèges péquistes ont su si bien le subordonner aux moyens qu'ils avaient conçus pour le réaliser, que la fin s'est finalement dissoute dans les moyens. En effet, et contrairement à ce que s'efforcent encore parfois de nous laisser croire certaines déclarations solennelles de ses dirigeants, ce n'est plus la souveraineté du Québec qui constitue aujourd'hui la finalité ou la raison d'être du Parti québécois, c'est le pouvoir, c'est de conserver par tous les moyens le pouvoir qu'il a repris en 1994[7]. S'il n'en était pas ainsi, si le pouvoir n'était pas devenu la finalité inavouable du PQ, le gouvernement du Parti québécois ferait quelque chose pour réaliser l'indépendance du Québec ; or il ne fait rien, sinon administrer la province de Québec selon les principes du néolibéralisme triomphant, ce que le Parti libéral ferait tout aussi bien, si l'on peut dire. J'anticipe l'objection : « Alors, vous voudriez que le gouvernement péquiste préside à un troisième référendum perdant, avec les conséquences désastreuses qu'un tel échec ne manquerait pas d'entraîner autant pour l'avenir de l'option que pour celui du Québec lui-même ? Mais ce serait totalement irresponsable de sa part ! » Eh bien, je crois que le gouvernement du Parti québécois pourrait faire beaucoup de choses avant de déclencher un troisième référendum, à commencer par promouvoir l'indépendance du Québec. Sans compter qu'il pourrait démissionner, quitte à provoquer une grave crise politique et à forcer la tenue d'une élection extraordinaire où, pour une fois, sans ambiguïté, le PQ lierait son sort à la cause qu'il prétend servir. Il est vrai que cela exigerait, outre une certaine imagination, une bonne dose de courage politique.

Il faut soutenir le PQ, nous dit Vadeboncœur, parce que, sans lui, le projet de souveraineté du Québec n'a pas d'avenir et ne peut aboutir qu'à une impasse. Cela suppose que, sous la gouverne du Parti québécois, le projet de souveraineté a un avenir, qu'il n'est pas

---

7.   Pouvoir qu'il a ensuite perdu en 2003 et qu'il espérait reprendre grâce à son beau jeune chef André Boisclair, avec les résultats que l'on sait (note de 2014).

dans l'impasse, et qu'aussi longtemps que le PQ demeure au pouvoir nous sommes en route vers la souveraineté. Comme si le Parti québécois avait le pouvoir de nous préserver de l'impasse. J'estime, au contraire, que le projet de souveraineté se trouve depuis pas mal de temps déjà dans une impasse. Là encore, je vois venir l'objection : « Quelle impasse ? Lors du dernier référendum, près de 50 % de Québécois, dont plus de 60 % de francophones, ont voté *oui* à la souveraineté du Québec : est-ce bien là ce que vous appelez une impasse ? » On pourrait longuement débattre du sens et de la portée qu'il convient de donner à ces résultats : cela ne changerait rien au sentiment que, je crois, nous éprouvons tous – quoi qu'en prétendent les éternels optimistes – d'être, collectivement parlant, dans une impasse. De celle-ci, il y a certes des indices, mais ils n'ont pas la figure de critères objectifs. Une impasse, que ce soit celle d'une individu ou d'une collectivité, cela, à la limite, ne se démontre pas ; cela s'éprouve et cela se reconnaît, ou non.

## DE L'INTELLECTUEL COMME PSYCHANALYSTE

De ce point de vue, on pourrait comparer le rôle de l'intellectuel à celui du psychanalyste, dont la tâche consiste à aider la personne à sortir de l'impasse dont elle se sent prisonnière. Pour y arriver, il lui faudra d'abord surmonter les ruses de l'inconscient, vaincre les résistances et les censures par le moyen desquelles la personne, l'analysant, cherche à demeurer dans l'impasse, à ne pas affronter la « dure réalité » qu'elle cache. Analogiquement, je dirais que l'une des premières tâches qui incombent aujourd'hui à l'intellectuel québécois, et en particulier à l'intellectuel pour la souveraineté, consiste à aider la société québécoise à dépasser le sentiment diffus de l'impasse où elle se trouve et à voir celle-ci en face, cet aveu de l'impasse m'apparaissant comme la condition *sine qua non* pour en sortir, afin que la société québécoise puisse un jour déterminer elle-même son destin. Ce *devenir-conscient* de la société québécoise est peut-être ce qui définit le mieux l'intention qui a présidé à la démarche de Fernand Dumont dans ses deux grands essais sur le Québec, *Genèse de la société québécoise* et *Raisons communes*.

Bien sûr, on ne peut pas demander à tous les intellectuels souverainistes d'être des Fernand Dumont. Pourtant, je ne pense pas qu'il faille être grand clerc pour reconnaître aujourd'hui, avec le recul, le détournement de sens que l'idéologie péquiste et la classe qui en est le soutien, auront fait subir au projet d'indépendance du Québec en l'orientant d'entrée de jeu sur la voie sans issue de la souveraineté-association. Le Mouvement souveraineté-association n'est pas seulement le premier nom du Parti québécois, il est aussi celui du cercle vicieux dans lequel le PQ a entraîné le mouvement de la souveraineté, avant qu'il ne confie à ses intellectuels organiques le soin de penser la quadrature de ce cercle. Ainsi nos universitaires-spécialistes-de-la-question-nationale accouchèrent-ils, comme il se doit, d'un souverainisme abstrait, aseptisé, dénationalisé, garanti «ethnicité zéro»; un souverainisme on ne peut plus civique et politiquement correct du point de vue néolibéral dominant.

On ne parle plus guère de classe sociale au Québec, le concept ne faisant pas partie du vocabulaire politique de la nouvelle classe dirigeante. Réfléchissant sur «la transformation des classes sociales au cours de la Révolution tranquille», Dumont se demandait s'il ne s'agissait pas là «du point aveugle de l'interprétation de la société québécoise d'aujourd'hui[8]». J'y verrais au surplus le point aveugle de l'interprétation actuelle de la souveraineté. En clair: la souveraineté et son interprétation n'auraient-elles pas été confisquées par une nouvelle classe sociale qui a exploité à son profit le vieux fond nationaliste canadien-français, l'utilisant comme alibi pour réaliser sa souveraineté à elle, pour conquérir, par l'entremise d'un parti souverainiste, le pouvoir d'interpréter la société québécoise? Ce ne serait pas la première fois dans l'histoire qu'une classe sociale confonde sa propre ascension avec celle de toute la collectivité.

Toutefois, en même temps qu'on peut le tenir responsable du détournement de sens du projet souverainiste, le Parti québécois – rendons-lui cette justice – n'a pu accomplir ce détournement sans le consentement implicite du peuple québécois, sans prendre appui sur le détournement politique auquel il fut historiquement contraint par le conquérant. Dernier avatar, dernière ruse de notre «fatigue culturelle», la souveraineté-association reconduisait le dédoublement de l'identité canadienne-française diagnostiqué par Jean Bouthillette[9]; elle perpétuait, à travers son trait d'union même, ce divorce de la nation culturelle et de la nation politique dont Dumont a fait ressortir la persistance jusqu'à nous[10].

---

8.   Fernand Dumont, *Raisons communes*, *op. cit.*, p. 24.
9.   Voir plus loin, dans la troisième partie de ce livre.
10.  Voir notamment la conclusion de *Genèse de la société québécoise*, *op. cit.*, p. 321-336.

Aussi, le Parti québécois représente-t-il moins une cause qu'un symptôme ; ce qui signifie que l'impasse dans laquelle il a conduit le projet d'indépendance du Québec est bien la nôtre, qu'elle nous renvoie à nous-mêmes, à ce que l'histoire a fait de nous, mais aussi à ce qu'il nous appartient de faire de notre histoire, à l'avenir de notre mémoire. Car, d'aussi loin qu'elle nous vienne, l'impasse n'est pas fatale. Elle ne l'est pas parce que notre héritage ne s'épuise pas en elle, comme si le sens de notre passé était fixé une fois pour toutes. « Notre héritage n'est précédé d'aucun testament », disait le poète René Char. De quoi est fait cet héritage nôtre et non testé ? Où le trouver ? Je dirais dans notre « cimetière de promesses non tenues », pour reprendre la formule de Paul Ricœur. « C'est, précise ce dernier, en délivrant, par le moyen de l'histoire, les promesses non tenues, voire empêchées et refoulées par le cours ultérieur de l'histoire, qu'un peuple, une nation, une entité culturelle, peuvent accéder à une conception ouverte et vivante de leurs traditions[11]. » Et Ricœur d'ajouter que c'est avant tout aux intellectuels – aux « éducateurs publics » comme il les appelle – que revient la tâche de ranimer, de ressusciter ces promesses non tenues.

N'est-ce pas à cette tâche-là qu'est convié aujourd'hui l'intellectuel souverainiste ? Tâche à la fois critique et organique, par-delà la fameuse opposition gramscienne entre l'intellectuel critique et l'intellectuel organique. Au cours des dernières années, il semble que plusieurs intellectuels souverainistes aient renoncé à leur fonction critique pour devenir ni plus ni moins des fonctionnaires de la souveraineté, quand ce n'est pas des idéologues du régime ou des conseillers du Prince. « Rien n'est pis que l'institutionnalisation de la fonction intellectuelle », soulignait Michel Winock[12], qui exhortait en même temps les intellectuels à exercer un rôle organique dans la Cité, en tant qu'« ouvriers de cette démocratie impossible », toujours imparfaite et toujours à défendre. De cette démocratie impossible, j'ajouterais que l'intellectuel doit se faire la mauvaise conscience, comme l'intellectuel pour la souveraineté devrait être la mauvaise conscience d'une souveraineté qui, pour ne pas être impossible, se révèle infiniment plus difficile à réaliser qu'on avait pu naïvement le croire.

---

11. Paul Ricœur, « La marque du passé », *Revue de métaphysique et de morale*, n° 1, 1998, p. 30-31.
12. Michel Winock, *op. cit.*, p. 772.

Dans *Gouverner ou disparaître*[13], Vadeboncœur appelait à «en finir avec cet optimisme superficiel» qui nous avait fait croire en l'irréversibilité de l'indépendance, au point d'en abandonner la réalisation effective aux politiciens. Dénonçant les effets pernicieux de cet optimisme, Vadeboncœur réclamait «une pensée moins complaisante, plus sévère et par conséquent plus exigeante sur ce qu'elle demandera des gens»; une pensée qui soit par ailleurs «conscient[e] qu'un jour il pourrait n'y avoir plus de temps».

Ce jour-là est peut-être plus proche qu'on ne l'imagine. Dans vingt ou trente ans tout au plus, les francophones seront minoritaires sur l'île de Montréal. Alors commencera, on doit le craindre, l'inexorable processus de «louisianisation» du Québec. On ne cessera pas de parler français du jour au lendemain, bien sûr; mais on risque d'assister (ce qui est bien pire encore) à la lente agonie de notre langue et de notre culture. Est-ce ce que nous voulons? Sommes-nous encore prêts, autrement dit, à assumer le paradoxe que constitue le fait de vivre en français en Amérique? Il y a des signes qui donnent à penser que non, le refus même de reconnaître la réalité de ce paradoxe n'étant sans doute pas le moindre. Alors, si l'on est attaché à cette langue et à cette culture, et si l'on croit que la culture québécoise a encore un rôle à jouer comme ethos collectif[14], comme soutien de la quête éthique de ceux et celles qui viendront après nous, alors je dirais que le pessimisme est, pour l'intellectuel québécois, quasiment un devoir.

Vadeboncœur réclamait, à bon droit, une pensée plus sévère et plus exigeante. Quitte à me faire qualifier une fois de plus de «nationaliste mélancolique», j'ose réclamer une pensée résolument pessimiste. Non pas un pessimisme résigné et cynique, mais un pessimisme de l'urgence, actif et heuristique, qui force à s'interroger sur notre devenir collectif, à rechercher en nous-mêmes, dans la commune mémoire, aussi bien les causes de l'impasse où nous nous trouvons que les raisons capables de relancer notre conscience historique vers l'avenir.

---

13. Pierre Vadeboncœur, *Gouverner ou disparaître*, Montréal, Éditions Typo, 1993, p. 27.
14. Dans *L'histoire en trop. La mauvaise conscience des souverainistes québécois* (Montréal, VLB, 2002), Jacques Beauchemin consacre l'essentiel de son propos à défendre cette conception éthique, ou éthico-politique, de la culture québécoise, en s'inspirant d'ailleurs très largement et très explicitement de la pensée de Fernand Dumont (note de 2014).

# 5

# Quel avenir
# pour notre mémoire?*

*Nous n'avons pas su lier nos racines de souffrance
à la douleur universelle dans chaque homme ravalé.*

GASTON MIRON

A u moment de répondre à l'invitation de *Possibles*, j'avoue éprouver un certain embarras. Comment en effet parler de l'avenir de la société québécoise, en sonder les «possibles», quand je demeure convaincu que cette société se trouve aujourd'hui dans une impasse? Le propre d'une impasse n'est-il pas précisément de suspendre les possibles, de mettre l'avenir pour ainsi dire en veilleuse? Dès lors, n'eût-il pas été plus avisé de ma part de décliner poliment l'invitation? Qu'est-ce qui m'aura donc poussé à l'accepter?

Sans doute est-ce la prétention d'avoir encore quelque chose à dire sur l'impasse elle-même et sur les conditions de son éventuel dénouement. Et puis je présume que c'est en toute connaissance de cause que les responsables de ce dossier m'ont invité à y participer. Les écrits que j'ai disséminés au cours des dernières années sur notre question nationale font si souvent état de l'impasse pour qu'on ne puisse s'attendre ici à ce que j'exhorte le lecteur à «se souvenir d'où l'on s'en va», pour citer un historien québécois[1] qui use de l'oxymore

---

* Ce texte a paru dans la revue *Possibles*, vol. 26, nᵒˢ 1-2, hiver-printemps 2002. Je le reprends ici avec quelques corrections mineures.

1. Jocelyn Létourneau, «Pour une révolution de la mémoire collective», *Argument*, vol. 1, nᵒ 1, automne 1998, p. 41-57.

comme d'autres pratiquent la prose. Comme si l'avenir existait ; comme s'il était en mesure de nous servir de guide. « L'avenir, souli-gnait au contraire Simone Weil, ne nous apporte rien, ne nous donne rien ; c'est nous qui pour le construire devons tout lui donner, lui donner notre vie elle-même. Mais pour donner, ajoutait-elle, il faut posséder, et nous ne possédons d'autre vie, d'autre sève, que les trésors hérités du passé et digérés, assimilés, recréés par nous. De tous les besoins de l'âme humaine, il n'y en a pas de plus vital que le passé[2]. »

Le fait est, pour anticiper sur mon propos, que nous n'avons pas su digérer, assimiler, recréer notre héritage historique ; que nous n'avons pas (encore) réussi à donner un avenir à notre mémoire. De cet échec et de la fuite en avant à laquelle il semble vouer aujourd'hui un grand nombre d'intellectuels québécois, l'oxymore de notre historien ne constitue qu'un indice parmi d'autres.

## LE CONCEPT DE « NATION QUÉBÉCOISE »

C'est à l'occasion de ma participation à la série d'articles sur « la nation québécoise », publiés dans *Le Devoir* au cours de l'été 1999[3], que j'ai pu prendre toute la mesure de cette fuite en avant devant l'impasse de notre conscience historique. Ce qui m'avait d'abord frappé à l'époque en lisant ces articles, c'est la curieuse absence de perspective historique dont témoignaient la plupart d'entre eux, l'espèce de présentisme auquel ils semblaient obéir et avec lequel tranchait si manifestement mon propre article. Invité à « penser la nation québécoise », il m'avait paru naturel, moi qui ne suis pourtant pas historien, de penser celle-ci dans son histoire. Or voilà que je découvrais au fil des semaines que la chose était loin d'aller de soi. En effet, à deux ou trois exceptions près, les autres intellectuels conviés à l'exercice, qu'ils fussent historiens, sociologues, philo-sophes ou politologues, ne manifestaient guère d'intérêt pour l'histoire de ladite nation québécoise, préoccupés qu'ils étaient plutôt d'en démontrer ou d'en défendre le caractère d'ouverture, la diversité culturelle, le métissage, etc.

---

2.   Simone Weil, *L'enracinement. Prélude à une déclaration des devoirs envers l'être humain*, Paris, Gallimard, coll. « Idées », 1973 [1949], p. 71.
3.   Voir « Pour sortir de la survivance », supra, p. 5-17.

À bien y réfléchir, cet oubli de l'histoire nationale n'avait rien de vraiment étonnant. Dans mon propre article, j'évoquais l'opposition de Fernand Dumont au concept de « nation québécoise » qui donnait son titre à la série. Parler de nation québécoise, écrivait ce dernier dans *Raisons communes*, « est une erreur, sinon une mystification. Si nos concitoyens anglais du Québec ne se sentent pas appartenir à notre nation, si beaucoup d'allophones y répugnent, si les autochtones s'y refusent, puis-je les y englober par la magie du vocabulaire ? L'histoire a façonné une nation française en Amérique ; par quelle décision subite pense-t-on la changer en une nation québécoise ?[4] »

Cette « magie du vocabulaire » est à l'œuvre dans la plupart des articles de *Penser la nation québécoise*[5]. Aussi n'y a-t-il rien d'étonnant à ce que leurs auteurs parlent si peu de l'histoire de cette nation, vu qu'elle n'en a pas, que la « nation québécoise » en question n'a d'autre existence qu'idéale. D'où le caractère normatif et constructiviste des définitions qu'on nous en propose et qui ne disent pas tant ce qu'est cette nation québécoise que ce qu'elle *devrait être* pour être conforme à une définition civique de la nation, par exemple à celle qu'a mise en avant Jürgen Habermas et qui repose sur une sorte de simulation communicationnelle, idéale et transcendantale, de l'égalité et de l'identité de tous les « partenaires » politiques par-delà leurs différences culturelles et leurs inégalités sociales. Ce *nation building*[6] est-il compatible avec le projet d'indépendance du Québec ? Je ne suis pas le seul à penser que ce constructivisme identitaire sape la cohérence même du discours indépendantiste, comme le montre, à l'évidence, le modèle bouchardien de la « nation québécoise ». Curieux modèle en effet que celui-là, quand on pense qu'il émane d'un intellectuel qui se veut souverainiste. Curieux modèle dans la mesure où, tout en le voulant ouvert à tous les citoyens, « Franco-Québécois, Anglo-Québécois, autochtones, communautés culturelles », de même qu'à

---

4. *Raisons communes*, Montréal, Boréal, 1995, p. 63-64.
5. *Penser la nation québécoise*, sous la direction de Michel Venne, *op. cit.*
6. Selon Michel Seymour, l'un des propagandistes les plus zélés du concept de nation québécoise, « le problème de la nation québécoise n'est pas son existence mais sa (non-) reconnaissance par le Canada ». Pourtant, M. Seymour n'est pas loin lui-même de reconnaître le caractère idéal, théorique et virtuel de cette existence quand il écrit, juste avant, qu'« une nation québécoise inclusive existe bel et bien, même s'il reste encore beaucoup à faire » (« Une nation inclusive qui ne nie pas ses origines », dans *Penser la nation québécoise, op. cit.*, p. 246). Cette idée du « beaucoup à faire » (du *nation building*) pour faire exister réellement la « nation québécoise » revient un peu comme un leitmotiv chez ses théoriciens.

«toutes les options politiques ou constitutionnelles, y compris le projet de souveraineté», Gérard Bouchard affirme, dans un même souffle contradictoire, que son modèle «ne peut pas s'accommoder du cadre fédéral» puisque «la souveraineté est une condition nécessaire à son implantation complète[7]». Mais alors on se demande bien comment Bouchard compte s'y prendre pour convaincre les anglophones et les allophones du Québec, fédéralistes neuf fois sur dix, d'adhérer à son programme, de souscrire à son modèle de nation québécoise. Venez, leur dit-il, mon projet de «coalition nationale» est ouvert à tous; mais sachez en même temps que la réalisation de ce projet a pour condition nécessaire la souveraineté – une souveraineté que Bouchard tend du reste à renvoyer aux calendes grecques[8]. Qui ne voit ici la contradiction?

Cette contradiction est celle d'un «souverainisme sans nationalisme», selon la parfaite expression de Laurent-Michel Vacher[9]. Elle trahit l'impasse d'un projet de souveraineté qui a oublié en cours de route sa motivation et sa justification fondamentales, à savoir la survie et le développement d'une nation historique particulière: la nation francophone du Québec. Comment expliquer un tel oubli et la régression de notre conscience historique qu'il manifeste? Comment l'indépendantisme québécois, né de la prise de conscience nationale des Québécois francophones, a-t-il pu, en l'espace d'une vingtaine d'années, sombrer dans l'insignifiance aporétique d'un «souverainisme sans nationalisme»? Et à quelle cause profonde faut-il imputer «les effets paralysants de cette mauvaise conscience qui font que bon nombre d'intellectuels sont devenus incapables de dire ce qui se donne pourtant comme une parfaite évidence, c'est-à-dire que le projet de la reconnaissance politique du Québec est porté par un groupe, et seulement lui, parfaitement repérable de

---

7. Je me réfère ici au texte de Gérard Bouchard, «Construire la nation québécoise. Manifeste pour une coalition nationale», dans *Penser la nation québécoise, op. cit.*, p. 54-55 et 67.

8. À propos de son modèle, Bouchard écrit qu'il «faudra se donner beaucoup de temps avant de conclure à son rejet. C'est seulement, poursuit-il, dans l'hypothèse d'un échec, par la force des choses en quelque sorte, que le partenaire principal pourrait être ramené à l'hypothèse d'un cavalier seul, contraint de se repenser comme nation ethnique, au sens intégral du terme. Nous n'en sommes pas là» (*ibid.*, p. 67).

9. Laurent-Michel Vacher, «Souverainisme sans nationalisme: la nouvelle trahison des clercs?», *art. cit.*

ceux dont le parcours historique les a conduits à vouloir que leur nation s'appelle pays[10] » ?

La réponse à ces questions ressortit à la problématique de la mémoire ; elle est à chercher dans l'histoire de notre mémoire collective. Pour éclairer cette histoire, je ferai appel aux lumières qu'a jetées sur elle Fernand Dumont dans *Genèse de la société québécoise*, ce livre dont l'importance n'a d'égale que la pauvreté de la réception que lui a accordée la communauté savante québécoise[11].

## GENÈSE ET MÉMOIRE

Obnubilés peut-être par son titre, il semble que les rares commentateurs de *Genèse de la société québécoise* n'aient guère compris que la remontée aux origines qu'y effectue l'auteur ne procède pas du seul souci de la *genèse* ou de la vérité historique, mais relève par-dessus tout d'un besoin de mémoire, de restauration de la mémoire et de réconciliation avec le passé. *Genèse* et *mémoire* : Dumont avait pourtant pris la peine de bien distinguer les deux notions dans *L'Anthropologie en l'absence de l'homme* : « Pour me représenter ce que mon devenir m'a fait, pour réunir ce qui me paraît acquis de mes expériences passées, il faut que je retrace ma genèse. Mais la constitution d'une mémoire est tout autant une défense contre la genèse : *je me souviens pour aujourd'hui et pour l'avenir*, je récupère mon passé et le tire en avant, autant que je cède au regard en arrière. Pour la mémoire, le recours au passé n'est qu'un détour[12]. »

Détour nécessaire cependant, comme le montre la psychanalyse, où « le défi de la genèse, de la vérité, y contredit méthodiquement le besoin de réconciliation avec la pertinence du passé, le besoin de mémoire[13] ». Cette contradiction méthodique, cette dialectique ouverte de la genèse et de la mémoire, irrigue la démarche herméneutique de Dumont dans *Genèse de la société québécoise*, que

---

10. Jacques Beauchemin, « Défense et illustration d'une nation écartelée », *Penser la nation québécoise, op. cit.*, p. 260.
11. Sur la réception, ou la non-réception, de *Genèse de la société québécoise*, voir Julien Goyette, « Histoire, historiens et *Genèse de la société québécoise* », *Bulletin d'histoire politique*, vol. 9, n° 1, automne 2000, p. 71-84.
12. Fernand Dumont, *L'Anthropologie en l'absence de l'homme*, Paris, PUF, 1981, p. 203 ; l'italique est de moi.
13. *Ibid.*

lui-même définissait comme une « tentative de psychanalyse » visant à contribuer à une « restauration de la mémoire » qui soit « le commencement d'une redécouverte de notre identité profonde[14] ».

Juger que la société québécoise est justiciable d'une psychanalyse, c'est supposer que cette société est malade, ou plus exactement qu'elle souffre d'un problème d'identité collective lié à un traumatisme, à une blessure de la mémoire. Que Dumont associe le traumatisme qu'aurait subi la société québécoise à la Révolution tranquille, cela ne doit cependant pas être interprété comme une condamnation de celle-ci. Dumont ne condamne pas la Révolution tranquille, il déplore au contraire son inachèvement, qu'elle n'ait pas rempli ses promesses. Il s'agirait donc d'un échec ? « Non, répondait-il, ce n'est pas un échec, en ce sens qu'il y a des moments dans l'histoire des peuples [...] où il faut, pour ainsi dire, se retrouver devant les questions fondamentales de son destin, cesser d'entretenir des discours usés sur ce qu'on est, sur ce qu'on devrait être. Je pense que la Révolution tranquille a été moins une période de construction qu'une période d'interrogation[15]. »

Pourquoi la Révolution tranquille a-t-elle tourné court ? Pourquoi la prise de conscience du peuple québécois s'est-elle pervertie dans la dévaluation de soi, dévoyée dans le procès du passé canadien-français, avec le résultat de plonger l'ensemble de la société québécoise dans le « désarroi » ? Comment expliquer que nous n'ayons pas réussi à nous refaire une mémoire ; qu'au lieu de rafraîchir notre mémoire collective en nous créant « un langage qui convienne à la situation où nous sommes », nous ayons collé « sur notre réalité des discours qu'on a empruntés ici ou là, des discours étrangers[16] » ?

C'est dans ces questions-là, qui concernent l'avenir de la société québécoise, l'avenir de sa mémoire et de son identité à elle, que *Genèse de la société québécoise* trouve son point de départ. Et ce que montre Dumont, ce que dévoile sa psychanalyse de la société québécoise, c'est l'existence d'une « couche profonde » de la conscience de soi qui remonte loin dans notre passé et qui, pour autant qu'on la reconnaisse comme telle, permet de « mieux appréhender la signification du présent », d'y reconnaître « des tendances et des

---

14.  Cf. *Fernand Dumont, un témoin de l'homme, op. cit.*, p. 291.
15.  *Ibid.*, p. 300.
16.  *Ibid.*, p. 300-303.

empêchements» portant la marque d'une sorte de *compulsion de répétition*[17]. Ainsi, sous «le refus de l'ancien» que manifeste la Révolution tranquille, Dumont détecte la «persistance de l'ancien», c'est-à-dire cette conscience négative de soi qui fut le prix de la survivance. Ce «qui n'incite pas pour autant» Dumont «au dédain méprisant, encore moins au cynisme rétrospectif, devant ce qui fut à tout prendre une modeste mais troublante tragédie[18]». Reste que «le besoin de réconciliation avec la pertinence du passé, le besoin de mémoire» ne peut, sous peine de s'enfermer à la fois dans le déni et dans la répétition du passé, se soustraire au «défi de la genèse, de la vérité». De quelle vérité s'agit-il en l'occurrence ? À quel grand défi la genèse de la société québécoise confronte-t-elle celle-ci ? Ce qui est vrai, selon Dumont, tragiquement vrai, et qui exige d'être reconnu comme tel, c'est que notre identité la plus ferme résulte de «l'appropriation lente et subtile» de l'image que l'*autre* a projetée sur nous : «À force de répéter les mêmes arguments pour persuader le conquérant de la pertinence pour lui de l'existence d'une société française, on finit par en faire ses propres raisons d'être. Il ne faudra pas oublier ce premier niveau d'une conscience historique [...]. Aux heures des grandes incertitudes, les Canadiens français y reviendront pour y puiser non seulement le droit de survivre, mais la plus ferme représentation de leur identité[19]. »

La fermeté *culturelle* de cette identité, qui repose sur la disjonction du culturel et du politique que le peuple canadien-français fut contraint d'opérer sous la pression du conquérant, n'a d'égale que sa fragilité *politique*. Fragilité de l'identité : j'emprunte à dessein l'expression à Paul Ricœur, qui a fait de cette fragilité de l'identité l'un des thèmes de son dernier grand livre[20]. À dessein, parce que j'estime que la réflexion de Ricœur – laquelle présente du reste, comme on le verra, une parenté évidente avec celle de Dumont – est en mesure d'éclairer la crise de notre mémoire et les conditions de son éventuel dénouement. Je m'en tiendrai ici à un survol.

---

17. Pour Dumont, «la genèse nous a laissé, un siècle après, des problèmes qui n'ont pas encore reçu de solutions, des réflexes qui ressemblent à des répétitions» (*Genèse de la société québécoise, op. cit.*, p. 332).
18. *Ibid.*, p. 332 et 331.
19. *Ibid.*, p. 138.
20. Paul Ricœur, *La mémoire, l'histoire, l'oubli*, Paris, Seuil, 2000.

## LE DEUIL DE L'IDENTITÉ CANADIENNE-FRANÇAISE

Comment dénouer la crise de notre mémoire collective? Cette question, je me risquerai à la reformuler dans les termes de Ricœur, en demandant: comment la société québécoise parviendra-t-elle à se guérir de sa mélancolie? Ainsi reformulée, dans une perspective freudienne, la question appelle la réponse: par un *travail*[21] de deuil, ce travail de deuil faisant partie intégrante du travail de la mémoire. «Le travail de deuil, écrit Ricœur, est le coût du travail du souvenir; mais le travail du souvenir est le bénéfice du travail du deuil[22].»

Cela m'amène à soulever deux questions. La première: de quoi précisément le peuple québécois devrait-il faire le deuil afin de pouvoir, en retour, bénéficier du travail du souvenir? La seconde: quel bénéfice le peuple québécois pourrait-il tirer d'un tel travail de mémoire ou de remémoration?

En ce qui concerne la première question, je partirai d'une hypothèse que Dumont formulait dans *Raisons communes*: «Il se pourrait que, au moment où elle semble disparaître, la culture que l'Église nous a façonnée au cours des temps nous laisse dans un tel état de dénuement et de désarroi, avec des cicatrices si profondes, qu'il soit indispensable, depuis que le pouvoir ecclésiastique s'est desserré, de voir les choses avec plus d'acuité que dans les polémiques passionnées d'hier[23].»

En opposant aux polémiques passionnées d'hier (qui n'ont pas vraiment cessé du reste) l'exigence d'une nouvelle vision de notre passé, c'est, me semble-t-il, à un travail de deuil-souvenir, de remémoration, au sens où l'entend Ricœur, que Dumont convie la société québécoise. Au travail de la mélancolie qui nous laisse dans un «état de dénuement et de désarroi», il faudrait substituer le travail du deuil. Quel travail au juste? À la question: «Quel est le travail fourni dans le deuil?», Ricœur répond en citant Freud: «l'épreuve de la réalité a montré que l'objet aimé a cessé d'exister et

---

21. Ricœur insiste, tout comme Dumont d'ailleurs, sur le côté actif, sur le caractère de *travail* de la mémoire. Selon lui, «la notion de travail – travail de remémoration, travail de deuil – occupe une position stratégique dans la réflexion sur les défaillances de la mémoire. Cette notion suppose que les troubles en question ne sont pas seulement subis, mais que nous en sommes responsables [...]» (*ibid.*, p. 97).
22. *Ibid.*, p. 88.
23. Fernand Dumont, *Raisons communes*, *op. cit.*, p. 222.

toute la *libido* est sommée de renoncer au lien qui la rattache à cet objet. C'est contre quoi se produit une révolte compréhensible[24] ».

La Révolution tranquille ne fut-elle pas pour la société québécoise cette « épreuve de la réalité » qui, en lui montrant que son objet aimé, sa *référence*, avait *manifestement* cessé d'exister, l'obligeait du même coup à renoncer au lien qui la rattachait à cet objet ? D'où la « révolte compréhensible » ; d'où ce ressentiment envers l'Église catholique et le passé canadien-français ; d'où cette « psychanalyse sauvage » que Dumont voyait comme la première étape du remaniement de notre mémoire collective[25]. Étape selon lui « inévitable » et pour ainsi dire normale. Ce qui, par contre, n'est pas normal, c'est que cette étape inévitable se prolonge indéfiniment, que la mémoire collective se fige dans la révolte, le ressentiment et le procès du passé. Que révèle un tel blocage de la mémoire ? Je ne crois pas trahir la pensée de Dumont en répondant : le non-renoncement, l'attachement morbide à l'objet perdu, bref, l'incapacité à obéir aux ordres de la réalité et à faire le deuil de la référence traditionnelle[26]. Mais pourquoi ce travail de deuil serait-il si nécessaire ? Parce que, en termes freudiens, « l'existence de l'objet perdu se poursuit psychiquement[27] ». En termes dumontiens : parce que la culture « est un héritage autrement plus complexe, plus difficile à transformer » que l'organisation sociale. Parce qu'« on ne change pas les consciences comme on déplace les bureaucraties[28] ».

Cette difficulté à transformer l'héritage, à le digérer, à l'assimiler, à le recréer (pour reprendre les mots précités de Simone Weil), représente la difficulté propre au travail de remémoration en tant qu'il implique un travail de deuil nécessaire afin de pouvoir échapper à ce que Ricœur appelle la « mémoire-répétition », afin de *vraiment renoncer* à cette « mémoire idéalisée qui nous servait de caution, de légitimation, de défense[29] ».

J'en viens maintenant à ma seconde question : que serions-nous en droit d'attendre, qu'aurions à gagner collectivement d'un travail de deuil et de remémoration ?

---

24. Sigmund Freud, « Deuil et mélancolie », cité par Paul Ricœur, *op. cit.*, p. 87.
25. Voir *Fernand Dumont, un témoin de l'homme, op. cit.*, p. 290.
26. « Nous regardons tour à tour en avant et en arrière ; parviendrons-nous à démêler la nostalgie d'avec la mémoire ? » (*Raisons communes, op. cit.*, p. 29).
27. Cité par Ricœur, *op. cit.*, p. 87.
28. *Raisons communes, op. cit.*, p. 222.
29. *Genèse de la société québécoise, op. cit.*, p. 290.

## L'OUBLI AUTHENTIQUE ET LE MAINTIEN DE SOI DANS LA PROMESSE

Le bénéfice d'un travail de deuil réussi, c'est la réconciliation avec soi-même et «l'agir par soi» (pour parler comme Maurice Séguin) que procure *l'oubli authentique*. «Pour vivre et penser librement, oublier est un devoir. Encore qu'il ne faille pas, pour autant, censurer. L'oubli authentique est récapitulation, effort pour repasser sur le cheminement de soi-même afin que la conscience des mutations soit aussi réactualisation de l'expérience sous-jacente qui les a suscitées[30]. »

La question que signale ici Dumont, sans qu'il la thématise comme telle, est celle du rapport entre identité et mémoire qui est au cœur de la réflexion de Ricœur sur la mémoire. Pour ce dernier[31], tout le problème du rapport entre identité et mémoire réside dans la mobilisation de celle-ci par celle-là et dans les « dérives » auxquelles se prête une telle mobilisation, à savoir trop de mémoire ou pas assez de mémoire, abus de mémoire ou oubli de mémoire. Que la mémoire soit sujette à la «manipulation», cela tiendrait à sa fragilité même. D'où vient cette fragilité de la mémoire? La réponse résiderait, selon Ricœur, dans la problématique de l'identité, dans la fragilité propre à l'identité et qui serait imputable à deux causes principales : d'une part, au rapport, difficile, de l'identité au temps ; d'autre part, au rapport, non moins difficile, de l'identité à l'altérité, autrement dit la confrontation avec l'autre. Examinons de plus près ces deux causes.

1. Que la fragilité de l'identité relève de sa structure temporelle s'expliquerait d'abord par le fait que le *qui* de l'identité vit dans le temps et se trouve par là même soumis à ses conditions de changement. «Que signifie en effet rester le même à travers le temps?», demande Ricœur. Pour éclairer cette «énigme», celui-ci propose de distinguer entre deux sens de l'identique : le même comme *idem*, qu'il appelle la mêmeté, et le même comme *ipse*, ou l'ipséité. Selon lui, l'identité, le maintien de soi à travers le temps, «repose sur un jeu complexe entre mêmeté et ipséité». Le jeu est complexe, explique-t-il, en raison du «caractère équivoque de la notion du même, implicite à celle de l'identique». L'équivoque est telle que la tentation sera grande de replier l'identité *ipse* sur l'identité

---

30. Fernand Dumont, *Le Sort de la culture*, Montréal, Éd. de l'Hexagone, 1987, p. 315.
31. Les passages entre guillemets qui suivent renvoient à *La mémoire, l'histoire, l'oubli*, *op. cit.*, p. 97-105.

*idem*, c'est-à-dire de donner à la question *qui* – *qui* suis-je ? ou *qui* sommes-nous ? – des «réponses en quoi, de la forme: voilà ce que nous sommes, nous autres. *Tels* nous sommes, ainsi et pas autrement». Tentation de glisser «de la souplesse, propre au maintien de soi dans la *promesse*, à la rigidité inflexible d'un *caractère*, au sens quasi typographique du terme».

De ce glissement, de cette «dérive identitaire», au sens où l'entend Ricœur, le philosophe Daniel Jacques offre un exemple qui mérite l'attention[32]. «Il n'est pas vrai, déclare ce dernier, que le Québec ne saurait être lui-même qu'en accédant à l'indépendance politique» (p. 78). Cela revient à dire que le Québec pourrait être lui-même sans l'indépendance politique. Soit. Mais que signifierait alors être soi-même pour le Québec? À cette question, Jacques répond: «Si le peuple québécois refuse de se donner un État indépendant, il faudrait alors que chacun apprenne à redevenir pleinement Canadien français» (p. 76). Comme s'il était possible que les Québécois redeviennent un jour des Canadiens français! Quoi qu'il en soit, l'idée sous-jacente aux deux énoncés de Daniel Jacques est que le peuple québécois peut se maintenir en soi-même (*ipse*) sans l'indépendance politique. Comment? En apprenant à redevenir identique à soi (*idem*), c'est-à-dire à ce qu'il fut: canadien-français. Autrement dit, le peuple québécois pourrait être lui-même en renonçant une fois pour toutes à la promesse de «raccorder ce que la survivance avait dissocié, [de] réconcilier la communauté nationale avec un grand projet politique[33]».

Le raisonnement de Daniel Jacques illustre bien cette «dérive identitaire» que Ricœur caractérise comme le repli de l'identité *ipse* dans l'identité *idem*, comme le renoncement à la *promesse* au profit de la rigidité inflexible d'un *caractère*, caractère qui n'est autre ici que le caractère canadien-français. Avec Jacques, ce n'est plus à «se souvenir d'où l'on s'en va» que nous convie l'intellectuel québécois, c'est à retourner d'où l'on vient, c'est à *l'hiver de force* («la saison où on reste enfermé dans sa chambre parce qu'on est vieux et qu'on a peur d'attraper du mal dehors; ou qu'on sait qu'on ne peut rien attraper du tout dehors, mais ça revient au même[34]»). Fuite dans le passé symétrique de l'autre, dans l'avenir radieux. Fuite qui manifeste

---

32. Daniel Jacques, «Des "conditions gagnantes" aux "conditions signifiantes"», *Penser la nation québécoise, op. cit.*, p. 69-84.
33. *Genèse de la société québécoise, op. cit.*, p. 335.
34. Réjean Ducharme, *L'hiver de force*, Paris, Gallimard, 1973, p. 283.

l'impasse de notre conscience historique. Fuite qui trahit l'absence de l'intellectuel québécois à son temps, ce déracinement de la pensée québécoise qu'a si souvent déploré et dénoncé Fernand Dumont[35].

2. La seconde cause de fragilité de l'identité identifiée par Ricœur, la confrontation avec autrui, tiendrait au fait que l'autre, «parce que autre», est naturellement perçu par le moi ou par le nous comme un danger, comme une menace à sa propre identité. Or, dans le cas qui nous intéresse, il semble que cette seconde cause de fragilité tende à coïncider avec la première, tant il est vrai – comme Dumont l'a montré dans *Genèse de la société québécoise* – que l'identité ou «la conscience de soi [canadienne-française] est presque tout entière animée par la présence du colonisateur»; qu'elle procède de «l'appropriation lente et subtile de l'image que l'*autre* projette sur soi [36]».

Ce redoublement des deux causes de notre fragilité identitaire révèle, selon moi, tout le poids que fait peser le commencement, la *genèse*, dans notre recherche d'une nouvelle identité nationale; il permet de comprendre cette force d'inertie que continue d'exercer sur notre histoire, sur notre avenir, ce que Ricœur appelle «l'héritage de la violence fondatrice», par lequel «des actes violents», «légitimés après coup par un État de droit précaire», se trouvent ensuite «légitimés, à la limite, par leur ancienneté même, par leur vétusté». Légitimation qu'il sera difficile, par conséquent, de remettre en question, malgré les «blessures réelles et symboliques» qu'elle laisse «dans les archives de la mémoire collective[37]».

C'est avec ses blessures, avec ses propres pertes, que devra se confronter, par un *travail* de deuil et de remémoration, notre mémoire collective, si elle veut se donner un avenir qui soit le sien, en retrouvant au fond d'elle-même, dans son «cimetière de promesses non tenues[38]», l'assurance dont elle aura de plus en plus besoin pour lutter contre les pouvoirs qui, misant tout à la fois sur la fragilité de notre identité et sur l'oubli de notre histoire, cherchent à nous faire perdre la mémoire.

---

35. Voir notamment «Le projet d'une histoire de la pensée québécoise», dans *Le Sort de la culture, op. cit.*, p. 311-331.
36. *Genèse de la société québécoise, op. cit.*, p. 133 et 138.
37. Paul Ricœur, *op. cit.*, p. 99.
38. Paul Ricœur, «La marque du passé», *loc. cit.*, p. 30.

# 6

# L'angoissant déracinement
# de la pensée québécoise[*]

Tout le paradoxe de *La Révolution québécoise*, qui représente en même temps le pari de ce livre, nous est donné dans son titre elliptique : *quid* de la Révolution québécoise ici annoncée ? Question apparemment sans objet puisque la Révolution en question n'a pas eu lieu, ou n'a donné lieu qu'à la Révolution tranquille : « La Révolution tranquille, c'est en somme ce qui frappe de non-lieu la Révolution tout court » (p. 8). Dès lors, la réflexion ne saurait prendre pour objet que ce non-lieu, que cette *utopie* de la Révolution québécoise. Aussi peut-on s'étonner de trouver si peu d'occurrences de ce terme dans l'essai de Jean-Christian Pleau, alors que c'est bien, à n'en pas douter, à la mise au jour d'une utopie que vise sa lecture de « La fatigue culturelle du Canada français » d'Hubert Aquin et de « La Vie agonique » de Gaston Miron.

## DU BON USAGE DE L'UTOPIE

Qu'est-ce qu'une utopie ? Disons pour faire court : un projet de société irréalisable et qu'il vaut mieux le plus souvent ne pas chercher à réaliser. « Je le souhaite plus que je ne l'espère », avouait Thomas More à la fin de son *Utopia*, cette « bagatelle littéraire échappée

---

[*]  Je reprends ici, avec quelques corrections, mon compte rendu, paru dans la revue *Argument* (vol. 6, n° 1, 2003), du livre de Jean-Christian Pleau, *La Révolution québécoise. Hubert Aquin et Gaston Miron au tournant des années soixante*, Montréal, Fides, 2002.

presque à mon insu de ma plume», comme lui-même se plaisait à la qualifier. Probable que le chancelier d'Henri VIII ait voulu ainsi minimiser, par légitime prudence, la portée politique de sa propre utopie. Mais peut-être se considérait-il aussi, en tant qu'écrivain, comme une sorte de «fou du roi», pour emprunter cette image forte de «L'homme agonique», le poème sur lequel M. Pleau centre sa lecture de Miron : «Je ne pense pas, écrit-il, qu'on s'écarte beaucoup du poème en rappelant que l'office du bouffon est précisément de tout dire, même et surtout en présence du souverain. Mais cette liberté extraordinaire [...] a un prix qu'on ne peut dissimuler: c'est qu'il est entendu que la parole du fou est sans portée. Le fou dit ce qu'il pense comme si le roi était son égal, mais c'est parce qu'il a consenti d'avance et une fois pour toutes à la souveraineté de ce dernier, et qu'il se reconnaît, en tant que bouffon, irrémédiablement avili» (p. 128).

Ainsi pourraient s'expliquer, du moins en partie, les constantes «dénégations antipoétiques» de Miron, de même que son renoncement précoce (encore qu'il n'ait jamais été vraiment consommé) à l'écriture au nom de l'engagement révolutionnaire. Et la même explication vaudrait *a fortiori* pour Aquin, lui qui, fatigué de jouer au fou du roi, se prit un jour pour un terroriste, avant de finir par désespérer totalement de l'écriture. Il est vrai que, dans la balance politique, les hautes exigences intellectuelles de l'écrivain Aquin, la «lucidité exemplaire» de sa réflexion sur notre «fatigue culturelle», ne pèsent pas bien lourd face à la sophistique redoutablement efficace de celui qui allait devenir quelques années plus tard le Prince du royaume canadien, et que Pleau appelle ironiquement le «monsieur Homais de la théorie politique[1]».

Ces remarques n'épuisent pas le sens de la métaphore mironienne. Car ce n'est pas uniquement du roi, ou du Prince, que Miron, dans son poème, se fait le fou: il se reconnaît, littéralement, «le fou du roi de chacun», comme s'il anticipait déjà le sort que la société québécoise allait réserver à son *Homme rapaillé*, à savoir ce curieux mélange de célébration culturelle et d'incompréhension politique que pointe Jean-Christian Pleau. Et là aussi ce qui est vrai pour Miron le serait *a fortiori* pour Aquin, l'incompréhension

---

1.  Rappelons que «La fatigue culturelle du Canada français», qui paraît dans la revue *Liberté* en mai 1962, se veut une réplique à «La nouvelle trahison des clercs», article que Pierre Elliott Trudeau avait publié, un mois plus tôt (en avril 1962), dans *Cité libre*.

politique frisant même dans son cas l'indifférence. Bref, ni « La Vie
agonique » ni « La fatigue culturelle du Canada français », ces deux
textes pourtant réputés fondateurs de la Révolution tranquille,
n'auraient été pris au sérieux dans leur dimension politique. Plus
encore, notre auteur en arrive à la conclusion « que le mouvement
nationaliste, tel qu'il s'est affirmé au milieu des années 1970, s'est
détourné complètement, y compris et peut-être surtout dans le
milieu littéraire, des principales intuitions qui fondaient l'engagement indépendantiste de Miron ou d'Aquin » (p. 183).

Mais à supposer qu'il en soit ainsi, que ces deux textes n'aient
exercé aucune influence politique, alors pourquoi s'intéresserait-on
à eux ? Quel sens y a-t-il à exhumer cette utopie de la Révolution
québécoise ? S'agit-il simplement ici de satisfaire à une curiosité
philologique, de grossir ce que Nietzsche appelait « la masse
indigeste des pierres à bâtir du savoir[2] » ? Trop de savantes recherches
universitaires se font une règle épistémologique d'escamoter la
question préalable de leur pertinence, trop de chercheurs se
comportent vis-à-vis de leur objet d'étude comme des entrepreneurs
des pompes funèbres, pour que celui qui n'éprouve pas d'incli-
nation particulière pour la nécrophilie – ou pour ce que Michel de
Certeau appelait « la beauté du mort » – ne soit justifié de se montrer
d'abord un peu méfiant face à une telle entreprise.

Cette légitime méfiance s'estompe toutefois rapidement, le
lecteur ne tardant guère à comprendre qu'il ne s'agit pas uniquement,
ni même d'abord, d'expliquer les textes d'Aquin et de Miron à partir
de leur contexte historique, dans leur rapport au *Zeitgeist* des années
1960. À cet égard, les longues digressions (ou qui paraissent telles)
en italiques, loin d'être anecdotiques[3], traduisent le souci d'une
dialectique constante entre expliquer et comprendre qui vise à
actualiser le sens de la Révolution québécoise à travers les textes où
elle s'est le mieux affirmée. « En d'autres termes, peut-être ces grands
textes ont-ils *aussi* quelque chose à nous apprendre du point de vue
politique ? Et cela non seulement sur le Québec des années 1960,
mais encore sur celui d'aujourd'hui » (p.10). Cette hypothèse vient
répondre à une finalité à la fois herméneutique et politique, celle de
sortir de « la circularité du débat sur la *question nationale* », de

---

2. Friedrich Nietzsche, *Deuxième Considération inactuelle*, Paris, Aubier, 1948, p. 254.
3. Comme le prétendait Michel Biron dans son compte rendu du livre dans *Le Devoir* du
   19 octobre 2002, p. F3.

« relancer un débat public qui s'est enlisé » (p. 10 et 193). Comme si, prenant au sérieux la « panne d'interprétation » qu'avait diagnostiquée Fernand Dumont dans *Raisons communes*[4], Pleau avait résolu d'y remédier par un usage idéaltypique des textes d'Aquin et de Miron, l'utopie de la Révolution québécoise qu'ils projettent permettant en retour d'examiner en profondeur l'histoire du Québec contemporain, de mettre en perspective la Révolution tranquille et d'en réinterpréter le sens et la portée.

Cette démarche se heurte cependant à une objection de principe. Quelle que soit l'interprétation qu'on puisse en donner, la Révolution tranquille fut un événement historique réel, alors que la Révolution québécoise, elle, n'a pas eu lieu, ne fut, encore une fois, qu'une utopie ; or, c'est à l'aune de celle-ci que l'auteur prétend juger celle-là, selon un raisonnement finaliste qui tend à projeter la double défaite référendaire dans l'histoire des années 1960. N'est-ce pas là céder à quelque illusion rétrospective et risquer, du même coup, de disqualifier purement et simplement la Révolution tranquille ? De projet inachevé, voire avorté, qu'elle pouvait être chez un Marcel Rioux ou un Fernand Dumont[5], la Révolution tranquille ne se trouve-t-elle pas de la sorte réduite à n'être que l'avorton de la Révolution québécoise ? Comme s'il n'était pas dans la nature même de l'utopie d'avorter ! En clair : si la Révolution québécoise impliquait nécessairement l'indépendance du Québec, n'était-il pas aussi nécessaire, pour réaliser ou tenter de réaliser celle-ci, de rompre avec l'utopie de la Révolution québécoise, de rejeter les intuitions d'Aquin et de Miron comme de tous ceux que René Lévesque – à peine moins anti-intellectualiste que Trudeau – appelait dédaigneusement les « pelleteux de nuages » ? On se rappellera que c'est à cet argument de réalisme politique que finirent par se rendre, la mort dans l'âme, un grand nombre d'indépendantistes « purs et durs » de la première heure, notamment ceux du RIN qui – hormis quelques-uns, dont Aquin lui-même[6] – se laissèrent persuader de la nécessité de saborder leur parti pour se rallier à celui de Lévesque, lequel prônait non pas l'indépendance mais la souveraineté-association, c'est-à-dire une « option » n'impliquant aucune

---

4.    Fernand Dumont, *Raisons communes*, op. cit., p. 18.
5.    Voir à ce sujet les premières pages de Marcel Rioux, *Un peuple dans le siècle*, Montréal, Boréal, 1990 ; et *Fernand Dumont, un témoin de l'homme*, op. cit., p. 299 et suiv.
6.    Hubert Aquin, « Un ancien officier du RIN regrette sa disparition », dans *Blocs erratiques*, Montréal, Éditions Quinze, 1977, p. 63-64.

révolution particulière, que la poursuite de celle, toute *tranquille*, déclenchée en 1960. Ainsi l'élection du Parti québécois, en 1976, fut-elle perçue – et continue-t-elle de l'être généralement – comme l'étape décisive du processus d'affirmation collective du peuple québécois, comme le passage obligé de l'utopie à la réalité, ou de la mystique à la politique, pour parler comme Péguy.

C'est précisément à ces lieux communs de notre histoire récente que l'essai de Jean-Christian Pleau nous force à réfléchir, pour peu que l'on parvienne à s'arracher à cette mauvaise conscience où baigne, depuis pas mal de temps déjà, la pensée québécoise. Prétendre que nous aurions peut-être encore quelque chose à apprendre aujourd'hui – et, qui plus est, « du point de vue politique » – de ces textes d'Aquin et de Miron parus au début des années 1960, cela vient en effet contredire le jugement porté sur notre passé par les maîtres-penseurs actuels de la *nation québécoise*, eux qui, comme l'a pertinemment souligné Jacques Beauchemin, adhèrent « presque sans partage à une conception du devenir québécois pour laquelle la présence de l'histoire francophone est en trop parce qu'elle semble appeler une fermeture sur elle-même[7] ». Je serais d'ailleurs curieux de savoir combien d'entre eux ont lu « La fatigue culturelle du Canada français » ou *L'Homme rapaillé*, et combien parmi ceux-là estimeraient utile de s'y référer autrement qu'à titre de documents historiques, de témoignages d'une époque révolue. Comme si la quarantaine d'années qui nous séparent de ces textes avait eu pour résultat de les transformer en purs « objets » d'études, justiciables du même traitement positiviste et archivistique que l'on réserve, à tort, aux textes de leurs prédécesseurs d'avant la Révolution tranquille. De ces deux textes fondateurs du néonationalisme québécois, de leurs idées et intentions, n'aurions-nous désormais à retenir que l'occasion qu'ils nous offrent de projeter nos propres contradictions et ambivalences, notre impuissance politique la plus actuelle[8] ? Telle est, à mon avis, la question capitale que soulève le livre de Jean-

---

7.     Jacques Beauchemin, *L'histoire en trop. La mauvaise conscience des souverainistes québécois*, *op. cit.*, p. 15.

8.     Il n'est sans doute pas d'exemple plus achevé de cette attitude positiviste, à la fois hautaine et honteuse, que celui que nous offre Gérard Bouchard dans *Les Deux chanoines. Contradiction et ambivalence chez Lionel Groulx*, Montréal, Boréal, 2003. En ce qui concerne les propres contradictions et ambivalences de Gérard Bouchard, on lira avec profit l'ouvrage de Joseph Yvon Thériault, *Critique de l'américanité. Mémoire et démocratie au Québec*, Montréal, Éditions Québec Amérique, 2002.

Christian Pleau, et qui nous renvoie à «l'angoissant déracinement de notre propre pensée[9]».

## DÉRACINEMENT ET ALIÉNATION

Que la Révolution tranquille n'ait pas mis fin au déracinement de la pensée québécoise, que celle-ci soit toujours, quarante ans plus tard, une pensée aliénée, littéralement étrangère à elle-même, à sa propre histoire, il n'en est sans doute pas de meilleur indice que l'aveuglement avec lequel le mouvement nationaliste québécois s'est laissé prendre au «piège» que Pierre Elliott Trudeau et ses héritiers lui ont tendu sous le nom de «nationalisme civique», ce concept qui «occulte complètement les motivations réelles du projet indépendantiste» (p. 23). Et ce n'est pas le moindre mérite du livre de M. Pleau de montrer que cette occultation-là se décide dès le milieu des années 1960, lorsque, aux intuitions fondamentales du néonationalisme telles qu'elles s'explicitent dans les textes d'Aquin et de Miron, va se substituer un discours souverainiste-associationniste bien tranquille, qui reconduit subrepticement les vieux réflexes de défense du nationalisme traditionnel. Or, ce «détour problématique» qu'a pris très tôt le mouvement néonationaliste, cette «impasse dialectique» qu'Aquin avait appréhendée, doit beaucoup à «l'héritage idéologique» de Trudeau, dont la présence n'a cessé de hanter le discours souverainiste: «Face à un adversaire fédéraliste qui renchérit sur l'aliénation et qui y voit le meilleur garant du statu quo, le souverainiste pouvait être tenté de mettre plutôt en avant la force du Québec moderne, et ainsi de nier, ou du moins de perdre de vue, cette aliénation qui était la motivation première du projet indépendantiste» (p. 37).

Ce qui, pour être plus précis, a été perdu de vue au fil des dernières décennies, c'est la dimension proprement collective de l'aliénation, au profit d'une conception étroitement économique et individualiste de l'aliénation, celle-là même que Trudeau professait dans son article de 1962 et qu'il a réussi à imposer à ses adversaires souverainistes, au point de rendre ceux-ci aveugles ou indifférents à l'aliénation globale que dénonçaient à la même époque Aquin et Miron, à cette dépossession de soi et de sa liberté dont la langue

---

9.    Fernand Dumont, *Le Sort de la culture, op. cit.*, p. 311.

française est ici le théâtre[10]. D'où le caractère un peu «bouffon» que revêtait aux yeux des souverainistes bon chic bon genre le personnage de Gaston Miron, lui qui ne cessa jusqu'à la fin de défendre la pertinence de son concept d'aliénation, «à une époque où non seulement le mot avait disparu du lexique politique, mais où l'idée même allait désormais à contre-courant de la pensée nationaliste» (p. 157).

La désaliénation économique – elle-même relative, il faut bien le dire – qui a accompagné la Révolution tranquille n'a pas mis fin à notre «fatigue culturelle», à la «déglobalisation» de la culture québécoise. Tout au plus aura-t-elle permis de nous en divertir, sous les auspices d'une nouvelle petite bourgeoisie éclairée qui, tout en se voulant porteuse du projet souverainiste, tendait «à privilégier l'aspect le plus individualiste de l'idée d'autonomie[11]». Rien ne trahit peut-être davantage cette primauté idéologique, néolibérale, de l'individu sur le collectif que l'historiographie «révisionniste» des trente dernières années, dominée par le double paradigme de *la modernité* et de *l'américanité*. Comme si, pour avoir droit à l'existence historique, il fallait se prouver et prouver au monde entier qu'on est depuis toujours des individus modernes, ou des Américains, alors qu'une telle démonstration nous enferme toujours

---

10. [Note de 2014] Dépossession ou aliénation globale de soi dont le *joual* fut et demeure le signe par excellence. «Si j'attaque le joual, écrivait Aquin trois ans avant sa mort, [...] c'est que je considère le joual comme une anémie pernicieuse : ce n'est pas seulement notre langue qui s'en trouve frappée, mais la pensée dans la mesure où la pensée ne peut accéder à l'existence que par la médiation d'une formulation verbale ou écrite. Quand la formulation devient défectueuse, la pensée de trouve disloquée, larvaire, impuissante» («Le joual-refuge» [1974], dans *Blocs erratiques, op. cit.*, p. 140). Et, comme pour Miron (voir ses textes sur la langue dans l'édition nouvelle de *L'homme rapaillé*, Hexagone, 1994, p. 191 et suiv.), cette impuissance linguistique de la pensée relève pour Aquin du politique, elle est un problème politique dont la solution ne peut être elle-même que politique : «En même temps que nous hésitons à donner un cadre politique autonome à notre groupe, nous accentuons notre identité nationale démesurément au niveau de la parole. À force de vouloir une identité autarcisante qui doive le moins possible à ce qui nous est étranger, les Canadiens français pratiquent une subversion culturelle permanente qui n'est que l'envers d'une colonisation permanente» (*ibid.*). Dans un vocabulaire différent, c'est essentiellement la même aliénation politique que dénonce Fernand Dumont au chapitre VI de *Raisons communes* : «Le français : une langue en exil.» Pour ce dernier, en effet, «non seulement le destin du français est lié au processus de prolétarisation de notre collectivité, il la définit en un certain sens» (*op. cit.*, p. 125). Ce lien, soit dit en passant, ne peut qu'échapper à une conception instrumentale de la langue comme celle que défend Gérard Bouchard dans *La nation québécoise au futur et au passé*, Montréal, VLB, 1999.

11. Je tire cette citation de l'une des meilleures études de «La fatigue culturelle du Canada français», celle d'Yves Couture : «Le chemin de l'immanence», *Horizons philosophiques*, vol. 3, n° 1, automne 1992, p. 75.

davantage dans ce «douloureux dilemme: fait-on l'indépendance simplement parce qu'elle est devenue possible? Et demeure-t-elle toujours impossible lorsqu'elle est le plus nécessaire?» (p. 37). Se confirmerait ainsi ce que la «lucidité exemplaire» d'Aquin lui avait fait craindre: «Ce que je redoute le plus, écrivait-il en 1962, c'est qu'il n'y ait pas de rapport entre le grand nombre de conversions au séparatisme et la réalisation de l'indépendance du Québec. Voici pourquoi. On se trouve pour ainsi dire débarrassé du séparatisme quand on s'y est converti... un peu de la même façon que, dans certaines dénominations chrétiennes, la foi dispense des œuvres[12]. »

Débarrassés depuis longtemps du séparatisme, convertis par le Parti québécois aux vertus tranquillisantes de la souveraineté-association[13], dispensés d'œuvrer à la réalisation d'un projet que Trudeau qualifiait déjà en 1962 de rétrograde parce qu'il était contraire à la mondialisation, les 60% de Québécois francophones qui ont voté oui au dernier référendum ne l'auraient-ils fait que pour ne pas avoir à faire l'indépendance? Et comment espérer un jour la faire sans que nous retrouvions d'abord ce «sens de l'histoire dont étaient animées les années soixante» (p. 12)? Un sens de l'histoire fondé non pas sur le rejet du passé mais sur son assomption réfléchie, telle que Miron et Aquin nous en offrent le modèle. Car tel est peut-être le trait le plus remarquable, le plus mémorable, du portrait intellectuel que Jean-Christian Pleau nous trace de ses deux héros de la Révolution québécoise: leur commun respect pour les ancêtres, leur conscience aiguë d'une dette envers eux.

Et si c'était ça au fond la Révolution québécoise: se réconcilier avec soi-même?

---

12. Hubert Aquin, «L'existence politique» (1962), *Mélanges littéraires I. Profession: écrivain*, Bibliothèque québécoise, 1995, p. 143.
13. Dans l'oxymore de la souveraineté-association, «le mot "association" demandant pardon d'avance du mot "souveraineté"», comme le faisait justement observer Jean Larose dans *La Souveraineté rampante*, Montréal, Boréal, 1994, p. 15.

# 7

# L'urgence de réfléchir[*]

*Et la foi peut fléchir et ma mère en moi, une de ces années, pourrait ne pas revivre [...]. Aurais-je vécu inutilement dans l'obsession d'un pays perdu?*

JACQUES FERRON

Y a-t-il urgence en la demeure québécoise de réaliser ce que l'on appelait naguère l'indépendance – mot que l'on a remplacé depuis par celui, plus abstrait, plus savant, plus *négociable* aussi peut-être, de souveraineté?

Accepter l'invitation des Intellectuels pour la souveraineté (IPSO) suppose que l'on a déjà répondu par l'affirmative à cette question, chacun étant appelé à offrir sa propre démonstration de cette urgence. Il ne me serait pas trop difficile d'élaborer la mienne, vu le sentiment d'urgence qui depuis longtemps déjà m'habite et que j'ai si souvent essayé de faire partager. Sauf que j'éprouve quelque réticence à le faire, non seulement par crainte de répéter des arguments mille fois entendus depuis plus de quarante ans – et auxquels j'ai parfois l'impression que plus personne ne croit vraiment –, mais surtout parce qu'il m'apparaît désormais moins urgent de démontrer l'urgence de faire la souveraineté que de comprendre pourquoi elle ne s'est pas faite et risque fort de ne jamais se réaliser. J'estime en effet que l'impasse à laquelle se heurte

---

[*]   Je reprends ici un texte d'abord paru dans *Redonner sens à l'indépendance*, sous la direction de Jocelyne Couture, Montréal, VLB éditeur, 2005, p. 55-64.

aujourd'hui la souveraineté est telle qu'on ne peut espérer en sortir qu'en en recherchant et en repérant d'abord les causes, proches et lointaines, conscientes et inconscientes, afin de les remettre en question et de pouvoir ainsi enfin nous affranchir des contraintes qu'elles font peser sur le projet d'indépendance du peuple québécois.

Pareille recherche n'est toutefois possible qu'à une condition : c'est que l'impasse soit pleinement reconnue. Or, il s'en faut de beaucoup qu'elle le soit. « On se cache tellement de choses », déplorait Dumont à la fin de sa vie[1]. Lui-même n'avait rien caché de son inquiétude et de son « désarroi », au risque de se rendre suspect aux yeux de l'establishment souverainiste. Suspect de pessimisme chronique, de défaitisme, voire de mépriser son peuple. Je n'invente rien : « Dumont méprisait son peuple », me cracha un jour à la figure Gérard Bouchard[2]. Il le méprisait comme, avant lui, le chanoine Groulx l'avait méprisé ! N'entendez-vous pas le rire triomphant d'Esther Delisle ? Décidément, la lucidité coûte cher au pays du Québec, presque autant qu'en Grèce quatre siècles avant Jésus-Christ. Mais, quel qu'en soit le prix, il n'est rien en comparaison de celui qu'une société est appelée tôt ou tard à payer pour son aveuglement.

> Je vous annonce en effet, Citoyens qui avez voulu que je meure, la venue pour vous, tout de suite après ma mort, d'un châtiment beaucoup plus sévère que celui auquel vous m'avez condamné en voulant que je meure. Car, en faisant cela aujourd'hui, vous avez cru être dorénavant libérés de l'obligation de soumettre à l'épreuve votre façon de vivre. Or, je vous l'annonce, c'est tout le contraire qui vous arrivera : le nombre augmentera, de ceux qui pratiquent cette mise à l'épreuve devant vous : à présent je les retenais, mais vous, vous ne vous en rendiez pas compte : ils seront d'autant plus sévères qu'ils seront plus jeunes, et vous, vous en serez davantage irrités ![3]

Dumont parti, après les Miron, Ferron, Aquin, et quelques autres vigiles du Québec, voici venu « le temps des assassins », je

---

1. Voir *Fernand Dumont, un témoin de l'homme*, op. cit., p. 316.
2. [Note de 2014] C'est, devant témoins, à l'occasion de la petite réception qui suivit le colloque *Penser la nation québécoise* à l'Université McGill en octobre 1999, que Gérard Bouchard m'adressa cette déclaration. Comment ne pas juger celle-ci parfaitement odieuse quand on sait – comme Gérard Bouchard est lui-même particulièrement bien placé pour le savoir – tout ce que le Québec doit à Fernand Dumont, intellectuellement et politiquement. Mais je reviendrai plus en détail, dans la seconde partie de ce livre, sur le cas Bouchard.
3. Platon, *L'Apologie de Socrate*, trad. Robin et Moreau, Gallimard, 1950, 39 *c-d*.

veux dire de ceux qui, sans regret ni remords, pratiquent la mise à mort de l'idéal national. Qui retiendra désormais ces esprits pragmatiques? Comment les empêcher que, dans les eaux usées du discours souverainiste, ils ne jettent *ce pays comme un enfant* avec «les raisins de la colère»?

## L'ACTE MANQUÉ D'UNE FORMATION DE COMPROMIS

Quel que soit le jugement que l'on puisse porter sur les réponses qu'il leur apporte, on ne saurait sous-estimer le sérieux des questions soulevées par Jean-Herman Guay lors de son allocution au conseil national du Parti québécois, le 18 octobre 2003[4]. Partant du constat qu'aux dernières élections le PQ a réalisé ses pires résultats depuis trente ans (seulement 3 % de plus qu'à l'élection de 1973), M. Guay refusait d'imputer cette «dégringolade» à quelque cause conjoncturelle. «Se cacher derrière la conjoncture pour éviter un examen de conscience, c'est, disait-il, faire preuve de myopie.» La myopie serait précisément de ne pas voir qu'en dépit de ce qu'indiquent les sondages l'appui à la souveraineté diminue comme peau de chagrin. Pour illustrer sa thèse, le politologue de l'Université de Sherbrooke y allait d'une analogie frappante. De même qu'il serait absurde d'inférer le triomphe du catholicisme au Québec du fait que 83 % de Québécois se sont déclarés catholiques lors du dernier recensement, il s'en faut de beaucoup que les 40 % ou 45 % de Québécois qui se déclarent souverainistes dans les sondages soient des souverainistes convaincus. Force serait plutôt de reconnaître que, à l'image du catholicisme, la souveraineté «n'a plus la ferveur d'autrefois», et que ceux qui se disent encore souverainistes le sont le plus souvent «par défaut, par habitude, parce qu'on ne peut pas renier officiellement ses convictions», lesquelles «subsistent dans une mémoire latente, en sourdine, comme une nostalgie, un désir qu'on est sur le point de ranger dans la boîte aux souvenirs». Dans sa lettre ouverte à Michel Venne, qui avait vertement critiqué ses positions dans les pages du *Devoir*[5], Jean-Herman Guay lançait ce pavé dans la mare souverainiste: «Faut-il se rappeler que sans l'échec de Meech –

---

4. De larges extraits de cette allocution ont paru dans *Le Devoir* du 21 octobre 2003 (p. A7) sous le titre «Les raisons de la colère ont disparu». C'est à cet article que je me réfère ici.

5. Le texte de Michel Venne, «Les raisons de la colère», a paru dans *Le Devoir* du 27 octobre 2003, p. A7, et la lettre ouverte de M. Guay, «Des faits, des chiffres et un constat qui s'impose», dans *Le Devoir* du 1er novembre 2003, p. B5.

lequel symbolisait la collaboration –, la souveraineté aurait probablement été oubliée ? »

On conviendra que ce diagnostic est pour le moins sévère. Il n'en est pas moins globalement juste, et ce serait faire injure à la réalité que de ne pas le reconnaître. Je fais d'ailleurs observer qu'il coïncide avec celui de Pierre Bourgault, dans la lettre ouverte – et désespérée – qu'il adressait aux souverainistes quelques jours avant la même élection (et quelques mois avant sa mort)[6]. Ce qui me paraît en revanche discutable, c'est l'analyse que M. Guay propose de cette désaffection à l'égard de la souveraineté. Selon lui, elle s'expliquerait, paradoxalement, par la trop grande réussite du Parti québécois. En travaillant à éliminer l'infériorité économique et l'insécurité linguistique des Québécois, celui-ci aurait en même temps contribué à faire disparaître « les raisins de la colère » dont s'était nourri le projet souverainiste. « L'insécurité linguistique n'habit[ant] plus le milieu du travail ou celui du commerce et le sentiment d'infériorité [étant] rentré dans les livres d'histoire (*sic*) », la souveraineté aurait ainsi perdu ses deux arguments de fond, condamnant du même coup (ajoutait M. Guay devant son auditoire péquiste médusé) le PQ à se marginaliser, à moins que ce dernier ne renonce à la souveraineté et se présente à l'avenir comme un parti nationaliste (non souverainiste) et social-démocrate.

Cette analyse est séduisante ; elle paraît même plausible. Difficile de nier en effet que le double sentiment d'infériorité économique et d'insécurité linguistique des Québécois francophones soit aujourd'hui moins répandu et moins intensément ressenti qu'il ne l'était naguère, et que le PQ soit pour quelque chose dans cette évolution. Mais, outre que les deux sentiments en question subsistent encore, peut-on dire que l'infériorité économique et l'insécurité linguistique ont *réellement* disparu ? L'usage du français dans les milieux de travail est loin d'être acquis, en particulier dans les petites entreprises où se retrouvent la plupart des immigrants récents et où la loi de francisation ne s'applique que très partiellement. Plus généralement, on assiste depuis une vingtaine d'années

---

6.    Pierre Bourgault, « Lettre ouverte aux souverainistes », *Le Journal de Montréal*, 12 avril 2003. Qualifiant la dernière élection d'élection de la « dernière chance » (pour la souveraineté), Bourgault appréhendait qu'un très grand nombre de souverainistes, « bien qu'ils affirment haut et fort qu'ils soient toujours farouchement souverainistes », ne voteraient pas pour le Parti québécois et se jetteraient « dans les bras des fédéralistes sous les prétextes les plus futiles ».

à une érosion constante du poids des francophones au Québec, particulièrement dramatique sur l'île de Montréal, où les franco-phones seront bientôt minoritaires. Par ailleurs, s'il est vrai que les conditions de vie des Québécois se sont beaucoup améliorées depuis trente ans, la société québécoise ne s'est pas pour autant affranchie, elle, de la domination économique étrangère, qui fut l'un des principaux griefs mobilisateurs du mouvement indépen-dantiste. En somme, les *sentiments* en question se révèlent passablement trompeurs ; du moins une bonne méthode eût-elle exigé de les confronter d'abord avec quelques faits tenaces. En prenant ces sentiments pour seuls critères de la réalité, M. Guay ne fait-il pas preuve d'une myopie aussi inquiétante que celle qu'il dénonce chez les péquistes ?

Cela dit, il est une autre raison qui justifie selon moi le rejet de cette analyse. C'est qu'elle repose sur une confusion – au demeurant soigneusement entretenue par le PQ lui-même – entre la souve-raineté et le Parti québécois, entre la souveraineté et la souveraineté-association. On rétorquera, à la décharge de M. Guay, que cette confusion est inévitable dans la mesure où c'est le PQ qui depuis plus de trente-cinq ans défend le projet souverainiste. Mais ce serait là faire fi de tous les débats, de tous les déchirements, de toutes les crises, de toutes les défections, bref de toutes les luttes idéologiques qui ont marqué l'histoire du Parti québécois depuis sa fondation. Or quel fut l'enjeu fondamental de toutes ces luttes, sinon le sens à donner au mot souveraineté ? Car si la souveraineté-association (qui représentait d'abord, rappelons-le, un *mouvement* politique fondé en 1967 par René Lévesque) s'est affirmée dès le départ comme l'idéologie officielle du Parti québécois, si elle a réussi ensuite à s'imposer comme l'interprétation raisonnable et *politically correct* de la souveraineté, jamais n'a-t-elle cessé pour autant d'être contestée de l'intérieur comme de l'extérieur par les partisans de la souveraineté dite pure et dure. Jamais l'orthodoxie péquiste n'est venue à bout de la dissidence indépendantiste. Jamais l'idéologie de la souveraineté-association n'a réussi à faire oublier l'idéal d'émancipation nationale et politique qu'elle dissimule et dont elle a en même temps implicitement besoin pour asseoir sa légitimité en jouant sur les deux tableaux, en tablant sur la bonne vieille ambivalence canadienne-française[7].

Mais alors, s'il faut à tout prix distinguer, comme l'ont d'ailleurs toujours fait ses partisans, la souveraineté proprement dite de la souveraineté-association, ne pourrait-on pas faire l'hypothèse que la désaffection qu'observe M. Guay à l'égard de la souveraineté ne porte pas tant sur la souveraineté elle-même que sur la souveraineté-association et le parti qui l'incarne? Le problème est que la souveraineté fut et demeure encore tellement identifiée au Parti québécois qu'elle ne peut que subir le contrecoup de la perte de légitimité qui commence à affecter sérieusement ce dernier, après trois décennies de confusionnisme idéologique et de batailles constitutionnelles stériles et débilitantes. On m'objectera que tous les sondages montrent que c'est au contraire la souveraineté-association, et non pas la souveraineté «pure et dure», qui rallie la majorité des partisans du PQ. Mais je ne prétends pas que tous les Québécois qui votent pour le PQ veulent la souveraineté; je dis au contraire, comme M. Guay, qu'une bonne proportion d'entre eux ne veulent pas vraiment la souveraineté qu'ils prétendent vouloir. Sauf que ce que M. Guay ne voit pas, c'est que c'est précisément parce qu'ils ne veulent pas vraiment la souveraineté qu'ils votent pour le PQ, c'est-à-dire pour la souveraineté-association. Et pourquoi donc ne veulent-ils pas de la souveraineté?

Parce que, misant dès le départ – plus ou moins consciemment mais d'autant plus efficacement – sur l'ambivalence identitaire des Québécois, travestie ou sublimée en «prudence», le Parti québécois a réussi à les convaincre que la souveraineté-association était la seule option politiquement raisonnable, comme la moins coûteuse sur le plan économique. C'est donc bien la réussite du PQ qui explique la désaffection à l'égard de la souveraineté; mais cette réussite n'est autre que celle de l'idéologie de la souveraineté-association, c'est-à-dire de ce qui était dès le départ et qui apparaît avec de plus en plus d'évidence comme une voie sans issue, un cul-de-sac. Ce qui explique non seulement qu'un grand nombre de souverainistes aient quitté le PQ au cours des dix dernières années (notamment sous le règne de Lucien Bouchard), mais qu'aux

---

7.  Sur cette question cruciale, qui a déjà fait couler beaucoup d'encre (dont la mienne), Jean Bouthillette, dans *Le Canadien français et son double* (L'Hexagone, 1972 et 1989) et Fernand Dumont, dans *Genèse de la société québécoise* (Boréal, 1993), ont dit l'essentiel.

dernières élections des dizaines de milliers de souverainistes, durs ou mous, aient voté PLQ, ADQ ou (comme moi) UFP, ou encore ne soient tout simplement pas allés voter. À force de jouer le jeu électoraliste et opportuniste de la «gouvernance» provinciale, le PQ a perdu de vue et a fait perdre de vue à la majeure partie du peuple québécois les raisons profondes, historiques, pour lesquelles ce peuple l'avait élu en 1976. Or un peuple seul, laissé à lui-même, ne voit rien et ne va nulle part, sinon là où l'attendent ses ennemis. Où serait allée la France sans Charles de Gaulle, sans son appel du 18 juin 1940 à la résistance au nom d'une certaine idée de la France et de la liberté?

Rien ne m'apparaît donc plus urgent pour sortir de l'impasse actuelle que de dissocier radicalement la souveraineté de la souveraineté-association, celle-ci ne pouvant que dissimuler l'urgence de faire celle-là. Et il va de soi que l'on ne peut attendre du PQ qu'il préside à cette dissociation, lui qui, délibérément ou non, exploite la confusion du peuple dont il prétend servir la cause, lui dont le succès politique, au sens électoraliste du terme, dépend de la perpétuation de l'ambiguïté entre souveraineté et souveraineté-association, ambiguïté qui est intrinsèque au concept de souveraineté-association, à cette option contradictoire selon laquelle en votant pour le PQ vous votez pour une souveraineté qui n'en est pas vraiment une, pour une souveraineté conditionnelle, assujettie au bon vouloir de l'État fédéral canadien. Je ne puis par conséquent que récuser la logique – qui était celle de Pierre Bourgault comme elle demeure celle de tous les tenants de la souveraineté-association – selon laquelle, en ne votant pas pour le PQ, on vote nécessairement contre la souveraineté. Sur ce sophisme, habilement entretenu, et depuis longtemps (en fait depuis que Pierre Bourgault y a lui-même souscrit en sabordant le RIN), par les stratèges du Parti québécois, repose, ou reposait, sa légitimité.

Reposait, car la censure s'avère de moins en moins efficace, elle parvient de plus en plus difficilement à contenir les questions refoulées par trente-cinq années de souveraineté-association. Aussi peut-on prévoir la répétition d'actes manqués semblables à celui qu'ont commis les caciques du Parti québécois en invitant Jean-Herman Guay à prononcer une allocution à son conseil national. Ce qui était *manifestement* une erreur grossière de leur part, vu la très mauvaise nouvelle qu'il avait à leur annoncer, à savoir qu'il est temps pour le PQ de renoncer à la souveraineté, autrement dit à ce qui fait formellement sa raison d'être! Difficile, on l'admettra, de mieux réussir un acte manqué. Car un acte manqué est aussi un acte réussi, un acte où se réalise, tout en se dissimulant comme tel, un désir inconscient. L'acte manqué correspond à ce que l'on appelle en psychanalyse une *formation de compromis* entre une intention consciente et un désir inconscient, en l'occurrence entre l'intention avouée de faire la souveraineté et le désir inavouable de ne pas la faire. C'est pour entendre ce qu'inconsciemment ils désiraient entendre, pour se faire dire que «les raisins de la colère» ont disparu et, avec eux, les raisons de faire la souveraineté, que les dirigeants du Parti québécois ont invité Jean-Herman Guay; mais ce qu'ils désiraient inconsciemment entendre – le refoulé du discours péquiste –, c'est aussi ce que, consciemment, ils ne veulent surtout pas laisser entendre, et pour cause, puisque le Parti québécois se veut *officiellement* un parti souverainiste. Comment pourrait-il survivre politiquement à l'aveu qu'il ne l'est plus et qu'il ne l'a jamais vraiment été? D'où la fin de non-recevoir à laquelle s'est heurté le discours de M. Guay[8], le PQ ne pouvant que refuser «l'occasion de réfléchir» que lui offrait le politologue, l'«examen de conscience» auquel il l'invitait à se soumettre. Car l'accepter l'eût forcé à prendre conscience de l'ambiguïté fondamentale qui sous-tend sa réussite, à reconnaître que cette réussite est celle d'une formation de compromis entre le séparatisme et le fédéralisme, entre une volonté d'indépendance et un désir de dépendance.

## LA SOUVERAINETÉ, POUR QUOI FAIRE ?

Je ne suis évidemment pas le premier à dénoncer l'impasse de la souveraineté-association. Cette dénonciation traverse l'histoire du mouvement indépendantiste depuis les années 1960, en fait depuis la crise idéologique qui éclata, en 1967, au sein du Rassemblement pour l'indépendance nationale (RIN) entre les partisans de Pierre Bourgault, en faveur de la fusion avec le Mouvement souveraineté-association (MSA) de René Lévesque, et les opposants à cette fusion. On connaît la suite: le RIN se saborda au profit du MSA pour donner naissance, en 1968, au Parti québécois, qui érigea la souveraineté-association en dogme idéologico-politique. Or voici ce qu'écrivait,

---

8.   Fin de non-recevoir dont témoigne bien, soit dit en passant, le texte de Michel Venne déjà mentionné (voir note 5).

une dizaine d'années plus tard, celle qui avait lutté farouchement contre ce sabordage et que l'on considère un peu comme la pasionaria de l'indépendance du Québec :

> Quand, comme il le fait depuis quelques années, le Parti québécois place notre lutte sur le terrain économique, en nous proposant l'association comme corollaire indispensable de la souveraineté, il nous fait glisser sur le terrain de tous nos adversaires. Car ce terrain de l'économie [...], tel qu'organisé et développé au Canada depuis 1840, c'est le terrain des capitalistes anglo-saxons. Or, nous le savons bien, la pratique économique déborde largement son domaine spécifique et étend ses effets dans toutes les sphères de la vie collective. C'est en fait une pratique culturelle qui découle d'une manière de penser et à la fois qui la détermine.

Andrée Ferretti en concluait « qu'un projet d'indépendance nationale, au Québec, n'a de sens qu'inséré dans un projet réaliste de libération économique et sociale », projet qui ne répond pas à « une nécessité *vitale* », mais à « une nécessité *culturelle* de changement radical de notre développement économique[9] ».

Ces lignes furent écrites en 1979, donc juste avant le premier référendum. À les lire aujourd'hui, on mesure mieux la clairvoyance de leur auteure. Car c'est bien sur « le terrain de tous nos adversaires », sur le terrain miné de l'économie capitaliste mondialisée que les gouvernements du Parti québécois, aveugles ou indifférents à la dimension culturelle du développement économique, allaient résolument entraîner le projet souverainiste, en faisant par exemple la promotion sans réserve d'accords de libre-échange (l'ALE et l'ALENA) qui eurent pour effet de limiter la souveraineté économique et politique du Québec[10]. Terrain miné parce que la logique libre-échangiste et ultra-libérale de l'économie capitaliste mondialisée ne laisse aucune place aux « raisons communes », parce qu'elle impose aux communautés humaines, aux nations et aux cultures de toute la terre, le plus petit commun dénominateur dont elles soient faites, celui de la *société*, « forme sous laquelle on donne une importance publique au fait que les hommes dépendent les uns des autres

---

9.   Andrée Ferretti, « La souveraineté-association, ultime effet de notre esprit colonisé », *Le Devoir*, 15 mars 1979, p. 5 ; l'article a été repris dans Andrée Ferretti, *La passion de l'engagement. Discours et textes* (1964-2001), colligés et présentés par Michel Martin, Montréal, Lanctôt éditeur, 2002, p. 67-73.

10.   Voir à ce sujet l'ouvrage de Jacques B. Gélinas, *Le virage à droite des élites politiques québécoises*, Montréal, Écosociété, 2003.

pour vivre et rien de plus[11] ». Dans un tel cadre « social », l'association économique est en effet le corollaire indispensable de la souveraineté, mais de la souveraineté telle que la conçoit le droit naturel libéral, de la souveraineté individuelle, inhérente à des individus solitaires, abstraits de leurs appartenances, et qui, pour vivre et s'enrichir, doivent s'associer, c'est-à-dire passer entre eux des contrats.

Il n'est pas difficile d'imaginer les conséquences de ce souverainisme néolibéral dont les gouvernements péquistes se sont faits tour à tour les promoteurs enthousiastes au cours des deux dernières décennies : il suffit de les observer autour de nous, sinon en nous. Repli sur la vie privée et sur le milieu immédiat, désintérêt croissant sinon indifférence à l'égard de la politique, développement d'un corporatisme étroit et cynique, déploiement d'une société du spectacle et du jeu (casinos et loteries de toutes sortes avec leur cortège de victimes prétendument consentantes), etc., la liste serait longue. Elle est liée à l'oubli de ce que Ferretti appelait la « nécessité *culturelle* de changement radical de notre développement économique ». Obnubilée par la société du commerce, ne voyant rien de plus urgent que d'adapter la société québécoise au grand ordre capitaliste mondial, adoptant au fond le même discours économiste et les mêmes pratiques néolibérales que ses supposés adversaires fédéralistes, l'élite péquiste[12] a réussi à ce point à détourner le projet de libération du peuple québécois de sa véritable finalité, culturelle et politique, que plus personne ne semble vraiment savoir, ni même se soucier de savoir, pourquoi il faudrait faire la souveraineté, ce qui rendrait celle-ci urgente.

En ce matin de février où je mets la dernière main à ce texte, je lis dans *Le Devoir* une déclaration du dauphin de Bernard Landry, François Legault : « En 1995, on disait : la souveraineté, c'est un beau rêve mais qui va coûter cher. Aujourd'hui, on peut dire que la souveraineté, c'est un beau rêve et, en plus, c'est rentable[13]. »

---

11.  Hannah Arendt, *Condition de l'homme moderne*, Paris, Calmann-Lévy, 1983, p. 57.
12.  Une élite qui, comme osa le dire Fernand Dumont, « n'a d'autre discours que de défendre, en quelque sorte, l'entreprise dans laquelle elle s'est engagée » ; une élite qui « ne représente plus [...] les inquiétudes, les désarrois de notre société, qui est confrontée au vide et à la menace – qu'on n'ose pas envisager en face – de sa disparition » (*Un témoin de l'homme, op. cit.*, p. 303).
13.  « Legault propose un programme politique pour un pays », *Le Devoir*, 6 février 2004, p. A3.

La souveraineté, pour quoi faire ? Voilà la question, qui ne doit surtout pas être abandonnée à des gestionnaires de la politique déguisés en marchands de rêves ; la question sur laquelle il importe de réfléchir individuellement et collectivement, avant que la foi ne fléchisse définitivement sous le poids de la « rentabilité ». Il incombe aux Intellectuels pour la souveraineté, plus qu'à tout autre groupe peut-être, de travailler à convaincre le peuple québécois de l'urgence d'un grand débat national sur les enjeux de la souveraineté.

# 8

# Nation et civilisation
## à l'épreuve des identités[*]

llons tout de suite à ce que Jacques Beauchemin appelle
lui-même sa «thèse», quoique ce mot ne soit peut-être pas
le plus approprié pour désigner ce qui m'apparaît plutôt
comme l'expression argumentée d'un malaise ou d'une inquiétude
devant l'évolution de nos sociétés. À quoi tient au juste cette
inquiétude? À la «difficulté dans laquelle nous nous trouvons
maintenant de définir un sujet politique totalisant auquel l'agir
politique pourrait se référer» (p. 56). Bref, à la difficulté d'en appeler
à des *raisons communes*. Difficulté d'autant plus inquiétante, selon
Beauchemin, qu'elle n'est plus reconnue comme telle par les
théories politiques dominantes, toutes plus ou moins inféodées à la
*doxa* du pluralisme identitaire qui discrédite l'idée d'un sujet
politique totalisant, quand elle ne l'associe pas au totalitarisme.

Notons d'abord que, pour inhibée ou refoulée qu'elle paraisse
aujourd'hui, cette inquiétude n'est pas nouvelle. C'est, *mutatis
mutandis*, celle qu'éprouvait un Tocqueville devant les «périls que
l'égalité fait courir à l'indépendance humaine[1]», ou encore celle
qu'inspirait à un Benjamin Constant l'inéluctable progrès de la

---

[*] Je reprends ici, avec quelques corrections mineures, mon commentaire, paru dans le
*Bulletin d'histoire politique* (vol. 15, n° 3, printemps-été 2007, p. 193-200), de l'ouvrage
de Jacques Beauchemin *La Société des identités. Éthique et politique dans le monde contemporain*, Montréal, Athéna éditions, 2004.

[1.] Alexis de Tocqueville, *De la démocratie en Amérique*, dans *Œuvres complètes*, éd. J.-P.
Mayer, tome II, 2, Gallimard, Paris, 1979, p. 335.

«liberté des modernes[2]», liberté que l'auteur d'*Adolphe* chérissait pourtant, mais dont il craignait en même temps que son règne n'efface la mémoire de la «liberté des anciens», c'est-à-dire du susnommé sujet politique totalisant. À quoi il faudrait assurément ajouter, avant celles de Constant et de Tocqueville, l'inquiétude de Jean-Jacques Rousseau, qui, déjà au XVIIIᵉ siècle, se heurtait au problème que la société des identités prétend avoir surmonté, à savoir : comment combiner la volonté particulière et la volonté générale, la liberté individuelle des modernes et la liberté politique des anciens ? Certainement pas, répondait Louis Dumont, à la manière de Rousseau, par une «identification abrupte de l'individualisme et du holisme[3]». Cela n'empêchait pas cependant Louis Dumont, comme Constant lui-même d'ailleurs, de se porter à la défense du citoyen de Genève pour avoir eu l'intelligence de reconnaître «le fait fondamental de la sociologie», une vérité que les critiques de Rousseau préfèrent le plus souvent ignorer ou qui leur apparaît «comme un mystère, voire une mystification[4]».

Je dirais que c'est par-dessus tout à ce «mystère», à ce fait fondamental de la sociologie, que veut nous éveiller le sociologue Jacques Beauchemin, au risque de ne rencontrer chez ses collègues eux-mêmes que méfiance ou, pire, qu'indifférence. D'autant que l'auteur n'a guère de solutions à proposer au problème moderne que, dans la lignée des grands inquiets, il s'entête pourtant à revisiter, pendant que les autres, la tête blindée dans le sable de leurs certitudes, s'abandonnent «au culte de l'éphémère et à la mascarade identitaire» (p. 160). Nos savantes autruches ne voient pas en effet le problème ; ils ne voient pas le danger qui «nous guette [...] quand les humains ne représentent plus rien politiquement et qu'ils ne sont alors qu'humains» (p. 180). Mais quel danger, rétorqueront les autruches ? Pourquoi les humains ne chercheraient-ils pas à n'être qu'humains ? Pourquoi faudrait-il qu'ils continuent à *s'aliéner* dans le sujet politique totalisant et à se charger inutilement du fardeau des anciens ? Au nom de quelle loi immuable, de quelle transcendance politique, devraient-ils se retenir d'être ce qu'ils sont en

---

2.  Benjamin Constant, «De la liberté des anciens comparée à celle des modernes», dans *De la liberté des modernes*. Textes choisis, présentés et annotés par Marcel Gauchet, Paris, Hachette et Pluriel, 1980.
3.  Louis Dumont, *Essais sur l'individualisme. Une perspective anthropologique sur l'idéologie moderne*, Paris, Seuil, 1983, p. 102.
4.  *Ibid.*, p. 101.

assumant jusqu'au bout leur liberté de modernes? Oui, pourquoi pas, après tout, *la société des identités*?

Non seulement Jacques Beauchemin ne minimise pas la portée de cette objection, mais on pourrait dire qu'il la renforce en reconnaissant, jusqu'à un certain point du moins, le bien-fondé de la critique que les thuriféraires du politico-identitaire adressent au sujet politique totalisant: «L'histoire de la modernité ne nous montre-t-elle pas que l'universalisme, qui fonde la citoyenneté, et les prétentions du sujet politique, que constitue la nation, à parler au nom de l'intérêt général avaient contribué à faire taire les paroles minoritaires? À les soumettre à un pouvoir qui, en dépit de ses prétentions à la neutralité, était celui de certaines classes et catégories sociales?» (p. 8). Aussi, à l'investissement du politique par l'identitaire, l'auteur trouve d'évidentes vertus émancipatoires pour tous les laissés-pour-compte du projet universaliste moderne, y compris pour la nation elle-même, qui fut, historiquement parlant, la première bénéficiaire de cet investissement. En effet, et quelle que soit la suspicion, sinon l'aversion, que lui porte de nos jours le communautarisme identitaire, le nationalisme n'en devrait pas moins être considéré comme «la première forme de communautarisme», celle qui, «bien qu'engendré[e] par la modernité elle-même, a contribué à miner son projet universaliste» (p. 118). Comme si, aux yeux de l'auteur, la modernité était dialectiquement traversée par une force centrifuge qui tendrait à dissoudre son projet universaliste dans un identitaire de plus en plus différencié, dont la société des identités représenterait l'ultime avatar, apolitique et «esthétisant». À moins qu'il ne s'agisse plutôt d'une force centripète qui, loin de contredire le projet universaliste moderne, en révélerait au contraire le véritable ressort, *individualiste*?

Jacques Beauchemin, me semble-t-il, nous propose simultanément ces deux lectures concurrentes de la modernité. Or, si l'une et l'autre sont défendables, leur conjonction m'apparaît toutefois problématique et frappe d'une certaine ambiguïté l'ensemble du processus qu'il décrit.

## LA SOCIÉTÉ DES IDENTITÉS EST-ELLE MODERNE OU POSTMODERNE ?

L'ambiguïté concerne d'abord le statut de la société des identités par rapport à ce que l'auteur appelle, d'une manière à mon avis un peu vague (j'y reviendrai), le projet universaliste de la modernité. Tantôt, en effet, la société des identités nous est présentée comme un détournement, voire comme une trahison de l'idéal universaliste de la modernité, de son projet de civilisation ; tantôt elle tend à apparaître au contraire comme l'aboutissement du même projet. Dès lors, la question se pose : la société des identités marque-t-elle ou non une discontinuité ou une rupture dans l'histoire politique moderne ? Pour le dire autrement, sommes-nous dans la postmodernité – comme semble l'indiquer par exemple le titre du 5e chapitre : « Les éthiques postmodernes et le déni du politique » –, ou dans la « modernité avancée », comme l'auteur semble le suggérer en employant à quelques reprises cette expression ?

Cette ambiguïté, je l'imputerais à une définition trop extensive de la modernité. « La société moderne, écrit Beauchemin, s'est formée dans la rencontre du marché, de l'État de droit et d'un projet politique conjuguant émancipation et responsabilité » (p. 139). Cette triple, sinon quadruple, détermination de la société moderne n'est pas fausse bien sûr ; elle me paraît même assez bien décrire la configuration complexe de nos démocraties. Toutefois, on peut se demander si elle ne laisse pas dans l'ombre la caractéristique essentielle de la société moderne, à savoir l'avènement de l'individu, ce que Louis Dumont a appelé « l'idéologie individualiste ». Tel est d'ailleurs le sens de la critique que Gilles Labelle adressait à Beauchemin dans les pages de la revue *Argument* sous le titre : « Société des identités ou des individus ? » Dans cette alternative, Labelle voit « plus qu'une nuance analytique », ces « deux caractérisations de notre état sociétal ayant, précise-t-il, des incidences quant à la manière de traiter de quelques-uns de ses traits fondamentaux ». Je crois qu'il a raison, et je serais aussi de son avis lorsqu'il écrit que « le politico-identitaire, au fond, reprend la prémisse libérale classique pour la radicaliser : au commencement *et à la fin* est l'individu[5] ». Qu'y a-t-il, en effet, au commencement et à la fin de la modernité, c'est-à-dire à notre époque, sinon l'affirmation de l'individu comme valeur *universelle* suprême, ce que Labelle appelle

---

5.    Gilles Labelle, « Société des identités ou des individus ? », *Argument*, vol. 8, n° 1, automne 2005-hiver 2006, p. 120.

«l'individu délié»? N'est-ce pas cet individu délié qui tend aujourd'hui à s'accomplir dans la société des identités, en prétendant choisir librement ses attaches identitaires, conforté dans sa démarche par toutes ces «éthiques inspirées des théories de la postmodernité [qui] ont en commun, comme le souligne à bon droit Beauchemin, de proposer une régression de l'éthique dans l'infrapolitique» (p. 74). Sauf que, pour radicale et inquiétante qu'en puisse être aujourd'hui l'expression, cette régression – que Beauchemin caractérise comme une «éthicisation des rapports sociaux» – représente moins, à mon avis, une rupture qui porterait atteinte à la poursuite du projet universaliste moderne que l'aboutissement de ce projet, entendu comme celui, universaliste et artificialiste, des droits de l'homme, projet qui, comme le souligne Marcel Gauchet, «s'est épanoui idéologiquement au travers d'un procès en règle du passé, instruit spécialement au titre du péché de "nationalisme", supposé avoir constitué la matrice des iniquités et oppressions sans nombre dont l'individu a été victime[6]».

Or, pour bien saisir la nature et les racines de cette accusation de péché portée à l'endroit du nationalisme, je crois qu'il faut commencer par reconnaître que, contrairement à ce qu'affirme Jacques Beauchemin (p. 37), *la modernité ne s'institue pas dans le politique.* Elle s'institue, ou *tente* plutôt (sans jamais y réussir, j'en conviens) de s'instituer ou de s'auto-instituer dans le déni du politique et dans l'immanence du social au sens arendtien[7], là où il n'y a plus, *en théorie*, que des individus qui dépendent les uns des autres pour vivre et rien de plus. Je dis bien *en théorie* parce qu'il s'agit bien sûr d'une utopie, de la grande utopie moderne-libérale, du grand fantasme individualiste des sujets-rois autofondés. Or ce fantasme, aussi ancré soit-il dans la psyché de l'individu moderne (ou peut-être vaudrait-il mieux dire de l'intellectuel moderne), n'empêche pas ce dernier de demeurer malgré tout un être social; il n'abolit pas en lui, loin s'en faut, le besoin de communauté. D'où cette tension permanente entre «universalisme et particularisme» que souligne Beauchemin, mais dont il n'a pas, selon moi, défini les termes avec suffisamment de rigueur. Car l'universalisme moderne est essentiellement un universalisme de l'individu, ce qui rend par conséquent pour le moins problématique, sinon contradictoire, la

---

6. Marcel Gauchet, «La nouvelle Europe», dans *La condition politique, op. cit.* p. 498.
7. Voir Hannah Arendt, *Condition de l'homme moderne*, Paris, Calmann-Lévy, 1983, p. 47-60.

référence à des *raisons communes*, le recours à un sujet totalisant. Quant au particularisme moderne, je dirais, avec Louis Dumont[8], qu'il combine des traits holistes et individualistes, ou, plus précisément, qu'il témoigne de l'adaptation de la culture traditionnelle, communautaire ou holiste, à l'idéologie moderne, individualiste et artificialiste.

## NATION, CIVILISATION ET POUVOIR

Cette adaptation réciproque du holisme et de l'individualisme – de la liberté (politique) des anciens et de la liberté (individuelle) des modernes – porte un nom chez Louis Dumont : celui de nation, et au sens dit « ethnique » du terme. Car la théorie ethnique de la nation – qui, chez Herder, fait essentiellement référence (« en laissant de côté les glissements pervers du mot "ethnique" ») à la communauté de culture – possède, selon Louis Dumont, une origine hybride, à la fois holiste et individualiste, qui explique d'ailleurs sa fortune dans la mesure où cette théorie « représente précisément une adaptation – en somme, une application – de l'individualisme aux sociétés non individualistes [pensons, par exemple, à la société canadienne-française] confrontées à la modernité individualiste. La conclusion serait presque, ajoute Dumont, que, lorsqu'il a prise sur le réel, l'individualisme le doit à son contraire[9] ».

Cette quasi-conclusion de Louis Dumont – à savoir que ce n'est que pour autant qu'il s'adapte ou se combine au holisme (à l'être social de l'homme, à son besoin de socialité) que l'individualisme moderne a prise sur le réel, la nation dite « ethnique » étant le nom de cette combinaison sociologique réelle – ne me paraît pas très éloignée, somme toute, de ce que dit Jacques Beauchemin à propos du nationalisme, qui, « même lorsqu'il cherche à imposer un particularisme communautaire, se situe encore dans la perspective d'un projet de civilisation » (p. 119). Mais peut-être faudrait-il aller plus loin encore et se demander si un projet de civilisation moderne est concevable en dehors de la nation, sans la médiation de ces particularismes communautaires que constituent au premier chef les

8.  Louis Dumont, *L'idéologie allemande. France-Allemagne et retour*, Paris, Gallimard, 1991, p. 23-24.
9.  *Ibid.*, p. 25.

nations. « Car une chose est certaine, disait l'autre Dumont, Fernand : les *totalités* culturelles sont toujours *particulières*[10] » ; en d'autres termes, l'*horizon* universel de la civilisation ne se découvre qu'à partir des « enracinements particuliers », il suppose et exige des « communes origines », des *milieux* de culture, des nations. Cette dialectique entre civilisation et nation, Marcel Gauchet s'est appliqué à la décrire et à la défendre dans un texte récent sur le problème européen :

> La civilisation est le produit commun des nations, elle les transcende ; elle est leur horizon universel. Elle est ce qui justifie de les dépasser ; elle porte le projet d'une union où se réaliserait ce qu'il y a de plus pur à l'œuvre au sein des communautés particulières. Dans l'autre sens, la civilisation ne peut pas exister en elle-même et pour elle-même indépendamment des nations ; elle a besoin de leur support ; elle les suppose comme ses agents, comme les vecteurs de son développement. Le problème est de trouver un juste équilibre entre les deux ordres d'exigences. Des nations qui oublient ce qu'elles visent ensemble se renient ; une civilisation (dans le sens de la civilisation) qui veut exister dans son universalité sans communautés particulières pour la déployer risque de s'abolir[11].

Elle risque en effet de s'abolir pour devenir le contraire de la civilisation : un monde barbare, c'est-à-dire sans mémoire et sans profondeur[12], un monde de l'immédiat où, pour paraphraser Fernand Dumont, les hommes se feraient cueillir par les bureaucraties comme des lapins[13]. Cela pose tout le problème du pouvoir.

Qu'en serait-il du pouvoir dans une société des identités parfaitement dénationalisées ? Qu'en est-il de la domination là où l'État n'est plus qu'« une altérité qui ne symbolise plus[14] », où le principe d'autorité qui fondait la légitimité de l'État a disparu – cette disparition n'étant elle-même, comme l'a bien montré Arendt, que « la phase finale, quoique décisive, d'une évolution qui, pendant des siècles, a sapé principalement la religion et la tradition[15] » ?

---

10.  Fernand Dumont, *Le Lieu de l'homme*, op. cit., p. 267.
11.  Marcel Gauchet, « Le problème européen », dans *La condition politique*, op. cit., p. 468-469.
12.  « Car la mémoire et la profondeur sont la même chose, ou plutôt la profondeur ne peut être atteinte par l'homme autrement que par le souvenir » (Hannah Arendt, *La Crise de la culture*, op. cit., p. 125).
13.  *Raisons communes*, op. cit., p. 53.
14.  Jacques Rancière, cité par Beauchemin, *La société des identités*, op. cit., p. 179.
15.  *La Crise de la culture*, op. cit., p. 124.

Il va sans dire que la disparition de l'autorité n'implique pas la disparition du pouvoir. Au contraire, privé d'autorité et de légitimité symbolique, le pouvoir risque de devenir – derrière le paravent des théories de la justice, des chartes des droits et libertés, de l'égalité formelle des identités, etc. – de plus en plus arbitraire et sauvage : un lieu apolitique où l'État joue le rôle d'instrument au service des plus forts, c'est-à-dire des plus riches (Bush, Berlusconi, Martin, etc.), naturellement enclins à confondre leurs intérêts privés avec ceux de toute la société, avec le développement économique, le développement sans frein, le développement dit durable.

## LA SCÈNE QUÉBÉCOISE

À la fin de son livre, Jacques Beauchemin formule l'espoir que le triomphe des identités ne se réalise pas au détriment de l'acteur social ; cela suppose, selon lui, « un projet éthico-politique » auquel les individus puissent s'identifier et participer. Au Québec, comme on le sait, ce projet éthico-politique s'est largement confondu depuis les années 1960 avec le projet d'indépendance, qui visait à « raccorder ce que la survivance [canadienne-française] avait dissocié, [à] réconcilier la communauté nationale avec un grand projet politique[16] ». Or il se trouve – comme l'a d'ailleurs brillamment montré Beauchemin dans son livre précédent[17] – que le projet d'indépendance s'est dévoyé dans un souverainisme on ne peut plus civique et inclusif, où l'ouverture à l'autre n'a d'égale que l'oubli de soi, de notre propre histoire, de notre propre héritage canadien-français. En embrassant ce souverainisme honteux, ce « souverainisme sans nationalisme » (selon la formule du regretté Laurent-Michel Vacher), le Parti québécois a entraîné le projet d'indépendance du Québec sur le terrain miné de ses adversaires, là où le bien commun se laisse mesurer à l'aune des intérêts que peuvent en tirer des individus abstraits de leurs appartenances, dénationalisés et dépolitisés. Et l'on s'étonne ensuite de la désaffection d'un Michel Tremblay ou d'un Robert Lepage pour la souveraineté !

---

16. Fernand Dumont, *Genèse de la société québécoise, op. cit.*, p. 335.
17. Jacques Beauchemin, *L'histoire en trop. La mauvaise conscience des souverainistes québécois, op. cit.*

Que ce souverainisme-là – dont la *société des identités* décrite par Beauchemin constitue en quelque sorte le modèle – n'ait pas encore accouché d'un Québec politiquement souverain, cela ne demeure une énigme que pour ceux qui, obnubilés par l'idéologie individualiste moderne, sont incapables de reconnaître le mystère que constitue « le fait fondamental de la sociologie ». Car le fait est que la société n'est pas « une mascarade identitaire », qu'elle « n'est pas, comme insiste de son côté Pierre Legendre, un amas de groupes, ni un torrent d'individus, mais le théâtre où se joue, tragique et comique, la raison de vivre[18] ».

Comparer la société à un théâtre, c'est reconnaître que la raison de vivre qui s'y joue, aussi universelle qu'elle soit, et pour qu'elle le soit, ne peut se dire dans une langue universelle, mais qu'elle a toujours besoin d'une langue distincte, aussi singulière que celle des *Belles-Sœurs*. Car, comme disait je ne sais plus qui, si les dauphins parlent le dauphin, les hommes, eux, ne parlent pas l'humain.

---

18. Pierre Legendre, *La fabrique de l'homme occidental*, Éditions Mille et une nuits et Arte éditions, 1996, p. 17.

# 9

# De la sortie de la religion
# à la sortie de la nation[*]

Ce texte se veut une exploration du thème « Modernité et religion au Québec à partir de l'œuvre de Marcel Gauchet », thème qui est celui d'un programme de recherche interdisciplinaire auquel je suis associé depuis quelques années déjà avec six autres chercheurs universitaires. J'insiste sur le fait qu'il s'agit ici d'une *exploration*, avec tout ce que ce mot implique de tâtonnements. Non pas tant que je doute que l'œuvre de Gauchet ait quelque chose à nous dire sur le Québec, auquel cas je ne me serais probablement jamais engagé dans le programme de recherche en question. Reste qu'il y a toujours quelque risque à faire parler un philosophe de ce dont il n'a lui-même jamais parlé, en l'occurrence de la société québécoise. Ceux et celles de ma « génération lyrique » se souviendront sans doute, et pour une fois sans grande nostalgie, de l'époque où l'on plaquait inconsidérément la grille marxiste de la lutte des classes sur la société québécoise. Aussi une certaine prudence est-elle de mise quand il s'agit de particulariser un cadre général d'interprétation comme celui qu'a développé Marcel Gauchet, notamment dans son maître livre, *Le Désenchantement du monde* (Gauchet, 1985)[1]. D'autant que je ne m'interdirai pas de faire

[*]    Tiré d'une conférence prononcée le 2 mars 2007 lors du Colloque international Québec at the Dawn of the New Millenium : between Tradition and Modernity, University of North Texas, Denton, ce texte a paru dans *Le Québec à l'aube du nouveau millénaire*, sous la direction de Marie-Christine Koop, Les Presses de l'Université du Québec, 2008, p. 88-99. Je le reproduis ici avec quelques corrections mineures.

1.    Marcel Gauchet, *Le Désenchantement du monde. Une histoire politique de la religion*, Paris, Gallimard, 1985. Il ne saurait être question ici de résumer, même à très grands traits, le contenu de cet ouvrage dense et exigeant. Je ne peux que renvoyer le lecteur peu familier

intervenir d'autres lumières, celles en particulier de Fernand Dumont.

## PRÉALABLE MÉTHODOLOGIQUE

S'il est un thème gauchetien qui paraît devoir s'appliquer à la société québécoise, c'est bien celui, on ne peut plus central dans l'œuvre de Gauchet, de la «sortie de la religion». Bien sûr, dans la mesure où cette sortie de la religion tend à se confondre chez lui avec «le mouvement même de la modernité», avec un «processus [qui] a affecté l'ensemble des sociétés occidentales, selon des formes diverses[2]», on peut se demander si la forme particulière qu'a revêtue au Québec la sortie de la religion justifie que l'on s'y intéresse en tant que telle, et non pas seulement à titre d'illustration d'un processus général. On touche là, du reste, à un point extrêmement sensible de la méthode gauchetienne, à savoir l'articulation entre le transcendantal et l'empirique, ou entre la nécessité et la contingence. Du moment où, comme le postule Gauchet, toutes les sociétés sont appelées à sortir de la religion, la question est de savoir si leurs différentes manières d'en sortir, les différentes modalités sociétales ou nationales de la sortie de la religion, ne relèvent pas d'une contingence somme toute négligeable en regard de la nécessaire sortie de la religion. Réponse de Gauchet, que je tire de *La condition politique*: «la vraie question est de faire à la contingence sa place *raisonnée*. Rien n'est plus facile que de l'invoquer. Il est autrement plus délicat et plus fécond d'élucider les modes de composition qui la lient à une nécessité qui n'est autre, en dernière instance, que le jeu des contraintes qui permettent à quelque chose comme une société d'exister[3]».

Les contraintes dont Gauchet invoque ici le jeu sont des contraintes universelles, c'est-à-dire communes à toutes les sociétés et dont l'analyse ressortit à ce qu'il appelle une *anthroposociologie*

---

avec l'interprétation gauchetienne de la religion à l'aperçu que lui-même en a donné au début de son ouvrage *La religion dans la démocratie* (*op. cit.*, p. 11-30). On consultera également *La condition historique* (Paris, Éditions Stock, 2003), livre d'entretiens où l'auteur retraçait son parcours intellectuel et faisait le point sur l'état de ses recherches.

2.  *La religion dans la démocratie, op. cit.*, p. 7.
3.  Marcel Gauchet, *La condition politique*, Paris, Gallimard, coll. «TEL», p. 199.

*transcendantale*[4]. Pour le dire sommairement, toute société humaine ne serait possible, selon Gauchet, qu'à certaines conditions, qu'à partir d'un certain nombre d'«éléments» ou de «dimensions fondatrices» dont l'ensemble constituerait une matrice de possibilités sous-jacente à toute histoire. Cela n'implique pas cependant que tout serait déterminé à l'avance. Gauchet exclut au contraire le déterminisme au nom de ce qu'il appelle la «contingence raisonnée». Mais toute la question est de savoir quelle place effective celle-ci occupe chez lui, autrement dit ce qu'il advient de l'événement dans son anthroposociologie transcendantale.

Lors du débat sur *Le Désenchantement du monde* qui s'est tenu à l'Institut catholique de Paris en 1986, en présence de Gauchet lui-même[5], le philosophe Hubert Faës y allait de ce commentaire:

> Toute société est bien obligée de faire avec toutes sortes de conditions de fait qui ne sont pas forcément indispensables, ni non plus toujours défavorables, mais qui sont autant de contraintes non constitutives et extérieures. Dans la conception de Gauchet, ces conditions ne semblent pas jouer le rôle déterminant puisque les grandes options sont prédéterminées. Elles n'interviennent sans doute qu'au niveau d'options secondaires et de caractères accidentels des sociétés [...]. M. Gauchet semble ici ne rien retenir de la pensée de Marx qui insistait sur la nécessité de comprendre l'histoire à partir de la donnée de fait des conditions d'existence et non à partir d'une essence humaine définie a priori[6].

Ce que Faës nous invite ici à considérer, il me semble, c'est l'existence d'un autre jeu de contraintes que celui, transcendantal et universel, auquel obéirait toute société humaine: un jeu de contraintes propre à chaque société particulière et qui délimiterait pour chacune la place irréductible de ce que Gauchet appelle la «contingence raisonnée». Or c'est précisément à un tel jeu de contraintes, «non constitutives et extérieures», que me paraît correspondre le concept de *référence* chez Fernand Dumont, que ce dernier a surtout développé dans son ouvrage magistral paru en 1993, *Genèse de la société québécoise*[7].

---

4. Voir à ce sujet *La condition historique, op. cit.*, p. 46-60, ainsi que le chapitre 2 de la première partie d'*Un monde désenchanté?*, Paris, Les Éditions de l'Atelier et les Éditions ouvrières, 2004, p. 59-81.
5. Débat reproduit dans *Un monde désenchanté?, op. cit.*, p. 21-99.
6. *Ibid.*, p. 61.
7. Précisons que le concept dumontien de référence apparaît déjà dans *L'Institution de la théologie. Essai sur la situation du théologien*, Montréal, Fides, 1987.

La *référence* d'une société, ou d'une nation, n'est pas la réalisation d'une possibilité sous-jacente à son histoire et qui l'informerait *a priori*; elle renvoie plutôt à des «contraintes non constitutives et extérieures» auxquelles cette société fut exposée dans son enfance...

> Au cours des premières phases du développement d'une collectivité sont mis en forme des tendances et des empêchements qui, sans déclencher la suite selon les mécanismes d'une évolution fatale, demeurent des impératifs sous-jacents au flot toujours nouveau des événements. Comme si l'histoire se situait à deux niveaux, les sédiments de la phase de formation restant actifs sous les événements des périodes ultérieures. De sorte qu'en accédant à cette couche profonde de l'histoire on aurait la faculté de mieux appréhender la signification du présent[8].

Ces «impératifs sous-jacents au flot toujours nouveau des événements» ne sont pas d'ordre transcendantal; ils correspondent eux-mêmes à des événements pour ainsi dire originaires, survenus aux premiers temps d'une société et qui continuent de peser sur elle sous la forme de «tendances» et d'«empêchements». Ces événements originaires ne marqueraient-ils pas la place de ce que Gauchet appelle «la contingence raisonnée»? Mais une place beaucoup plus grande que celle qu'il semble prêt à lui reconnaître en théorie.

Je dis en théorie, car, un peu comme le Marx du *Dix-huit Brumaire* ou des *Luttes de classe en France*, Gauchet fait lui-même une grande place à la «contingence raisonnée» quand il s'efforce d'appliquer son modèle transcendantal de la sortie de la religion, comme c'est le cas dans *La religion dans la démocratie*, où il s'attache à rendre compte d'un cas particulier de sortie de la religion, celui dont son propre pays, la France, fut le théâtre.

Je voudrais, dans un premier temps, présenter les grandes lignes de l'interprétation que Gauchet propose de la sortie française de la religion, afin de mieux faire ressortir ensuite, par comparaison sinon par contraste, la particularité de la sortie québécoise de la religion.

---

8.   *Genèse de la société québécoise, op. cit.*, p. 331.

## LA SORTIE FRANÇAISE DE LA RELIGION : LA LAÏCITÉ

C'est la *laïcité* qui, selon Gauchet, représente la voie singulière qu'a empruntée en France la sortie de la religion : la laïcité en tant qu'elle s'inscrit en profondeur dans l'histoire politique de la France, de l'État français.

Gauchet distingue deux grandes phases dans cette histoire, dans ce « parcours de la laïcité ». La première phase, qu'il appelle « absolutiste », correspond à la période qui va, en gros, de l'édit de Nantes, qui met fin aux guerres de religion, jusqu'à la Révolution et à la Constitution civile du clergé. La seconde phase, qu'il appelle « libérale et républicaine », couvre la période qui s'étend du Concordat napoléonien jusqu'en 1975 environ, alors que se produit, selon Gauchet, une « mutation générale, mondiale, de nos sociétés[9] », sur laquelle je reviendrai.

La première phase, absolutiste, se caractérise par « une autonomisation du politique », mais une autonomisation qui s'accomplirait « sous le signe d'une subordination (religieuse) du religieux[10] », ce dont témoignerait cette formation de compromis qu'est la monarchie de droit divin. Dans la seconde phase du parcours de laïcité, cette subordination encore religieuse du religieux au politique va laisser place à une séparation graduelle du religieux et du politique, des Églises et de l'État, que viendra sanctionner la Loi de séparation de 1905. Or c'est, selon Gauchet, dans cette séparation et surtout dans l'antagonisme entre l'Église et l'État que la politique va trouver, en France, « le ressort de sa magnification ». Autrement dit, c'est à travers son affrontement séculaire avec la religion et grâce à celui-ci que l'État français, la République, aurait développé ses valeurs propres, laïques, et ce jusqu'à conférer à la laïcité une signification transcendante. Cela, paradoxalement, expliquerait la crise politique que traverse aujourd'hui la France ; elle découlerait du triomphe même de la laïcité. En l'emportant finalement sur son adversaire, le parti de l'autonomie aurait perdu le repoussoir qui lui permettait de s'affirmer. Vers 1970, en France, « la politique a perdu, écrit Gauchet, l'objet et l'enjeu qu'elle devait à son affrontement avec la religion[11] ».

---

9. *La religion dans la démocratie, op. cit.*, p. 31.
10. *Ibid.*, p. 34.
11. *Ibid.*, p. 64.

## LA SORTIE QUÉBÉCOISE DE LA RELIGION

En regard de cette interprétation que Marcel Gauchet propose de la sortie de la religion en France, tâchons maintenant de comprendre comment a bien pu s'opérer la sortie de la religion au Québec.

Premier constat, première évidence : la sortie québécoise de la religion s'est faite à la fois beaucoup plus tardivement et beaucoup plus rapidement qu'en France. Alors que là-bas, comme on vient de le voir, le processus de sortie de la religion s'est accompli progressivement et par étapes sur une période de trois siècles et demi, on peut dire sans trop exagérer qu'au Québec la sortie de la religion ne s'est pas faite avant le milieu du XXᵉ siècle, et d'une manière pour le moins accélérée. En l'espace d'une quinzaine d'années, de religieuse qu'elle était dans sa structure même, la société québécoise est devenue une société, sinon totalement laïcisée, du moins postreligieuse. Cela s'est traduit notamment, comme on le sait, par un déclin spectaculaire de la pratique religieuse chez les catholiques. Je n'insiste pas ici sur des faits qui sont bien connus, mais qui demeurent aujourd'hui encore assez mal compris. Comment en effet expliquer cette sortie si tardive de la religion ? Bien sûr, par l'emprise qu'exerçait la religion, en l'occurrence l'Église catholique, sur cette société. Mais cette réponse ne fait au fond que repousser plus loin la question : pourquoi l'Église catholique a-t-elle pu exercer pendant si longtemps son emprise sur cette société ?

À cette dernière question, Fernand Dumont répondait : parce que l'Église « a fourni un squelette à une société impuissante à s'en donner un autre. Plus encore, le catholicisme a été l'un des traits distinctifs, le principal peut-être, de notre nationalité au point de se confondre avec sa culture[12] ». Pendant plus d'un siècle, en effet, la religion catholique et la culture canadienne-française constituèrent une sorte d'union sacrée, de bloc monolithique en mesure de résister à un environnement anglo-protestant hostile. Dans ce dessein, l'Église, loin de rendre à César ce qui appartient à César, fut amenée à occuper des domaines ailleurs dévolus à l'État, de l'éducation à l'assistance sociale en passant par la colonisation et l'organisation professionnelle. En d'autres termes, selon l'expression convenue, l'Église catholique a rempli dans la société québécoise

---

12. *Raisons communes, op. cit.*, p. 222.

(ou plutôt canadienne-française) un rôle de *suppléance*; elle a suppléé à l'absence du politique, à l'absence de l'État. Mais, objectera-t-on, cette société n'était-elle pas depuis 1791 soumise à l'autorité d'un État fort, et qui s'est lui-même dédoublé en 1867? Sans doute; mais force est de reconnaître que cette structure étatique n'informait pas de l'intérieur la société canadienne-française; ce qui structurait celle-ci, ce qui lui donnait sa cohésion et sa direction, c'était l'Église, qui, à travers l'école et la famille, ces deux grandes institutions dont elle avait le contrôle, diffusait son idéologie, l'idéologie de la *survivance*, qui servait de *référence* à cette société, un peu comme l'idéologie de la laïcité servait à la même époque de référence à la société française. Sauf que si, en France, la laïcité s'enrichissait (politiquement) de son affrontement avec la religion, la survivance canadienne-française, elle, ne faisait au contraire que s'appauvrir de sa trop grande dépendance à l'égard de la religion. Certes, il y eut ici, au XIX$^e$ siècle, un affrontement entre le parti de l'autonomie et le parti de l'hétéronomie, entre l'Église et les libéraux-républicains; mais on sait comment s'est terminé cet affrontement, notamment avec la fermeture de l'Institut canadien de Montréal, qui signait la victoire de l'Église. Dès lors, ce qui va régner pendant presque un siècle au Québec et, plus largement, au Canada français, c'est ce que l'on a appelé l'idéologie clérico-nationaliste, qui définit une nationalité essentiellement culturelle et apolitique, c'est-à-dire, comme l'a bien montré Fernand Dumont, *une nationalité de compensation*: «on se console par en haut de ce qui a été perdu par en bas[13]». Ce qui a été perdu par en bas, ce qui a été perdu avec la Conquête, l'échec des Rébellions, l'Acte d'Union, la Confédération, la politique impériale, etc., c'est la maîtrise du politique, c'est l'État, ni plus ni moins.

Quant à l'Église, si elle a triomphé, son triomphe fut sans péril et, malgré toutes ses pompes, sans gloire véritable, à défaut d'adversaire qui l'eût forcée à développer, à affiner et à actualiser son discours idéologique. Aussi cette Église catholique triomphaliste va-t-elle, au tournant des années 1960, s'effondrer comme un château de cartes, sans offrir la moindre résistance ou la moindre

---

13. *Genèse de la société québécoise, op. cit.*, p. 277. Dumont va jusqu'à affirmer que «l'avènement de la nation dans le discours [canadien-français] se produit, en quelque sorte, sous la pression de l'autre société et au corps défendant des élites. Tout se passe comme si les Canadiens[-français] étaient contraints de se reconnaître comme une nation» (p. 167).

solution de rechange au discours libéral, voire libertaire, de la Révolution tranquille. C'est ce que Gilles Labelle a appelé « la liqué-faction du parti de l'hétéronomie », liquéfaction qui va provoquer non pas l'atténuation de « la colère antithéologique », mais, au contraire, son exaspération[14]. Comme si le profond ressentiment accumulé contre l'Église avait finalement trouvé, en 1960, son exutoire ; comme si les Québécois avaient soudain pris conscience qu'on les avait toujours trompés, mystifiés. D'où le procès du passé canadien-français[15], que continuent d'ailleurs d'instruire certains de nos intellectuels les plus renommés, qui ne comprennent toujours pas que la mythologie de la survivance n'a rien de méprisable, qu'elle est tout ce que notre « petit peuple » (comme disait le chanoine Groulx) a pu trouver pour persévérer dans son être.

Ce que j'essaie ici d'expliquer, c'est la rapidité avec laquelle la collectivité québécoise *est sortie en même temps de la religion (catho-lique) et de la nation canadienne-française* dont la première constituait la matrice. Reste que, tout au long de la Révolution tranquille, cette sortie, ou cette double sortie (de la religion catholique et de la nation canadienne-française) s'était voulue une ouverture, la réali-sation d'une promesse longtemps différée et que l'on croyait enfin réalisable, celle de « raccorder ce que la survivance avait dissocié, [de] réconcilier la communauté nationale avec un grand projet politique », pour citer encore une fois Fernand Dumont[16].

## L'ÉTAT QUÉBÉCOIS COMME OPÉRATEUR DE LA SORTIE DE LA NATION

L'État québécois qui s'affirme avec la Révolution tranquille a incarné la figure même de cette promesse. Sans commune mesure avec la place qu'il occupait dans la société canadienne-française, l'État a pris le relais de l'Église catholique comme soutien de la nation et foyer de son développement. Ce nouveau rôle de l'État par rapport à la nation a cependant entraîné des conséquences contra-

---

14. Voir Gilles Labelle, « Sens et destin de la colère antithéologique au Québec après la Révolution tranquille », *Diversité et identités au Québec et dans les régions d'Europe*, sous la direction de J. Palard, A.-G. Gagnon et B. Gagnon, Les Presses de l'Université Laval et P.I.E.-Peter Lang, 2006, p. 337-364.
15. Voir à ce sujet l'ouvrage de Jacques Beauchemin, *L'histoire en trop. La mauvaise conscience des souverainistes québécois, op. cit.*, et celui de Joseph Yvon Thériault, *Critique de l'améri-canité. Mémoire et démocratie au Québec, op. cit.*
16. *Genèse de la société québécoise, op. cit.*, p. 335.

dictoires. S'il est indéniable, d'un côté, que la montée en puissance de l'État québécois a favorisé l'essor d'une nouvelle conscience politico-nationale, le néonationalisme québécois, tout semble indiquer, d'un autre côté, que le développement de l'État québécois en tant qu'État-providence a fonctionné un peu à la manière que décrit Marcel Gauchet dans *La religion dans la démocratie*, à savoir comme «un puissant agent de déliaison sociale et nationale», comme un ferment d'individualisme identitaire. D'après Gauchet, l'État-providence, «en sécurisant les individus, les a dispensés de l'entretien des appartenances familiales ou communautaires qui constituaient auparavant d'indispensables protections[17]». Comme le souligne pour sa part Jacques Beauchemin dans *La société des identités*, l'État-providence libère «un formidable potentiel d'émancipation[18]» porteur d'une représentation nouvelle de la citoyenneté qui évacue l'idée d'un sujet politique unitaire ou totalisant. Et c'est de ce vide creusé au cœur du collectif par l'individualisme contemporain que se nourrit insatiablement la «démocratie des identités», laquelle constitue une menace pour la démocratie elle-même.

Dans la démocratie des identités, souligne Gauchet, l'État «ne précède plus, il suit. D'où, ajoute-t-il, le sentiment qu'il peut donner d'un immense appareil tournant à vide, sans plus savoir où il va ni à quoi il sert[19]». N'est-ce pas précisément ce sentiment que nous inspire désormais l'État québécois, qu'il soit sous la gouverne du Parti québécois ou du Parti libéral de Jean Charest? L'État québécois ne précède plus la société québécoise, comme il le faisait dans les années 1960: il la suit, il suit les courants de la société civile, c'est-à-dire ceux de l'économie qui veillent au *développement durable d'une société des identités*[20].

Qu'advient-il, dans ce contexte, de la nation, et plus spécifiquement de la nation francophone du Québec? Que devient le projet révolutionnaire-tranquille de donner enfin un État à cette nation, de réconcilier ce que la survivance avait dissocié? Ce projet

---

17. *La religion dans la démocratie*, op. cit., p. 68-69.
18. Jacques Beauchemin, *La société des identités. Éthique et politique dans le monde contemporain*, Outremont (Québec), Athéna éditions, 2004.
19. *La religion dans la démocratie*, op. cit., p. 116.
20. «Il m'arrive de penser, disait Fernand Dumont dans *Raisons communes*, que la société québécoise redevient conservatrice [...]. L'obsession de la gestion est le signe le plus clair de ce nouveau conservatisme; il paralyse les institutions, il engourdit la collectivité tout entière» (*op. cit.*, p. 22).

est-il même concevable dans les termes du nationalisme civique qui voit dans la nation le résultat d'un contrat entre individus déliés? Ce n'est évidemment pas un hasard si le nationalisme québécois s'est lui-même largement converti ces dernières années aux vertus civiques. Une fois de plus, nous avons suivi le mouvement de l'histoire. Non pas de notre histoire à nous, laquelle eût exigé que nous raccordions ce que nos ancêtres avaient été forcés de dissocier pour survivre, pour traverser l'hiver de la survivance. Nous avons plutôt suivi l'histoire du Canada transcontinental revue et corrigée, il y a maintenant plus d'un quart de siècle, par Pierre Elliott Trudeau, avec son multiculturalisme, sa charte des droits et libertés et sa constitution dont le Québec demeure toujours exclu.

«Accéder à l'universel, c'est d'abord choisir soi-même la porte d'entrée», écrivait Fernand Dumont en 1971, à la dernière ligne de *La Vigile du Québec*[21]. Devant l'impasse politique où nous nous trouvons aujourd'hui en tant que collectivité nationale, il m'arrive de penser que nous nous sommes trompés de porte d'entrée en 1960, et que nous ne sommes au fond jamais vraiment sortis de la survivance, si nous ne sommes pas en train de nous y enfermer une fois pour toutes, sans la religion qui donnait à cette survivance un bien pauvre sens sans doute, mais un sens tout de même. Qu'eût-il donc fallu pour sortir de la survivance? Peut-être d'abord que nous l'assumions, que nous nous réapproprions le sens de notre histoire, de ce passé canadien-français dont on devrait savoir bientôt s'il portait en lui la promesse d'un avenir.

---

21.  *La Vigile du Québec, op. cit.*, p. 234.

# 10

## De quelques obstacles à une histoire nationale au Québec et en France[*]

> *La nation seule, depuis déjà longtemps, joue le rôle qui constitue par excellence la mission de la collectivité à l'égard de l'être humain, à savoir assurer à travers le présent une liaison entre le passé et l'avenir. En ce sens, on peut dire que c'est la seule collectivité qui existe dans l'univers actuel.*
>
> SIMONE WEIL, *L'enracinement*

Lorsqu'Éric Bédard m'a proposé de tenir un colloque sur l'histoire nationale en France et au Québec, j'ai accepté sans hésitation. Non par je ne sais quel opportunisme, mais parce que sa proposition cadrait parfaitement avec la thématique sous laquelle j'avais choisi de placer les activités de la Chaire d'études du Québec contemporain, à savoir *Sens et enjeux de la modernité québécoise*. Comment en effet explorer pareil thème sans réfléchir sur le destin de l'histoire nationale au Québec, sans s'interroger sur la

---

[*]   Version augmentée de la conférence d'ouverture à un colloque tenu en Sorbonne les 29 et 30 avril 2009, ce texte a paru dans *L'Histoire nationale en débat. Regards croisés sur la France et le Québec*, sous la direction d'Éric Bédard et Serge Cantin avec la collaboration de Daniel Lefeuvre, Paris, Riveneuve éditions, 2010. Ce livre étant publié en France, j'avais cru bon, au bénéfice du lectorat français, d'émailler mon texte de quelques notes explicatives sur certains personnages ou événements de l'histoire du Québec. J'ai conservé ici ces notes, dont le lecteur québécois pourra, le cas échéant, tirer profit.

difficulté, voire la légitimité, d'écrire une histoire nationale à l'ère du multiculturalisme ou du communautarisme ?

Éric Bédard s'attachera à éclairer l'enjeu historiographique de la problématique. Pour ma part, je voudrais, au seuil de cet ouvrage collectif, décrire quelques-uns des obstacles, culturels ou politiques, auxquels me semblent se heurter les deux projets d'histoire nationale qui nous intéressent ici, celui du Québec et celui de la France.

I

Sans doute, dans le contexte de ce que l'on appelle la mondialisation, toutes les sociétés occidentales, pour autant qu'elles se sont construites sur le modèle de la nation, sont appelées à s'interroger sur le destin de leur histoire nationale, c'est-à-dire sur elles-mêmes. Reste que cette interrogation revêt une acuité particulière s'agissant d'une petite nation comme la nation francophone du Québec. Petite nation... «Ce concept, soulignait Milan Kundera, n'est pas quantitatif; il désigne une situation, un destin : les petites nations ne connaissent pas la situation heureuse d'être là depuis toujours et à jamais; elles sont toutes passées, à tel ou tel moment de leur histoire, par l'antichambre de la mort; toujours confrontées à l'arrogante ignorance des grands, elles voient leur existence perpétuellement menacée ou mise en question; car leur existence *est* question[1]. »

Ce n'est pas le chanoine Groulx[2] ni quelque autre prétendu « nationaliste tribal » qui a écrit ces lignes, mais bien Milan Kundera, l'un des plus grands écrivains de notre temps, qui s'est acquis une renommée mondiale en racontant des petites histoires tchèques. Comme notre Michel Tremblay[3] national, Kundera n'est un écrivain universel que parce qu'il est d'abord de quelque part, parce qu'il est né et a grandi dans une société et une culture particulières. Sans s'y

---

1.   Milan Kundera, *Les testaments trahis*, Paris, Gallimard, 1993, p. 225.
2.   Historien, romancier et essayiste, Lionel Groulx (1878-1967) fut sans conteste l'intellectuel canadien-français le plus influent au cours de la première moitié du XXᵉ siècle. Nationaliste conservateur, il n'en fut pas moins un critique averti de l'infériorité subie par ses compatriotes au sein de la confédération canadienne. Voir de Julien Goyette, *Lionel Groulx. Une anthologie*, Bibliothèque québécoise, 1998, et de Fernand Dumont, «Mémoire de Lionel Groulx», dans *Le Sort de la culture, op. cit.*, p. 261-284.
3.   Dramaturge et romancier, Michel Tremblay (né en 1942) a révolutionné la dramaturgie québécoise avec sa pièce, jouée pour la première fois en 1968, *Les Belles-Sœurs*, qui introduisait la langue populaire québécoise (le «joual») au théâtre. Ses pièces ont été traduites en une vingtaine de langues et jouées sur les scènes du monde entier.

réduire, sa grandeur littéraire s'enracine dans le terreau de l'une des petites nations de la *Mittel Europa*. Et l'on pourrait bien sûr multiplier les exemples, à telle enseigne qu'il faudrait se demander si le sort de la culture authentiquement universelle n'est pas, aujourd'hui comme hier, inséparablement lié à celui des nations en général et, en particulier, des plus petites.

Québécois francophone *de souche* (comme on le dit souvent de façon péjorative), j'appartiens à l'une de ces petites nations « toujours confrontées à l'arrogante ignorance des grands »; je suis d'une nation qui, à plusieurs moments de son histoire, est « passée par l'antichambre de la mort », d'une nation toujours incertaine d'elle-même, dont « l'existence *est* question » et doit le demeurer sous peine de disparaître. Grandes nations, petites nations : il en va souvent des relations entre ces deux ensembles comme il en est du commerce entre les poissons, le gros n'ayant d'autre désir que de manger le petit. Il est toutefois une manière moins brutale ou plus policée pour les grandes nations d'éliminer les petites, de pratiquer ce « génocide en douce » dont nous prévenait naguère le grand essayiste québécois Pierre Vadeboncœur[4]. Elle consiste à inoculer dans l'esprit des membres de la petite nation la mauvaise conscience et la culpabilité d'être ce qu'ils sont, en identifiant le nationalisme en général, et le leur en particulier, à de l'ethnicisme ou du racisme[5]. L'efficacité d'une telle méthode dépendra, dans une bonne mesure, de la capacité de la grande nation à dénicher dans la petite des intellectuels prêts à tenir le discours antinationaliste. Ainsi, devant la montée de l'indépendantisme québécois dans les années 1960, l'élite canadienne-anglaise eut la clairvoyance d'ouvrir toutes grandes les fenêtres du parlement fédéral pour y faire entrer trois colombes canadiennes-françaises : Pierre Elliott Trudeau, Gérard Pelletier et Jean Marchand, la première des trois se révélant dans les faits un redoutable rapace[6]. Trois décennies plus tard, après la quasi-

---

4. Pierre Vadeboncœur, *Un génocide en douce*, Montréal, L'Hexagone et Parti pris, 1976. Lire aussi du même auteur : *To be or not not to be, that is the question. Essais et articles préréfendaires*, Montréal, L'Hexagone 1980, et *Gouverner ou disparaître*, Montréal, Éditions Typo, 1993.
5. Voir à ce sujet Jacques Beauchemin, *L'histoire en trop. La mauvaise conscience des souverainistes québécois, op. cit.* Voir également mon propre ouvrage, *Ce pays comme un enfant, op. cit.*
6. Au milieu des années 1960, afin de contrer l'indépendantisme québécois en pleine ascension, le Parti libéral du Canada fait appel au chef syndicaliste québécois Jean Marchand et à ses deux amis de la revue *Cité libre*, les intellectuels Pierre Elliott Trudeau et Gérard Pelletier. Les « trois colombes », comme on appellera le trio, se feront élire aux

victoire du Oui au référendum de 1995, on répétera le manège en recourant cette fois à deux fraîches colombes universitaires, Stéphane Dion et Pierre Pettigrew, afin de chanter les louanges du fédéralisme centralisateur en le présentant comme *le seul modèle d'organisation politique démocratique et civilisé à l'heure de la mondialisation* de l'économie. Et gare aux hérétiques, à ceux qui osaient, par exemple, rappeler le droit des peuples à disposer d'eux-mêmes. Les colombes montaient alors sur leurs ergots, en menaçant les Québécois d'une partition de leur territoire advenant une victoire du Oui, sinon d'une intervention armée comme en octobre 1970[7]. Force est d'admettre que la stratégie fut efficace. Sans toujours oser se l'avouer, les «gens du pays» prirent peur, tandis que les intellectuels québécois, encore plus timorés, s'empressèrent en grand nombre de redéfinir *civiquement* leur nationalisme de manière à le rendre «politiquement correct» aux yeux de toutes les grandes nations de la terre[8].

## II

Le destin de notre histoire nationale? Mais n'est-ce pas là une question d'un autre âge? N'est-il pas temps pour les Québécois de s'attaquer enfin aux vrais problèmes, c'est-à-dire économiques, dont la question nationale les a constamment détournés? L'argument n'est pas nouveau; il traverse en contrepoint l'histoire de la nation francophone du Québec, l'histoire de sa survivance. On a dit beaucoup de mal de lord Durham[9], mais sans toujours se donner la

---

élections fédérales de 1965 et Pierre Elliott Trudeau deviendra, en 1968, premier ministre du Canada.

7.  En octobre 1970, une poignée de jeunes indépendantistes révolutionnaires, regroupés au sein du Front de libération du Québec (FLQ), enlèvent le diplomate britannique James Richard Cross puis, quelques jours plus tard, le ministre du Travail du gouvernement du Québec, Pierre Laporte, qui sera assassiné. Ces événements – qui déclencheront «la crise d'Octobre» – vont servir de prétexte au premier ministre du Canada, Pierre Elliott Trudeau, pour promulguer la Loi sur les mesures de guerre qui donnera à la police tous les pouvoirs. Ainsi seront emprisonnés, souvent pendant des mois, des centaines d'innocents (en majorité des intellectuels et des artistes), faussement soupçonnés d'appartenance au FLQ.

8.  Témoignent de cette conversion au nationalisme civique la plupart des articles (le mien et un ou deux autres exceptés) réunis dans l'ouvrage collectif *Penser la nation québécoise, op. cit.*

9.  John George Lambton comte de Durham (1793-1840) fut nommé, en 1839, gouverneur en chef de l'Amérique du Nord britannique afin d'étudier les causes du soulèvement de 1837-1838 contre l'Angleterre. Découvrant dans le Bas-Canada (le Québec actuel) «deux nations en guerre au sein d'un même État», il recommanda, dans son célèbre rapport, l'assimilation des Canadiens français.

peine de le lire et de réfléchir aux motifs qu'il invoquait en faveur de notre assimilation. Lisons-le bien :

> Les Canadiens français [...] ne sont que le résidu d'une colonisation ancienne et ils sont et devront toujours être isolés au milieu d'un monde anglo-saxon [...] Ce n'est qu'une question de temps et de manière : il s'agit simplement de décider si le petit nombre de Français qui habitent présentement le Bas-Canada seront anglicisés sous un gouvernement qui peut les protéger ; ou bien si l'on remettra à plus tard le procédé, jusqu'à ce qu'un plus grand nombre d'entre eux, par suite de la violence de leurs rivaux, aient à subir l'anéantissement d'une nationalité que sa survivance aura renforcée et aigrie[10].

Pour des raisons historiques qu'il serait un peu long d'expliquer ici, le procédé en question fut non pas abandonné, mais différé[11]. Et nous voilà aujourd'hui, cent soixante-dix ans plus tard, *renforcés* mais *aigris*, pas morts mais comme fatigués de lutter[12]. Non, nous n'avons pas subi « l'anéantissement » auquel Durham et tant d'autres nous avaient destinés[13]. Du moins pas encore. Car, dans l'état d'hébétude et de déréliction où nous sommes plongés depuis l'échec du dernier référendum[14], il m'arrive de me demander si notre survivance, avec son cortège de misères, n'aura pas été finalement qu'un long sursis. Mais on ne refait pas l'histoire, comme le savait bien Durham, lui qui appréhendait les conséquences, pour la nationalité canadienne-française elle-même, de sa survivance :

> La langue, les lois et le caractère du continent nord-américain sont anglais. Toute autre race que la race anglaise (j'applique ce mot à tous ceux qui parlent la langue anglaise) y apparaît dans un état d'infé-

---

10. *Le Rapport Durham, op. cit.*, p. 233 et 234.
11. À ce sujet, voir Fernand Dumont, *Genèse de la société québécoise, op. cit.*, spécialement le chapitre IV.
12. À propos de cette fatigue, il faut lire le fameux texte de Hubert Aquin : « La fatigue culturelle du Canada français » [1962], dans Hubert Aquin, *Mélanges littéraires II. Comprendre dangereusement*, Édition critique établie par Jacinthe Martel avec la collaboration de Claude Lamy, Montréal, Bibliothèque québécoise, 1995, p. 65-110. Lire également de Jean-Christian Pleau, *La Révolution québécoise. Hubert Aquin et Gaston Miron au tournant des années soixante, op. cit.*, p. 13-85.
13. Alexis de Tocqueville, qui a visité brièvement le Bas-Canada (le territoire actuel du Québec) lors de son périple nord-américain en 1831-1832, eut cette réflexion à propos des Canadiens français : « Je n'ai jamais été plus convaincu [...] que le plus grand et le plus irrémédiable malheur pour un peuple c'est d'être conquis » (dans *Tocqueville au Bas-Canada*, p. 74. Document produit en version numérique par Jean-Marie Tremblay : http://www.uqac.ca/Classiques_des_sciences_sociales.
14. Un état dont s'inquiète notamment le cinéaste Bernard Émond dans *La perte et le lien. Entretiens sur le cinéma, la culture et la société*, Montréal, Médiaspaul, 2009.

riorité. C'est pour les tirer de cette infériorité que je veux donner aux Canadiens notre caractère anglais. Je le désire dans l'intérêt des classes instruites que les distinctions de langue et de manières tiennent séparées du vaste Empire auquel elles appartiennent [...] Je désire encore plus l'assimilation dans l'intérêt des classes inférieures. Leur aisance rudimentaire et égale se détériore vite sous la poussée de la population à l'intérieur des étroites limites dans lesquelles elles sont renfermées. Si ces gens essaient d'améliorer leur condition, en s'étendant sur le pays environnant, ils se trouveront de plus en plus mêlés à une population anglaise; s'ils préfèrent demeurer sur place, ils deviendront pour la plupart des manœuvres à l'emploi des capitalistes anglais[15].

Paternalisme? Racisme? Et si Durham, dans son fameux rapport, avait tout simplement fait preuve de lucidité? En quittant leurs rangs et leurs paroisses rurales pour la ville à la fin du XIXᵉ siècle, les Canadiens français ne sont-ils pas devenus en effet, comme le noble anglais l'avait prédit, un peuple de prolétaires? Ce que nous sommes d'ailleurs restés, en dépit d'une relative et trompeuse richesse dont la clef ne nous appartient pas. Car nous dépendons aujourd'hui comme hier, et peut-être encore plus qu'hier, des Anglo-Saxons, non pas tant du reste du Canada anglais que des États-Unis. Dépendance économique, politique et, de plus en plus, culturelle. Dépendance que nous entretenons sans trop nous en soucier, bien installés dans le confort de nos foyers bien chauffés. D'où la pertinence des questions que le sociologue et philosophe Fernand Dumont osa poser dans *Raisons communes* :

Si l'on admet que l'existence des nations est légitime, une question ne s'en pose pas moins : une nation comme la nôtre vaut-elle la peine d'être continuée? Les nations ne sont pas éternelles; il est vain de leur insuffler quelque vie artificielle, de condamner les individus à une culture anémique et à quelques lambeaux d'originalité sous prétexte de défendre à tout prix un héritage. [...] Qui n'a songé, plus ou moins secrètement, à la vanité de perpétuer une telle culture? Cet aveu devrait commencer toute réflexion sur l'avenir. Nous avons à répondre de la légitimité de notre culture, et plus ouvertement que nos devanciers. La plupart d'entre eux n'avaient d'autres ressources que de suivre la voie de la fatalité; beaucoup d'entre nous, plus instruits, davantage pourvus de moyens financiers, disposent des moyens de quitter ce modeste enclos sans bruit ou avec fracas, exilés de l'intérieur ou de l'extérieur. Oui, les privilégiés ont le loisir de se réfugier dans l'ironie ou la fuite.

---

15. *Le Rapport Durham, op. cit.*, p. 234 et 235.

Mais, grandes ou petites, les cultures ne meurent pas d'une subite défection. Une lente déchéance, où des éléments hérités se mélangent à ceux de l'assimilation : ainsi se poursuit, pendant des générations, l'agonie des cultures qui n'épargne que les nantis[16].

Formulée par un penseur de la trempe de Dumont, qui était par ailleurs un indépendantiste convaincu, pareille question aurait dû susciter un débat ; il semble qu'on l'ait plutôt jugée irrecevable, peut-être parce qu'elle enfreignait une censure du discours identitaire québécois, celle qu'opposent, par leur silence même, les privilégiés de la culture.

### III

J'exprime là des tourments de petites nations, que les grandes, aussi longtemps qu'elles le sont ou se font croire qu'elles le sont restées, peuvent difficilement comprendre. Combien de fois ai-je tenté en vain de convaincre des intellectuels français – en particulier de gauche, internationalistes – du bien-fondé de la question nationale québécoise ! Comment, me disais-je chaque fois, peut-on ne pas voir la précarité de notre existence collective en Amérique et, partant, la nécessité du nationalisme que cette précarité appelle, aujourd'hui non moins qu'hier ? On pourrait longuement épiloguer sur cet aveuglement du « maudit Français » ethnocentriste qui mesure toutes choses à l'aune de son universalisme républicain[17].

Mais les temps changent. Sans qu'il s'intéresse beaucoup plus qu'avant à ce qui se passe dans « la belle province », l'intellectuel français se montre en général plus sensible à l'argumentaire nationaliste québécois. Et pour cause : car la France n'échappe plus

---

16. Fernand Dumont, *Raisons communes*, op. cit., p. 77 et 93.
17. Louis Dumont a bien mis en lumière les ressorts de cette méfiance de l'intellectuel français de gauche à l'égard du nationalisme. Il explique que, si un Français peut dire : « Je suis homme par nature et français par accident », c'est que le Français « identifie naïvement sa propre culture à la culture universelle ; tout au fond, il ne reconnaît pas la réalité des cultures autres que la sienne. Il a, précise Dumont, des circonstances atténuantes. Un peuple dont la culture a dominé le monde civilisé comme la culture française au XVIIIe siècle voit son ethnocentrisme à ce point renforcé que, même deux siècles plus tard, s'il voit ses valeurs reconnues en droit par les autres peuples, il aura tendance à ravaler au rang de bizarreries ou de grossièretés, voire de turpitudes, les manières d'être qui s'écartent des siennes. De plus, si les cultures sont des manières d'être collectives, et si nos valeurs françaises et plus généralement modernes – liberté, égalité – sont individualistes, on aperçoit comment notre culture, universaliste en droit, ne peut qu'inférioriser ou sous-estimer les autres manières d'être collectives qu'elle rencontre » (*Homo Aequalis, II. L'idéologie allemande. France-Allemagne et retour*, op. cit., p. 15-16).

elle-même à l'inquiétude identitaire et à l'interrogation ouverte sur son destin national. En effet, alors qu'elle semblait, en dépit de l'humiliante débâcle de 1940, avoir retrouvé une certaine foi en son destin, grâce notamment au général de Gaulle; alors que, forte de son passé glorieux, elle pouvait, hier encore, se croire quelque chose comme une grande nation, la réalité l'a pour ainsi dire rattrapée, dissipant les dernières illusions qu'elle pouvait encore entretenir sur sa grandeur. De ce désillusionnement, d'aucuns se féliciteront comme d'un gain en lucidité. Sauf que le gain paraît bien mince en regard du désarroi identitaire dans lequel cette prise de conscience semble avoir plongé la France. Un désarroi tel que celle-ci s'est engagée dans une fuite en avant marquée par le culte inconscient de l'anglais, ou plutôt de l'américain, qui ne laisse pas de consterner l'observateur québécois que je suis. Tandis qu'au Québec on s'efforce tant bien que mal depuis une trentaine d'années[18] de redonner une nouvelle vie, une vie proprement publique, politique, à une langue qui fut soumise pendant deux siècles aux assauts constants et combien corrosifs de l'anglais, la France, elle, procède avec une légèreté sidérante à une *défrancisation en douce*. Que ce soit dans la publicité (l'horrible franglais répandu dans l'affichage commercial), dans les médias (surtout à la radio et à la télévision), dans la communication interne au sein des entreprises multinationales (voire nationales), ou encore dans les communications et les publications scientifiques, un peu partout dans la société française l'anglais gagne du terrain aux dépens du français. Comme si la France ne croyait plus en elle-même, en sa propre culture et en sa propre langue, dans la capacité de celle-ci à dire le monde dans lequel elle se trouve embarquée[19]. Comme si, fascinée par la puissance américaine, la France n'avait trouvé d'autre façon de faire son deuil de la grande nation qu'elle fut elle-même autrefois qu'en renonçant à être une nation tout court pour se fondre dans un nouveau moule politique. Être une grande nation, ou ne pas être une nation : *that is the* (prononcez *ze…*) *question*.

---

18. En 1977, le premier gouvernement du Parti québécois promulguait la Charte de la langue française (loi 101), laquelle faisait du français la seule langue officielle de l'État québécois. Depuis lors, la Cour suprême du Canada a invalidé plusieurs dispositions de cette loi québécoise, notamment celle qui restreignait l'accès à l'école anglaise aux seuls enfants dont l'un des parents a reçu son enseignement primaire en anglais au Québec.

19. Voir, à ce sujet, l'article de Jean-François Lisée, « Francophonie ? Le calvaire de l'optimiste », *L'Actualité*, 18 mars 2009 (http://www.lactualite.com/20090318_085234_4412).

Or c'est précisément cette question que récusent ceux qui, depuis quelques années, se portent à la défense de l'identité nationale de la France, au risque de passer pour des réactionnaires, des maurassiens ou des vichystes. On pourrait évoquer ici de nombreux titres[20]. L'un d'eux résume à lui seul l'inquiétude qui semble s'être emparée d'une partie, encore bien minoritaire il est vrai, de l'intelligentsia française : *La France sans identité. Pourquoi la République ne s'aime plus ?* Dans cet essai, paru en 2008 (dans une édition malheureusement bâclée), l'auteur, Paul François Paoli, tout en déplorant que la France soit devenu « un pays passablement "dénationalisé" », ajoutait cependant ceci : « On peut penser que les nations de l'Ouest européen ont fait leur temps sans pour autant être "un traître à la patrie", du moins dans une Europe occidentale qui ne désire plus que la paix et des jeux. Mais alors il ne faut pas se dissimuler l'ampleur de la question, vertigineuse. Il faut dire sur quoi fonder l'Europe de demain et sur quelle base développer la postnationalité[21]. »

La question est en effet « vertigineuse » et implique, comme l'a fortement souligné de son côté Pierre Manent, « l'effacement, peut-être le démantèlement, de la forme politique qui, depuis tant de siècles, a abrité les progrès de l'homme européen, à savoir la nation[22] ». Mais plus vertigineuse encore est la question si l'on considère que cet effacement de la nation ne préfigure aucune forme politique nouvelle susceptible, non seulement d'abriter « les progrès de l'homme européen », mais et surtout d'assurer la pérennité de la démocratie, dont la nation fut le cadre moderne d'existence. Nous ne voyons rien venir à l'horizon, sinon la *postnationalité*, ce signifiant vide qui cherche à conjurer notre vertige, à masquer les ténèbres où marche l'esprit moderne, pour évoquer la métaphore tocquevillienne[23]. Signifiant vide qui ne nous laisse en partage que l'universalisme abstrait des droits de l'homme, lesquels, comme

---

20. Mentionnons entre autres : Daniel Lefeuvre et Michel Renard, *Faut-il avoir honte de l'identité nationale ?*, Paris, Larousse, 2008 ; *Qu'est-ce que la France ?*, sous la direction d'Alain Finkielkraut, Paris, Stock, 2007 (rééd. Gallimard, Folio, 2008).

21. Paul François Paoli, *La France sans identité. Pourquoi la République ne s'aime plus ?*, Gémenos, Éditions Autres Temps, 2008, p. 153-154.

22. Pierre Manent, *La Raison des nations. Réflexions sur la démocratie en Europe*, Paris, Gallimard, 2006, p. 10.

23. « Je remonte de siècle en siècle jusqu'à l'Antiquité la plus reculée ; je n'aperçois rien qui ressemble à ce qui est sous mes yeux. Le passé n'éclairant plus l'avenir, l'esprit marche dans les ténèbres » (Alexis de Tocqueville, *De la démocratie en Amérique*, II, op. cit., p. 399).

Marcel Gauchet l'a pertinemment fait observer, «ne sont pas une politique dans la mesure où ils ne nous donnent pas prise sur l'ensemble de la société où ils s'insèrent» et ne véhiculent, au nom de la démocratie en même temps que contre elle, que «la dynamique aliénante de l'individualisme[24]» – une dynamique qui, dira ailleurs le même Gauchet, «s'est épanoui[e] idéologiquement au travers d'un procès en règle du passé, instruit spécialement au titre de péché de "nationalisme", supposé avoir constitué la matrice des iniquités et oppressions sans nombre dont l'individu a été victime. L'Europe s'est ainsi muée en terre des expiations; elle s'est mise à redéfinir son identité à partir d'une répudiation masochiste de son histoire pouvant confiner à la haine de soi[25]».

Cette «répudiation masochiste de son histoire» – dont je ne connais que trop bien la variante québécoise – sous-tend le discours des apôtres de la «repentance nationale» et autres pourfendeurs de l'identité française; elle s'affirme de façon manifeste chez Suzanne Citron, qui, dans un article intitulé «Recomposer le passé», invite ses lecteurs à «réinventer l'identité française par référence à une nation non plus gauloise, homogène et passéiste, mais plurielle, métissée et ouverte sur l'avenir[26]».

Ainsi réduite à sa caricature grossière[27], l'identité française[28] est prête à servir de repoussoir à la célébration de l'homme de partout

---

24. Marcel Gauchet, «Les droits de l'homme ne sont pas une politique», dans *La démocratie contre elle-même*, Paris, Gallimard, coll. «TEL», 2002, p. 26.
25. Marcel Gauchet, «La nouvelle Europe», dans *La condition politique, op. cit.*, p. 498.
26. Suzanne Citron, «Recomposer le passé», *Le Monde*, 5 novembre 2003; site consulté: http://www.ldh-toulon.net/spip.php?article145.
27. Caricature grossière et, en outre, dangereuse. «Il serait vain de se détourner du passé pour ne penser qu'à l'avenir. C'est une illusion dangereuse de croire qu'il y ait même là une possibilité. L'opposition entre l'avenir et le passé est absurde. L'avenir ne nous apporte rien, ne nous donne rien; c'est nous qui pour le construire devons tout lui donner, lui donner notre vie elle-même. Mais pour donner il faut posséder, et nous ne possédons d'autre vie, d'autre sève, que les trésors hérités du passé et digérés, assimilés, recréés par nous. De tous les besoins de l'âme humaine, il n'y en a pas de plus vital que le passé» (Simone Weil, *L'enracinement. Prélude à une déclaration des devoirs envers l'être humain, op. cit.*, p. 70-71).
28. Car, quoi qu'en pense l'individualisme méthodologique, la France possède, plus peut-être que toute autre nation, une identité propre, irréductible à la pluralité des individus qui la composent. Elle est, comme Pierre Chaunu, «une personne. Elle est la conscience, à travers les âges d'un être collectif qui compte infiniment plus de morts que de vivants […]. La France est une personne et le mystère d'une personnalité collective n'est pas plus épais que celui des personnages que nous formons à partir de notre être biologique» (*La France*, Paris, Éditions Robert Laffont, collection «Pluriel», 1982, p. 11).

et de nulle part, de l'homme universel, ce fantasme récurrent de l'humanité moderne que le communisme chercha au XXᵉ siècle à réaliser, avec les résultats que l'on sait. Un fantasme qui participe du déni du politique[29], plus précisément de cette idée, profondément enracinée dans l'idéologie individualiste moderne[30], selon laquelle il serait possible de construire rationnellement, contractuellement, une communauté politique, sans faire appel aux sources culturelles du politique, en faisant l'économie des médiations, et au premier chef de la médiation nationale[31]. Idée d'une «démocratie sans corps[32]», selon l'excellente formule de Pierre Manent. Toute la question est de savoir si une telle démocratie mérite encore le nom de démocratie, si l'esprit de la démocratie pourra jamais être séparé de son corps, ou à quel prix.

Prêtons attention au fait que ce mépris du corps de la démocratie, ce mépris de la nation, revêt souvent aujourd'hui la forme trompeuse du *nation building*, de l'artificialisme national comme instance de production d'un espace collectif peuplé – paradoxalement – d'individus affranchis de toutes dettes et obligations envers la collectivité. Produire une nation dénationalisée – que ce soit à la façon européenne (l'Europe nouvelle), canadienne (le Canada multiculturel et multiracial) ou encore québécoise (le Québec interculturel, ouvert et pluriel) –, tel paraît bien être le grand projet politique, ou plutôt antipolitique, de notre époque. Et c'est ce qui explique, d'ailleurs, l'opposition de Fernand Dumont au concept, pourtant largement convenu, de « nation québécoise ». Mes lecteurs québécois se souviendront sans doute du pavé que celui-ci jeta dans la mare des penseurs de la nation québécoise quand il osa affirmer qu'il n'existe pas telle chose qu'une « nation québécoise », entendant par là qu'il est absurde ou démagogique de subsumer sous un même concept de « nation québécoise » des francophones, des anglophones, des allophones et des autochtones, au motif que tous vivent au Québec, partagent le même territoire provincial québécois. « Si

---

29. Je me permets de renvoyer à mon livre : *Le philosophe et le déni du politique. Marx, Henry, Platon*, Sainte-Foy, Les Presses de l'Université Laval, 1992.
30. Voir Louis Dumont, *Essais sur l'individualisme, op. cit.*
31. « Aucune gouvernance, si sophistiquée qu'elle soit, ne viendra à bout, selon Gauchet, de l'exigence de se gouverner, laquelle suppose de renouer avec le cadre qui la rend possible. Il n'y a d'autre issue que de revenir au politique là où il se trouve et où il est destiné à rester, dans les États-nations » (*La condition politique, op. cit.*, p. 502).
32. Pierre Manent, « La démocratie sans la nation ? », dans *Enquête sur la démocratie*, Paris, Gallimard, coll. « TEL », 2007, p. 179.

nos concitoyens anglais du Québec ne se sentent pas appartenir à notre nation, si beaucoup d'allophones y répugnent, si les autochtones s'y refusent, puis-je les y englober par la magie du vocabulaire ? L'histoire a façonné une nation française en Amérique; par quelle décision subite pense-t-on la changer en une nation québécoise ?[33] »

Au Québec, ce passage de *Raisons communes* fit couler beaucoup d'encre et valut à Dumont les pires reproches, même de la part de ses compagnons de route souverainistes, dont certains allèrent jusqu'à l'accuser d'ethnicisme[34]. N'est-ce pas contre de semblables accusations qu'eurent à se défendre plusieurs opposants à la nouvelle Europe qui redoutent les conséquences culturelles et politiques de cette supernation que les bureaucrates de Bruxelles et de Strasbourg rêvent de construire ? Une supernation européenne qui se veut aussi ouverte, aussi inclusive que la nation québécoise de nos multiculturalistes provinciaux. Inclusive au point d'admettre la Turquie en son sein.

Est-ce bien parce que, peu ou mal informés, ils n'en auraient pas compris les inestimables bienfaits, que les Français, les Hollandais et les Irlandais ont dit majoritairement non à la constitution européenne ? Et si ce non témoignait plutôt d'une certaine sagesse des nations ? « C'est en effet, écrivait encore Dumont, une caractéristique des hommes de ne pouvoir vivre dans l'immédiat, où les bureaucraties les cueilleraient comme des lapins. Les hommes se souviennent, et c'est pourquoi ils sont rétifs aux organisations et veillent à leurs allégeances[35]. »

Cela soulève toute la question de la mémoire. Immense question dont je laisse à d'autres conférenciers le soin de faire entendre les diverses résonances identitaires.

---

33. *Raisons communes*, *op. cit.*, p. 64.
34. Comme l'a fait Gérard Bouchard dans son livre *La nation québécoise au futur et au passé*, *op. cit.*, p. 47-61. J'ai répliqué à Gérard Bouchard dans mon article « Nation et mémoire chez Fernand Dumont. Pour répondre à Gérard Bouchard» (article repris dans la deuxième partie du présent livre).
35. *Raisons communes*, *op. cit.*, p. 53.

# 11

# Les réformistes[*]

« L'histoire que l'on écrit est toujours fécondée par le présent » (p. 11). Cette maxime que l'on trouve au seuil du beau livre d'Éric Bédard en définit d'entrée de jeu l'intention, l'auteur prenant position à l'égard du temps où il vit, de ces « lendemains troubles des grandes espérances » (p. 12), dont le recours au passé se veut comme une manière de déchiffrer les symptômes. C'est donc d'abord en fonction du présent que l'intellection du passé se trouve ici requise ; c'est pour mieux comprendre ce « présent incertain » (p. 12) qui oblitère l'avenir que l'auteur retourne en arrière, là où s'est décidée jadis notre survivance ; c'est dans l'espoir d'en ramener quelque lumière susceptible d'éclairer l'impasse identitaire dans laquelle le peuple québécois se trouve aujourd'hui que le regard de l'historien se tourne vers « une autre génération qui avait dû affronter des défis semblables aux nôtres » (p. 11), à savoir celle des réformistes du milieu du XIXᵉ siècle, ces mal-aimés de l'historiographie québécoise, qui ne l'ont pas toujours été cependant. Les gens de mon âge se souviendront en effet de l'époque où les manuels d'histoire du Canada rangeaient Hippolyte La Fontaine dans le même panthéon que les Jacques Cartier, Samuel de Champlain, Dollard des Ormeaux et autres Marie de l'Incarnation. Puis vint la Révolution tranquille qui démythifia cette histoire édifiante et déboulonna ses héros. Ceux qui aussitôt les remplacèrent, les patriotes et les rouges, étaient certes des perdants,

---

\* Paru dans *L'Action nationale*, vol. C, nº 2, février 2010, p. 122-133, ce texte est le commentaire du livre d'Éric Bédard, *Les Réformistes. Une génération canadienne-française au milieu du XIXᵉ siècle*, Montréal, Boréal.

mais (pour paraphraser Leonard Cohen) des *perdants magnifiques*, des *beautiful losers*, vis-à-vis desquels les réformistes faisaient figure d'opportunistes, voire de traîtres ou de collaborateurs[1].

Or c'est précisément ce jugement, encore largement répandu, que nous force à revoir la monographie d'Éric Bédard sur les réformistes. A-t-on affaire ici à une entreprise de réhabilitation? Sans doute s'agit-il de rendre justice à des hommes que l'on a trop souvent condamnés sans autre forme de procès. D'ailleurs, l'auteur souligne la quasi-absence d'études sérieuses sur les idées réformistes alors que l'on dispose de nombreux travaux sur la pensée des rouges ou sur celle des ultramontains. Cela dit, Bédard s'empresse de se démarquer d'une certaine «revalorisation» dont les réformistes ont été l'objet au cours des dernières années, tant au Canada anglais qu'au Québec (notamment chez Jocelyn Létourneau), revalorisation qu'il associe à «une volonté de donner un nouveau sens à l'expérience canadienne», à «une tentative de contrecarrer le grand récit historique des Québécois» (p. 32).

On objectera la parfaite symétrie du traitement auquel Éric Bédard soumet les réformistes. Ne les enrôle-t-il pas à son tour sous une autre bannière, celle du grand «récit historique des Québécois» qu'il cherche à réactualiser? Sans doute. Mais peut-on faire grief à l'historien d'être un sujet dans l'histoire et d'écrire pour son temps? Qu'est-ce qu'«une fièvre historienne» qui ne serait commandée que par la pure recherche de la vérité, et non par la vie?, demandait Nietzsche. Qu'est-ce que la recherche historique sans cette *inquiétude* dont Lucien Febvre lui-même faisait, dans une conférence célèbre, «le ressort moteur» de l'historien, le poussant à «repenser quand il le faut, et dès qu'il le faut, les résultats acquis pour les réadapter aux […] conditions d'existence nouvelles que le temps et les hommes, que les hommes dans le cadre du temps, ne cessent de se forger[2]». S'il appartient à la science historique d'opposer aux représentations communes un discours rationnel et bien documenté, le métier d'historien n'en comporte pas moins une fonction civique, sinon une mission sociale, celle de participer à la construction de la conscience historique, *a fortiori* quand le présent se révèle aussi «incertain» qu'il peut l'être aujourd'hui pour les Québécois. Que cet engagement de l'historien suscite des conflits d'interprétation,

---

1.  Voir Stéphane Kelly, *La Petite Loterie*, Boréal, 1997.
2.  Lucien Febvre, *Combats pour l'histoire*, Paris, Armand Colin, coll. «Agora». 1992, p. 20.

on ne saurait ni s'en étonner ni le déplorer dans une société qui se veut démocratique, où le sens de l'histoire collective n'est jamais fixé une fois pour toutes, mais doit demeurer au contraire un enjeu politique permanent.

On connaît l'engagement politique d'Éric Bédard, notamment le combat qu'il mène, avec d'autres « conservateurs », contre la réforme de l'éducation que cherchent à nous imposer les apôtres du pédagogisme. Avec *Les Réformistes*, c'est sur le terrain même de l'historiographie qu'il poursuit sa résistance au *Zeitgeist*, en remettant en question un certain nombre d'idées reçues sur une « génération » d'hommes qui ont porté sur eux « le lourd poids de la responsabilité politique en temps de crise » (p. 34). Cette remise en question me paraît s'appuyer sur une triple (re)valorisation : 1) de *l'histoire politique et nationale*, « négligée ou malmenée par les historiens de la génération précédente [...] très inspirée par l'école française des Annales ou par le marxisme, souvent par les deux » (p. 12-13) ; 2) de *l'événement*, mais dans une optique fort différente de l'histoire positiviste du début du XX<sup>e</sup> siècle – l'événement qui s'est trouvé lui aussi délégitimé, au moins partiellement, par l'École des Annales ; 3) du *sujet-acteur*, chassé de la scène de l'histoire savante québécoise depuis déjà pas mal de temps.

L'auteur de ces lignes, qui n'appartient pas à la communauté historienne, a-t-il tort de voir dans le livre d'Éric Bédard l'indice, parmi d'autres, d'un tournant historiographique, d'une mutation épistémologique en train de s'opérer au Québec ? Après quelques décennies d'histoire dite « révisionniste », la subjectivité de l'historien est peut-être sur le point de reprendre ses droits, de redevenir l'un des lieux d'ancrage de notre mémoire historique, réhabilitant du même coup les acteurs de l'histoire (ici les réformistes) que l'on avait congédiés au nom du déterminisme des structures économico-sociales. Cette promotion du sujet-acteur sur la scène historique caractérise par-dessus tout le geste historien d'Éric Bédard, ce que lui-même nomme sa « posture épistémologique », qu'il explicite en ces termes dans la conclusion de l'ouvrage :

> J'ai toujours cru à une certaine autonomie des acteurs et à la puissance des idées. Pour saisir les intentions primordiales d'un groupe d'hommes comme les réformistes, il faut faire plus que tracer un profil sociologique, plus qu'établir la liste des actions concrètes, il faut aussi lire et analyser les écrits qu'ils ont laissés, tenter de saisir les nuances et les contradictions de leur pensée. Cette posture épistémologique vaut

pour les réformistes comme pour ceux qui pensent, écrivent et agissent aujourd'hui. En effet, si nous nous reconnaissons une part de liberté dans les décisions que nous prenons tous les jours, pourquoi refuser cette liberté de penser aux hommes du XIX$^e$ siècle? Pourquoi présumer qu'ils pensaient ceci ou cela parce qu'ils étaient des «bourgeois»? (p. 319).

On comprend mieux dès lors pourquoi l'auteur refuse de définir *a priori* la pensée réformiste. Ce qu'il présente comme son «parti pris empiriste» (p. 25) me paraît motiver surtout par le souci d'échapper à ce que Raymond Aron appelait l'«illusion rétrospective de fatalité», cette tentation faustienne (à laquelle un Gérard Bouchard a plus d'une fois succombé…) qui consiste à projeter les savoirs et les préjugés du présent sur le passé et à ordonner la trame historique en vue d'une fin déjà connue par l'historien, comme si les événements n'auraient pas pu être autrement qu'ils ont été. Bédard se prononce d'ailleurs sans ambiguïté contre la perspective historico-centrique de Bouchard (*cf.* p. 315 et 330), à laquelle il oppose la méthode plus empathique que Fernand Dumont pratique dans *Genèse de la société québécoise*, œuvre qu'il nous invite d'ailleurs (p. 316) à relire pour mieux comprendre «le drame existentiel» des réformistes. En termes aroniens, on pourrait dire que le drame des réformistes ne saurait être compris qu'à la condition de *défataliser* le passé, de lui redonner sa dimension de contingence et d'indétermination, bref de lui restituer sa qualité de présent, ce présent qu'il fut pour ceux qui le vécurent. Comme l'a souligné de son côté Paul Ricœur: «Les hommes du passé ont été comme nous des sujets d'initiative, de rétrospection et de prospection[3].»

Ces remarques préliminaires visaient à rendre l'esprit général d'un ouvrage qui n'a rien de vraiment polémique, bien qu'il s'inscrive résolument dans le sillage de Fernand Dumont, dont l'auteur se réclame d'ailleurs ouvertement dès les premières pages. Mais il s'inscrit également, de façon peut-être moins explicite, dans la lignée de François-Xavier Garneau, dont Bédard déplore au passage que «la dimension "nationale" de l'œuvre» ait été occultée par «les rares historiens» qui s'y intéressent encore» (p. 270). Une lignée conservatrice? Oui, si être conservateur signifie se porter à la défense d'une identité menacée comme elle l'était à l'époque de Garneau et comme elle le demeure aujourd'hui. Oui, si être conservateur veut

---

3. Paul Ricœur, *La mémoire, l'histoire, l'oubli*, Seuil, 2000, p. 497.

dire (pour citer Dumont) faire « l'effort pour [se] réapproprier quelque chose de ce que [les gens d'autrefois] ont senti afin de rendre un peu intelligible ce qu'ils ont vécu[4] ».

Dans la mesure où il participe de cet effort de réappropriation du présent dans le passé, de cet effort d'actualisation de la mémoire, le projet d'Éric Bédard de rendre justice aux réformistes dépasse l'enjeu strictement historiographique, du moins tel qu'on tend souvent à le réduire. Il veut témoigner à la fois d'une dette et d'un héritage, celui de la survivance canadienne-française, à soumettre à inventaire.

\* \* \*

Mais qui sont au juste ces réformistes auxquels l'historien Éric Bédard a consacré de longues années de recherche et de réflexion ? À quoi se reconnaissent-ils ? Et puis, surtout, qu'ont-ils dit et fait qui mériterait que l'on portât sur eux un autre jugement, moins sévère et moins définitif que celui dont ils furent l'objet ?

Étienne Parent, Louis-Hippolyte La Fontaine, Augustin-Norbert Morin, George-Étienne Cartier, Joseph-Édouard Cauchon, Pierre-Joseph-Olivier Chauveau, Antoine Gérin-Lajoie et Hector Langevin : tels seraient les huit principaux acteurs de cette « génération » réformiste qui occupa le devant de la scène politique canadienne-française au cours des deux décennies qui suivirent l'Acte d'Union de 1840. Autour de ce « noyau dur » graviterait un certain nombre d'individus moins engagés politiquement, parmi lesquels l'auteur fait ressortir trois figures importantes : Wolfred Nelson, Joseph-Guillaume Barthe et François-Xavier Garneau.

Qu'ont en commun tous ces personnages ? D'abord, « un événement tragique » : l'écrasement des rébellions de 1837-1838 et l'Acte d'Union qui s'ensuivit et que chacun d'eux finira, non sans réticences, par accepter, tout en misant sur le gouvernement responsable, que Londres concédera en 1848. Quoi d'autre ? Une commune opposition à l'annexion aux États-Unis, que prôneront de leur côté les rouges, du moins un grand nombre d'entre eux. Mais encore ? Qu'est-ce qui fait l'unité de cet ensemble professionnellement hétérogène de politiciens, de hauts fonctionnaires, de journalistes et d'écrivains ? De quelle doctrine, de quelle idéologie politique se

---

4.   Fernand Dumont, *Genèse de la société québécoise, op. cit.*, p. 330.

réclament-ils? Les réformistes sont-ils des conservateurs ou des libéraux? Des hommes de droite ou de gauche? Bref, que recouvre l'appellation passablement vague de réformistes? À cette question, Bédard répond que les réformistes – qui, exception faite d'Étienne Parent, ne sont pas des hommes d'idées, des intellectuels – ont en commun une «sensibilité particulière» et «quelques principes d'action» (p. 25 et 20). Force est d'admettre qu'il s'agit là de formules bien vagues, mais c'est délibérément qu'elles le sont, en vertu de cette prudence méthodologique que j'ai déjà évoquée plus haut et qui me paraît de bon aloi s'agissant de termes tels que libéralisme, conservatisme ou encore nationalisme, que l'on n'entend évidemment pas à l'époque dans le même sens qu'aujourd'hui, où leur définition est d'ailleurs loin de faire l'unanimité. Cette prudente réserve me paraît d'autant plus légitime qu'elle recèle ici une valeur heuristique, puisqu'elle donne lieu à une contextualisation très fine des idées réformistes qui révèle en effet toute la difficulté de définir une pensée qui s'est formée pour ainsi dire sur le tas, une pensée qui dut naviguer à vue dans le «brouillard épais» de ces années-là.

Le premier chapitre, intitulé «Prudence et modération», nous fait sentir toute l'épaisseur de ce brouillard qui tombe au cours de l'été 1837, lorsque, après le rejet par Londres des 92 Résolutions – qui avaient reçu l'appui de tous les leaders canadiens –, il s'agit de décider d'une stratégie, de choisir la radicalisation ou la modération. Tandis qu'à Montréal l'état-major patriote, Papineau en tête, opte pour l'affrontement armé, à Québec, Étienne Parent – «l'intellectuel phare du réformisme canadien-français» (p. 76) – exhorte à la plus grande prudence. Pour le rédacteur du *Canadien*, le jusqu'au-boutisme du parti patriote, face à l'armée la plus puissante du monde, ne peut mener qu'à la ruine. Quant au soutien armé du gouvernement américain, sur lequel misent les patriotes, non seulement Parent n'y croit guère, mais il est persuadé qu'un tel appui se solderait à terme par l'annexion aux États-Unis. Si la position de Parent a le mérite de la cohérence, on ne peut en dire autant de celle de La Fontaine et de Morin, eux qui, après avoir largement contribué à la radicalisation du mouvement patriote, vont condamner publiquement, en novembre 1837, la stratégie des patriotes. Comment expliquer une telle volte-face de la part de ceux qui deviendront, après 1840, les deux figures de proue du réformisme canadien-français? L'auteur souligne à quel point le silence que La Fontaine et Morin ont gardé, en privé comme en public, sur les raisons de leur revirement ont pu faire le jeu de leurs adversaires, qui n'hésiteront pas à les accuser d'opportunisme, sinon de trahison. Bien que l'historien n'écarte pas une certaine part d'ambition personnelle chez La Fontaine, il refuse toutefois d'imputer sa décision à ce seul motif. Ni La Fontaine, ni Morin, ni Parent ne furent des « chouayens » (ces Canadiens français qui combattirent le parti de Papineau dès 1832), et aucun d'eux ne cessa de dénoncer la répression exercée par l'oligarchie anglaise, quitte à payer de leur personne (tous les trois furent jetés en prison, Étienne Parent y demeurant même presque quatre mois au cours de l'hiver 1839, dans des conditions extrêmement éprouvantes). Citant des extraits du journal que La Fontaine a tenu durant son voyage aux États-Unis et en Angleterre, en 1838, Bédard montre que la lecture que ce dernier fait des événements rejoint celle de Parent et que les « compromis » auxquels il finit par consentir lui sont dictés par la volonté de préserver une nationalité, un « nous », qui, « menacé plus que jamais par ses ennemis héréditaires […] vit alors ses heures les plus graves » (p. 55).

Les chapitres 2, 3 et 4 visent à expliciter les idées politiques, économiques et sociales des réformistes, celles qu'ils tâcheront tant bien que mal de mettre en œuvre après « la grande victoire "libérale" » que fut pour eux l'obtention du gouvernement responsable, en 1848. Les réformistes tendront en effet pour la plupart à se définir comme des libéraux, mais leur libéralisme, précise l'auteur, « n'est pas une quête de liberté en faveur de l'individu – l'individu abstrait ou "sujet de droit" –, c'est une lutte pour la reconnaissance d'une nationalité distincte qui s'est sentie marginalisée » (p. 95). Plutôt progressistes sur les plans économique et social, les réformistes sont conservateurs sur le plan politique, car ils craignent les « effets potentiellement dangereux de la démocratie sur la cohésion de la nationalité canadienne-française » (p. 110). Mais, plus encore qu'une crainte de la démocratie, ce que Bédard met en évidence, à la suite de quelques autres (André-J. Bélanger, Ralph Heintzman, Fernand Dumont, Yvan Lamonde) – en quoi il n'a pas tout à fait raison d'affirmer que cette question a été éludée (*cf.* p. 125) –, c'est « le rapport trouble » que les politiciens réformistes entretiennent avec *le* politique et qui s'expliquerait par la « peur bleue de la division, probablement typique des nations minoritaires qui craignent pour leur survie » (p. 127). Traumatisés par la division des forces politiques dont ils furent pourtant eux-mêmes largement responsables en 1837, les réformistes développent une «hantise de la délibération» en même temps qu'une véritable «obsession de la cohésion, de la concorde et de l'unité» (p. 100), obsession qui ne pouvait engendrer qu'une définition exclusivement *culturelle* de la nation canadienne-française, où celle-ci était appelée (comme Fernand Dumont l'a bien montré dans *Genèse*…) à se perpétuer sans projet politique, sinon celui de la survivance, dont l'Église se fera, jusqu'à la Révolution tranquille, le principal interprète.

À propos du rapport des réformistes au religieux, qu'il examine au chapitre 5, l'auteur marque son désaccord avec l'opinion d'Yvan Lamonde selon laquelle ce sont les réformistes qui auraient, dès 1846, scellé l'alliance du politique et du religieux. Pour Bédard, l'attitude des réformistes des années 1840-1850 à l'égard de la religion ne saurait être assimilée à celle des «conservateurs québécois de 1875 qui ont offert le système d'éducation à l'Église sur un plateau d'argent» (p. 214). S'appuyant sur de nombreuses citations tirées notamment de la presse réformiste (*La Minerve*, *Revue canadienne*, *Le Journal de Québec*), il insiste sur «le fossé qui peut séparer les réformistes et le haut clergé» (p. 216), mais sans nier pour autant l'importance que ceux-ci, «par souci de cohésion et d'unité», ont reconnue à l'Église en tant qu'«institution nationale fondamentale». À cet égard, note-t-il, la position «sociologique» d'un Étienne Parent sur la nécessité sociale du religieux ne diffère guère de celle que défendent à la même époque, en France, Alexis de Tocqueville et Frédéric Le Play (*cf.* p. 242-252).

Le sixième et dernier chapitre s'applique à cerner de plus près la conception que les réformistes se faisaient de cette nation canadienne-française à laquelle ils ont eux-mêmes contribué à fournir (François-Xavier Garneau le premier, bien sûr) une conscience historique, une *référence* (au sens dumontien du terme). C'est sans doute dans ce chapitre que Bédard se montre le plus sévère à l'endroit de l'historiographie révolutionnaire-tranquille et de son principal représentant actuel, Gérard Bouchard, à qui il reproche sa «perspective pour le moins tranchée et sans empathie» sur la génération réformiste, une «perspective [qui] colle à la mémoire collective de la "grande noirceur"». Là où ce dernier décèle une «"vision passéiste, défensive et repliée de la nation"», qui équivaudrait à un rejet pur et simple de l'américanité (p. 315), Bédard trouve chez les réformistes – textes à l'appui et en accord cette fois avec Yvan Lamonde – un rapport beaucoup plus complexe et nuancé à l'Amérique. Car si les réformistes étaient pour la plupart hostiles à l'annexion aux États-Unis – qu'ils voyaient, à bon droit, comme « le tombeau de la nationalité franco-canadienne » (p. 304) –, rien n'autorise à en déduire qu'ils étaient tous réfractaires aux valeurs et à l'esprit du Nouveau Monde, beaucoup s'en faut. Sauf qu'ils avaient bien du mal, comme nous encore aujourd'hui, à distinguer ce Nouveau Monde du monde étasunien.

En guise de conclusion, l'auteur cherche d'une certaine façon à répondre à la grande question qui a aiguillonné toute sa recherche, celle de savoir ce que les Québécois d'aujourd'hui, aux prises avec un « présent incertain », pourraient ou devraient peut-être retenir de cette génération réformiste qui, à l'époque peut-être la plus décisive de notre histoire, releva les défis de la responsabilité politique et de la survivance nationale. Bien qu'il ne réponde pas directement à la question, on croit comprendre entre les lignes qu'après l'épisode révolutionnaire-tranquille (dont ceux de ma génération dite « lyrique » éprouvent souvent beaucoup de peine à faire le deuil, un peu comme les rouges en eurent à faire celui de la république) le temps est venu, le temps presse de « conserver l'essentiel », et que seule une nouvelle génération serait en mesure de s'acquitter de cette tâche-là, une génération qui soit semblable à celle des réformistes, « obsédée par l'unité politique, soucieuse de prospérité économique, préoccupée par la réhabilitation des marginaux, et allergique aux ruptures radicales ». Une génération que l'on pourrait qualifier, « faute de mieux, de "conservatrice" » (p. 329).

Au début de son premier chapitre, Éric Bédard a placé en exergue cette déclaration d'Étienne Parent : « Nous sommes des Réformistes, nous cessons d'être des Révolutionnaires. » Il se pourrait que ce fût là le dernier mot d'Éric Bédard, et, qui sait, peut-être aussi le mot d'ordre d'une nouvelle génération réformiste.

# 12

# De quoi payons-nous le prix : de la défaite ou d'y avoir survécu ?*

*Or je vois nos êtres en détresse dans le siècle
je vois notre infériorité et j'ai mal en chacun de
nous.*

GASTON MIRON

*Pour moi, ce qui fait la raison d'appartenir à ce
peuple-ci, de se solidariser avec lui, c'est le caractère
extraordinairement tragique de son histoire, cette
recherche pénible de soi.*

FERNAND DUMONT

L e titre de cette conférence se veut délibérément provocant. Car mon intention n'est pas tant ici de discourir savamment sur notre histoire que de vous transmettre une part de mon inquiétude touchant l'avenir de ce que le chanoine Groulx appelait «notre petit peuple». Vous voyez qu'en évoquant d'entrée de jeu l'auteur de *Notre maître, le passé*, je ne crains ni l'anachronisme ni le procès d'intention.

* Ce texte, dont je reprends ici avec quelques modifications mineures la version parue dans *L'Action nationale*, vol. C, nᵒˢ 5-6, mai-juin 2010, p. 58-72, est tiré d'une conférence prononcée le 12 mars 2010 lors du colloque «Vainqueurs ou vaincus? L'influence des idéologies sur la mémoire et l'histoire», sous les auspices de l'Association des étudiants en histoire de l'Université du Québec à Trois-Rivières.

J'aurai bientôt soixante ans. J'ai grandi à la fin d'une époque et au commencement d'une autre, à cheval entre deux cultures, dans ce clair-obscur entre la grande noirceur et les lumières de la Révolution tranquille. Et j'ai suffisamment connu ladite noirceur pour ne point la regretter, bien que je n'entretienne ni rancœur ni mépris pour ce que Fernand Dumont qualifia de «modeste mais troublante tragédie[1]», ce que fut en effet la survivance canadienne-française. Quant à la Révolution tranquille, j'avoue qu'il m'arrive de plus en plus fréquemment d'en éprouver la nostalgie, peut-être parce que je vieillis et que la Révolution tranquille évoque le temps de ma jeunesse, cette période de la vie où tout est encore possible, où l'avenir est vertigineusement ouvert. En quoi j'aurai vécu ma jeunesse en phase avec l'époque où elle s'est déroulée, car le Québec de la Révolution tranquille fut celui de toutes les promesses, celui où, après une longue hibernation, la société québécoise paraissait renaître à elle-même, en revendiquant haut et fort son droit à l'existence, et non plus seulement à la survivance. Comme si l'horizon s'éclaircissait soudain, dévoilant un espace illimité de liberté que ceux de ma «génération lyrique», les *baby-boomers*, explorèrent tous azimuts, au risque parfois de s'y perdre.

Un demi-siècle plus tard, cet horizon s'est effacé, nous laissant comme orphelins d'un avenir que nous avions cru nôtre. Le train de l'histoire est passé et nous n'avons pas su le prendre. Il est passé à deux reprises, en 1980 et en 1995. Il ne roulait pourtant pas très vite, le train de la souveraineté-association. Celui de 1995 était d'ailleurs traîné par une vieille locomotive recyclée du Pacific Canadien: la locomotive Bouchard, plus conforme que la locomotive Parizeau aux normes de sécurité canadiennes, donc plus susceptible de rassurer les voyageurs timorés. Nos ingénieurs référendaires s'étaient dit qu'avec une locomotive comme celle-là les Québécois hésiteraient moins à prendre le grand train de l'histoire. Apparemment, le calcul n'était pas mauvais, puisque, comme vous le savez, il s'en est fallu de très peu pour qu'ils soient une majorité à y monter. Sauf qu'avec une locomotive aussi incertaine que la Bouchard, je doute fort que le train nous eût conduit dans un nouveau pays.

Quoi qu'il en soit, deux défaites référendaires plus tard, le projet d'indépendance du Québec, qui fut l'un des moteurs, sinon le

---

1.  *Genèse de la société québécoise, op. cit.*, p. 331.

principal moteur de la Révolution tranquille, ce projet se trouve aujourd'hui dans une impasse qui me paraît de plus en plus insurmontable. On dira que j'exagère et que je capitule à mon tour. Capitulard, non, mais pessimiste, assurément. Car comment ne pas l'être devant les « sombres temps » qui s'en viennent, et d'autant plus inexorablement que l'on se refuse à les voir venir, tels ces autruches qui, pour échapper à la menace et à la peur, se plongent la tête dans le sable. À la fin de sa vie, quelques semaines avant le référendum de 1995, Fernand Dumont – dont nos jovialistes ont maintes fois fustigé le pessimisme – déclarait ceci dans une entrevue : « Je crois que nous sommes devant le *désarroi*. Personne ne le dit trop officiellement, personne n'ose l'avouer parce que, évidemment, comme discours, ça n'a pas beaucoup d'avenir et surtout ça ne peut pas être beaucoup détaillé. » Et il ajoutait, à propos du discours de nos élites, celles qui justement ont fait la Révolution tranquille, que leur discours ne représente plus « les inquiétudes, les désarrois de notre société, qui est confrontée au vide et à la menace – qu'on n'ose pas envisager en face – de sa disparition[2] ».

Disparition : le mot est fort. Mais je crois qu'il ne l'est pas trop. Dans *Raisons communes*, le même Dumont écrivait ces lignes terribles que d'aucuns ne lui ont d'ailleurs jamais pardonnées :

> Qui n'a songé, plus ou moins secrètement, à la vanité de perpétuer une telle culture [québécoise] ? Cet aveu devrait commencer toute réflexion sur l'avenir. Nous avons à répondre de la légitimité de notre culture, et plus ouvertement que nos devanciers. La plupart d'entre eux n'avaient d'autres ressources que de suivre la voie de la fatalité ; beaucoup d'entre nous, plus instruits, davantage pourvus de moyens financiers, disposent des moyens de quitter ce modeste enclos sans bruit ou avec fracas, exilés de l'intérieur ou de l'extérieur. Oui, les privilégiés ont le loisir de se réfugier dans l'ironie ou la fuite. Mais, grandes ou petites, les cultures ne meurent pas d'une subite défection ou d'une brusque décision. Une lente déchéance, où des éléments hérités se mélangent à ceux de l'assimilation : ainsi se poursuit, pendant des générations, l'agonie des cultures qui n'épargne que les nantis[3].

Les signes de cette « lente déchéance », de notre disparition tranquille, vous les soupçonnez sans doute, encore que vous soyez probablement (et cela se comprend) réticents à les reconnaître comme tels, préférant y voir les signes d'autre chose de beaucoup

---

2. *Fernand Dumont, un témoin de l'homme, op. cit.*, p. 302-303.
3. Fernand Dumont, *Raisons communes, op. cit.*, p. 94.

moins dramatique, ceux par exemple d'une crise passagère de notre conscience collective. Ainsi on entend souvent dire que, si le projet souverainiste ne soulève plus grand enthousiasme dans la population, il n'y aurait pas lieu de trop s'en inquiéter puisque ce n'est pas la première fois dans notre histoire nationale que nous connaissons ce genre de torpeur. Il suffirait au fond d'attendre quelques années avant que ne se ravive la flamme nationaliste. Mais de quel nationalisme parle-t-on ici ? Je ne doute pas que la plupart des Québécois francophones soient encore et toujours nationalistes au sens où ils demeurent attachés à leur nation, à laquelle ils sentent bien, sans toujours pouvoir l'exprimer, qu'ils doivent une part essentielle de leur être. En ce sens-là, les Québécois d'aujourd'hui ne sont pas moins nationalistes que ne l'étaient leurs ancêtres et que ne le seront sans doute leurs enfants et leurs petits-enfants. Je parierais même que les Québécois demeureront nationalistes jusqu'à leur dernier souffle, voire au-delà, je veux dire lorsqu'ils n'auront même plus de mots français pour exprimer leur attachement à leur défunte patrie, comme dans la chanson *Mommy* qu'interprétait naguère Pauline Julien et qu'a reprise l'incomparable Fred Pellerin, une chanson dont je me permets de vous citer la dernière strophe :

*Mommy, daddy, how come we lost the game ?*
*Oh mommy, daddy, are you the ones to blame ?*
*Oh mommy, tell me why it's too late, too late, much too late ?*

Toujours est-il que, si les Québécois d'aujourd'hui sont restés nationalistes, leur nationalisme commence à ressembler dangereusement à celui de leurs ancêtres, au nationalisme canadien-français, dont ceux de ma génération et de la génération immédiatement antérieure ont fait le procès dans les années 1950 et 1960, le rejetant au nom du néonationalisme, c'est-à-dire d'un nationalisme non plus strictement culturel et conservateur, mais politique et axé sur l'indépendance du Québec. Or il semble bien qu'après les deux défaites référendaires, et surtout depuis la seconde, nous soyons revenus à la survivance, mais à une survivance exsangue en ceci qu'elle ne participe plus d'une idéologie globale, comme c'était le cas avec la survivance canadienne-française. J'entends par idéologie globale un ensemble de représentations collectives, de symboles et de valeurs partagées qui fondent et justifient l'existence d'une communauté humaine, le plus souvent en l'idéalisant. Telle était l'idéologie de la survivance, dont l'Église catholique fut la matrice et la gardienne pendant plus d'un siècle. Quels qu'aient été ses inconvénients, ses défauts et ses excès, quels que fussent les mythes et les illusions dont elle se nourrissait, il n'en demeure pas moins que c'est grâce à cette idéologie dite clérico-nationaliste, et à la fonction identitaire qu'elle remplissait, que nous avons survécu comme nation distincte en Amérique, que nous avons pu persévérer dans notre être canadien-français. Louis Hémon, dans son fameux roman *Maria Chapdelaine*, écrit en 1912, a bien dégagé le sens de cette idéologie essentiellement conservatrice. Je cite, presque de mémoire :

> Nous sommes venus il y a trois cents ans, et nous sommes restés... Ceux qui nous ont menés ici pourraient revenir parmi nous sans amertume et sans chagrin, car s'il est vrai que nous n'ayons guère appris, assurément nous n'avons rien oublié [...]. De nous-mêmes et de nos destinées, nous n'avons compris clairement que ce devoir-là : persister... nous maintenir... Et nous nous sommes maintenus, peut-être afin que dans plusieurs siècles encore le monde se tourne vers nous et dise : Ces gens sont d'une race qui ne sait pas mourir... Nous sommes un témoignage[4].

Ce témoignage que nous étions avait pour support une idéologie globale, une idéologie ancrée dans une culture traditionnelle dont la religion catholique formait le cœur. Inutile de vous dire que ce cœur ne bat plus très fort. D'où la question qui se pose à nous depuis la Révolution tranquille, et avec toujours plus d'acuité : comment parviendrons-nous à justifier notre existence collective sans la religion catholique ; autrement dit, sur quoi reposera désormais notre identité collective ? Ce n'est sans doute pas un hasard si, depuis plus de quarante ans, notre débat national focalise sur la langue française, car celle-ci demeure à coup sûr notre caractère le plus distinct. Serait-ce le seul qu'il nous reste ? Cette langue, que nous prétendons aimer mais que nous parlons et écrivons si mal, suffira-t-elle à elle seule à justifier la poursuite de notre aventure collective sur un continent où le français ne compte pratiquement pour rien ? Cette langue qui se folklorise depuis longtemps et dont la loi 101, malgré tous ses effets combien salutaires, ne parvient pas néanmoins à enrayer le déclin, en particulier à Montréal ; cette langue française que nous ont léguée nos mères et nos pères (nos *mommies* et nos *daddies*...), pourrons-nous continuer encore longtemps à la parler de préférence à l'anglais, sans que nous nous donnions des raisons plus solides de la pratiquer que celle de la

---

4.   Louis Hémon, *Maria Chapdelaine*, *op. cit.*, p. 197-198.

simple commodité de l'échange, des raisons qui tiennent à la continuité de notre histoire et à la valeur de notre culture commune ?

Mais je laisse de côté cette troublante question pour revenir à
celle qui lui est en quelque sorte préalable et qui donne son titre à
ma conférence : « De quoi payons-nous le prix, de la défaite ou d'y
avoir survécu ? » Cette question découle du constat que je viens
d'esquisser ; elle procède de la prise de conscience de l'impasse
actuelle et du risque de dissolution identitaire auquel nous expose
aujourd'hui notre incapacité collective d'accomplir la grande
promesse politique de la Révolution tranquille. Comment expliquer
cette incapacité ? Comment expliquer notre impuissance ? C'est la
question à laquelle je voudrais maintenant tenter de répondre plus
directement, en délaissant les symptômes pour porter mon attention
sur les causes que ces symptômes révèlent et cachent en même
temps. Mon diagnostic, je vous en préviens, ne sera pas très original,
puisqu'il s'inspirera largement de celui que pose Fernand Dumont
dans *Genèse de la société québécoise*, un ouvrage magistral dont je ne
saurais trop vous recommander la lecture.

* * *

Alors, de quoi payons-nous le prix ? Serait-ce encore et toujours
de cette défaite inaugurale et pour ainsi dire fatale que fut la
Conquête ? L'affirmer reviendrait ni plus ni moins à entériner la
thèse qu'ont soutenue, à une certaine époque, les historiens de
l'École de Montréal, les Frégault, Séguin et Brunet, qui firent de la
Conquête « une catastrophe irréparable » et de l'indépendance un
objectif aussi légitime qu'irréalisable. Certes, on ne peut nier que la
Conquête fut un événement politiquement, économiquement et
culturellement déterminant. Aussi est-il faux de prétendre, comme
l'ont fait les historiens de l'École de Québec, que (et je cite l'un
d'eux) la Conquête fut « un simple changement d'allégeance qui n'a
pratiquement rien modifié à notre évolution culturelle[5] ». Comme
si la Conquête n'avait été qu'une affaire entre deux grandes
puissances coloniales. Comme si la cession à l'Angleterre du Canada
n'avait pas eu d'effet sur le destin de ceux qui y étaient installés
depuis plus d'un siècle. Cela dit, à trop fixer l'attention sur la
Conquête, les historiens de l'École de Montréal ont peut-être un peu
perdu de vue la portée d'autres événements sur notre mémoire

---

5.  Marcel Trudel, cité par Fernand Dumont, *Genèse de la société québécoise, op. cit.*, p. 362,
    note 2.

collective ; je pense par-dessus tout, bien sûr, à la défaite des patriotes et à l'Acte d'Union de 1840, événements à la suite desquels s'échafaudera l'idéologie de la survivance canadienne-française. Car celle-ci ne s'est pas décidée en 1760, tant s'en faut. Revenons un peu sur les conditions qui l'ont rendue possible.

Après la Conquête, compte tenu de leur très petit nombre et de la volonté assimilatrice du vainqueur, les Canadiens (français) étaient voués à devenir à terme, grâce notamment à l'immigration anglaise, des sujets britanniques de plein droit, c'est-à-dire des anglo-protestants. Si ce plan d'assimilation s'était réalisé tel que prévu, non seulement n'aurions-nous pas gardé assez de souvenirs de notre passé français pour chanter *Mommy*, mais le mot « Conquête » lui-même n'eût probablement jamais figuré dans nos livres d'histoire – où il tend du reste à disparaître au nom d'une certaine rectitude politique. Quoi qu'il en soit, l'histoire étant souvent imprévisible, le plan d'assimilation du conquérant ne s'est pas réalisé. Pourquoi ? Eh bien d'abord parce que très tôt, comme vous le savez, l'Angleterre s'est trouvée forcée de faire d'importantes concessions aux vaincus. Les concessions contenues dans l'Acte de Québec, en 1774, n'étaient pas dictées par la générosité, mais par la conjoncture. Les colonies du Sud avaient commencé à lutter pour leur indépendance, qu'elles réaliseront deux années plus tard, en 1776. Aussi, en accordant des droits aux Canadiens (principalement celui pour les catholiques de participer au gouvernement civil), l'Angleterre comptait obtenir en échange la loyauté de la population conquise, en particulier de l'Église catholique, laquelle devait en effet par la suite multiplier les serments de loyauté envers le monarque anglais. En outre, en gardant les Canadiens différents de leurs voisins, en les maintenant à la fois dans l'ignorance de la langue anglaise et dans le catholicisme, les Britanniques réduisaient d'autant les dangers que les Canadiens se fassent contaminer par les idéologies révolutionnaires des Américains, qui parlaient anglais et étaient protestants. Il s'agissait, autrement dit, d'enfermer les Canadiens dans leur réserve francophone et catholique, jusqu'à ce qu'adviennent des conditions plus favorables qui permettent leur assimilation pure et simple. Car, dans l'esprit du conquérant, l'assimilation n'était qu'une question de temps, de délai. Comme l'écrira lord Durham dans son célèbre rapport, les Canadiens français finiront bien par s'assimiler « by the working of natural causes », et pour leur bienfait même, étant donné l'infériorité économique et culturelle de ce « peuple sans histoire et sans littérature ». « En vérité, écrit encore Durham en 1839, je serais étonné si, dans les circonstances, les plus réfléchis des Canadiens français entretenaient à présent l'espoir de continuer à préserver leur nationalité. Quels que soient leurs efforts, il est évident que le processus d'assimilation aux usages anglais est déjà commencé[6]. »

Durham s'est trompé : le processus d'assimilation, qui était en effet déjà amorcé à son époque, ne s'est pas réalisé tel qu'il l'avait prédit, du moins pas encore. Reste que Durham avait raison sur au moins un point : après la défaite des patriotes et l'Acte d'Union, plusieurs parmi « les plus réfléchis » des Canadiens français avaient effectivement perdu espoir de préserver la nationalité canadienne-française. Je pense en particulier à Étienne Parent, le directeur du journal *Le Canadien*, qui reprendra cependant espoir pour devenir l'un des chefs de file de la « génération » réformiste qui jouera un rôle politique de premier plan au cours des deux décennies qui suivront l'Acte d'Union[7].

Quoi qu'il en soit, ce ne sont pas les réformistes ni quelque autre groupe de politiciens qui prendront en charge les destinées de la société canadienne-française, c'est l'Église catholique. Encore une fois, sans elle, nous ne serions plus là aujourd'hui pour témoigner du fait français en Amérique. Imaginons un instant que, grâce au soutien des États-Unis – soutien qu'ils ont attendu en vain –, les patriotes soient sortis victorieux des rébellions de 1837-1838. Eh bien, je doute fort qu'on parlerait encore français au Québec, lequel serait sans doute devenu assez rapidement un État américain, d'autant que bon nombre de patriotes étaient plutôt républicains et annexionnistes, partisans de l'intégration aux États-Unis d'Amérique. Toujours est-il que c'est l'Église catholique qui, pendant plus d'un siècle, va jouer un rôle que l'on a qualifié de *suppléance* ; c'est l'Église qui fera office d'État et de porte-parole de la collectivité ; c'est elle qui, de l'éducation à l'assistance sociale en passant par la colonisation, l'organisation professionnelle, la presse et les loisirs, formera les assises de cette société. Bref, c'est l'Église catholique qui va définir la société canadienne-française. Et c'est peut-être ce rôle identitaire aussi décisif que démesuré que l'Église a joué ici qui

---

6. John George Lambton Durham, *Le Rapport Durham, op. cit.*, p. 238.
7. À ce propos, voir d'Éric Bédard, *Les Réformistes, op. cit.*, 2009, et mon propre commentaire de cet ouvrage, publié dans *L'Action nationale* et repris dans le présent volume, au chapitre 11.

explique les sentiments ambigus que les Québécois continuent d'entretenir aujourd'hui à l'égard du catholicisme, ce mélange de ressentiment et d'attachement envers une religion dont nous sommes, que nous le voulions ou non, les héritiers[8], envers une religion dont nous demeurons tributaires, pour le meilleur et pour le pire. Le meilleur, c'est la survivance. Et le pire, eh bien, c'est aussi la survivance. Le meilleur, parce que ce n'est pas rien d'avoir survécu face à une telle adversité, parce qu'il y a quelque grandeur à avoir résisté à l'assimilation pendant deux siècles et demi, jusqu'à cet extraordinaire sursaut de la conscience collective que fut la Révolution tranquille, où les Québécois ont prouvé au reste du monde la valeur de leur culture. De tout cela, nous pouvons tirer une légitime fierté. Mais le pire aussi, parce que la survivance a eu un prix, et un prix que nous n'avons pas fini de payer, que nous ne finirons sans doute jamais de payer.

## QUEL EST AU JUSTE CE PRIX, LE PRIX DE LA SURVIVANCE CANADIENNE-FRANÇAISE ?

Voici ce que Colette Moreux (qui fut ma professeure de sociologie dans les années 1970 à l'Université de Montréal) écrivait, en 1969, dans le dernières lignes de son ouvrage *Fin d'une religion ? Monographie d'une paroisse canadienne-française* (la paroisse en question étant Louiseville) : « Par la création d'un climat d'ensemble [c'est-à-dire d'une culture, S. C.] plus que par la formulation de mesures de répression précises, l'Église au Québec est responsable du retard de la maturation psychologique et morale qui, au lieu de se faire progressivement au cours des siècles passés, se réalise actuellement sous forme d'explosion, de cataclysme en l'espace de quelques lustres : l'équilibre intérieur des individus en est le prix[9] ».

---

8.  Sur cette question du rapport des Québécois d'aujourd'hui au catholicisme, je renvoie le lecteur à l'ouvrage collectif *Modernité et religion au Québec. Où en sommes-nous ?*, sous la direction de Robert Mager et Serge Cantin, Québec, Presses de l'Université Laval, 2010. Voir, en particulier, l'importante étude réalisée par E.-Martin Meunier, Jean-François Laniel et Jean-Christophe Demers, « Permanence et recomposition de la "religion culturelle". Aperçu socio-historique du catholicisme québécois (1970-2006) », p. 79-128.

9.  Colette Moreux, *Fin d'une religion ? Monographie d'une paroisse canadienne-française*, Montréal, Les Presses de l'Université de Montréal, 1969, p. 406.

Mais ce n'est pas seulement « l'équilibre intérieur des individus » qui se trouve ici en cause, ou plutôt ce déséquilibre intérieur que pointait à bon droit Colette Moreux, et qui n'a fait depuis lors que s'accentuer, est le symptôme d'une maladie collective qui s'enracine dans une couche profonde de notre histoire. Et c'est précisément là que la lecture d'un livre comme *Genèse de la société québécoise* s'avère à mon avis nécessaire, sinon indispensable, pour comprendre l'hypothèque que la survivance continue de faire peser sur le destin de notre « petit peuple ».

Fernand Dumont ne fut certes pas le seul ni le premier à souligner cette hypothèque ; d'autres avant lui l'ont fait, je pense notamment à Gaston Miron dans *L'Homme rapaillé*, à Hubert Aquin dans « La fatigue culturelle du Canada français », à Jean Bouthillette dans *Le Canadien français et son double*, ou encore à Pierre Vadeboncœur, qui vient de nous quitter. Mais nul, je crois, n'a plus clairement que Dumont mis en lumière les racines historiques de ce que lui-même a appelé « la conscience négative de soi » des Québécois. En gros, ce que montre Dumont, c'est que l'idéologie de la survivance canadienne-française fut profondément marquée par le regard et le discours de l'autre, du conquérant. Quel discours ? Celui de la réserve francophone. Parce qu'il menaçait de les assimiler, les Canadiens français ont dû convaincre le conquérant qu'il y avait avantage pour lui à maintenir une réserve française, c'est-à-dire des institutions de base (la langue, la religion, les lois civiles françaises) indispensables au bon fonctionnement de la société colonisée. Mais, comme le fait remarquer Dumont, « à force de répéter les mêmes arguments pour persuader le conquérant de la pertinence pour lui de l'existence d'une société française, on finit par en faire ses propres raisons d'être[10] ». Ainsi, sans trop s'en rendre compte, les Canadiens français se sont lentement approprié, ont peu à peu intériorisé l'image que le conquérant projetait sur eux, celle d'un peuple bon enfant mais arriéré, d'un peuple « sans histoire et sans littérature » et incapable de se gouverner, bref l'image d'une nation faite pour vivre dans une réserve. Si bien que, comme Dumont le

---

10.  *Genèse de la société québécoise*, op. cit., p. 138. Plus loin, Dumont s'attachera à montrer que « l'avènement de la nation dans le discours se produit, en quelque sorte, d'une manière négative, sous la pression de l'autre société et au corps défendant des élites. Tout se passe comme si les Canadiens [français] étaient contraints de se reconnaître comme une nation. Au surplus, je devrai montrer que cette reconnaissance conservera pour longtemps (pour toujours ?) l'ambiguïté de ses difficiles commencements » (p. 167).

dira ailleurs[11], lorsque les Canadiens français défendront leur religion, leur langue, leurs traditions, ils le feront toujours sur un mode défensif, sur le mode de la survivance culturelle ; ils ne défendront pas leur langue, leur religion, leurs traditions en raison de leur valeur propre, mais en tant qu'elles sont des nécessités de la vie quotidienne, d'une vie où l'on mange en silence son petit pain...

La Révolution tranquille a-t-elle fait disparaître cette conscience de soi négative, ce complexe d'infériorité ? Dumont croyait que non. « Sous les revêtements du nouveau », il voyait la « persistance de l'ancien » et des « réflexes qui ressemblent à des répétitions », « des traits durables de mentalité : une difficulté à affronter les autres cultures, un penchant à leur faire des emprunts avec un enthousiasme naïf ou à s'en méfier avec une pointe d'envie[12] ».

Tel est le prix de la survivance. Il se mesure, par exemple, à « l'enthousiasme naïf » avec lequel, après le référendum de 1995, un grand nombre de nos intellectuels pseudo-souverainistes ont adhéré sans réserve, et sous prétexte d'ouverture aux autres, au nationalisme civique et au multiculturalisme *canadian*. Le prix de la survivance, c'est cette culpabilité identitaire intériorisée qui fait que les Québécois demeurent encore et toujours vulnérables aux entreprises de culpabilisation dont ils font régulièrement les frais. Le prix de la survivance, c'est le poids que fait toujours peser sur nous notre héritage canadien-français. Un héritage que Fernand Dumont ne songeait nullement à renier, mais qu'il nous invitait plutôt à poursuivre en en libérant les promesses empêchées, en raccordant ce que nos ancêtres, ces survivants de l'histoire, avaient dû dissocier : « la communauté nationale avec un grand projet politique[13] ».

---

11. *Fernand Dumont, un témoin de l'homme, op. cit.*, p. 284.
12. *Genèse de la société québécoise, op. cit.*, p. 332 et p. 324.
13. *Ibid.*, p. 335.

# 13

# Existe-t-il une philosophie québécoise ?*

> *Nos philosophes [...] ne peuvent être d'aucun secours immédiat à la culture canadienne-française. Ils seraient tous confucianistes que nous ne nous en porterions pas plus mal. L'initiative de donner une structure intellectuelle à la vie canadienne-française reste donc pour le moment aux sociologues, aux écrivains et aux historiens.*
>
> RENÉ GARNEAU (1957)

> *De la philosophie au Québec, je crois savoir ce qu'elle ne doit, ce qu'elle ne peut être ; quant à ce qu'elle sera je l'ignore, car cela, précisément, reste à faire.*
>
> JACQUES BRAULT (1965)

Au risque de m'aliéner d'entrée de jeu la sympathie du lecteur avide de réponses bien nettes, je dois dire que mon intention n'est pas tant ici de répondre par oui ou par non à la question qui donne son titre à cet article que de montrer à quel point celle-ci se révèle beaucoup plus difficile et complexe qu'il n'y paraît. Car, à première vue, la question ne se pose pas. Au Québec, la philosophie est une discipline institutionnalisée depuis plusieurs

---

* Ce texte, inédit, est issu d'une conférence que j'ai prononcée le 25 mars 2011 lors du colloque Fodar qui s'est tenu à l'Université du Québec à Trois-Rivières.

décennies[1] et constitue aujourd'hui le métier de centaines d'hommes et de femmes qui gagnent leur vie en faisant de la philosophie, la grande majorité d'entre eux à titre d'enseignants, que ce soit à l'université ou dans les cégeps. On trouve également, dans la «belle province», un bon nombre de chercheurs en philosophie qui publient des livres ou des articles dans des revues philosophiques réputées, canadiennes, américaines ou européennes. Il y en a même dont les travaux sont reconnus sur la scène philosophique internationale.

Mais tout cela suffit-il pour affirmer qu'il existe telle chose qu'une *philosophie québécoise*? Telle est la question que je voudrais soulever ici, non sans souligner la difficulté de philosopher à partir d'un pays incertain.

\* \* \*

D'abord, pourquoi une telle question? Quel sens y a-t-il à se demander s'il existe une philosophie québécoise? Pourquoi s'interroger sur l'existence de ce qui, de fait, existe, sur ce qui se donne comme une évidence empirique? Tout simplement en raison du problème de définition qu'implique chacun des termes, ou concepts, que renferme la question. Que doit-on entendre au juste par «philosophie»? Et que veut dire «québécois(e)», un mot qui est devenu avec le temps une sorte d'auberge espagnole où chacun entre avec ses préjugés ou, pour user d'un anglicisme, avec son «agenda caché»?

Telles sont les deux questions préalables sur lesquelles il me paraît nécessaire de m'attarder avant d'affronter celle que j'ai eu l'imprudence de poser au départ. En d'autres termes, la question «Existe-t-il une philosophie québécoise?» exige, selon moi, un certain effort de clarification conceptuelle sans lequel la discussion risque de tourner à vide, comme il arrive souvent dans nos débats

---

1. Sinon depuis la fin du XIXᵉ siècle, avec l'adoption par Léon XIII, dans une encyclique, du thomisme en tant que philosophie officielle de l'Église catholique devant être enseignée dans les séminaires ou collèges classiques. Comme le soulignait Yvan Lamonde dans un livre paru il y a plus de quarante ans (*Historiographie de la philosophie au Québec 1853-1971*, Hurtubise HMH, 1972, p. 26), l'entreprise philosophique au Canada français fut «liée de fait à une seule "institution" – l'enseignement classique». Et Georges Leroux d'ajouter, dans sa préface du même ouvrage, que, depuis, malgré son essor, «la philosophie au Québec est demeurée remarquablement collée à son support institutionnel» (*ibid.*, p. 12).

publics, où, faute d'avoir pris la peine de définir l'objet dont on parle, les protagonistes s'enferment dans des disputes oiseuses.

## QU'EST-CE QUE LA PHILOSOPHIE ?

Immense question ! À tel point que les philosophes eux-mêmes préfèrent le plus souvent l'escamoter. Comme le notait avec perspicacité Pierre Hadot au seuil de son beau livre, *Qu'est-ce que la philosophie antique ?* : « On réfléchit assez rarement sur ce qu'est en elle-même la philosophie. Il est effectivement extrêmement difficile de la définir[2]. » Mais pourquoi ? À quoi tient cette difficulté de définir la philosophie ? D'après Hadot, à la différence considérable, voire décisive, entre la représentation que les Anciens se faisaient de la philosophie et celle que nous autres Modernes nous en faisons. Car si, pour les premiers, la philosophie consistait par-dessus tout en un mode de vie, qui n'excluait évidemment pas la connaissance spéculative, force est de reconnaître que pour les Modernes que nous sommes la philosophie ne correspond plus, ou peu s'en faut, qu'à un discours théorique, à une construction systématique et abstraite, le plus souvent sans rapport direct avec la manière de vivre de celui qui en est l'auteur et que l'on appelle d'ailleurs moins un philosophe qu'un professeur de philosophie, c'est-à-dire, pour reprendre la définition passablement ironique de Pierre Hadot, une sorte de « fonctionnaire dont le métier consiste, en grande partie, à former d'autres fonctionnaires[3] ».

Comme il m'arrive parfois de dire à mes étudiants, s'il me prenait un jour l'envie de me comporter en classe comme un philosophe ancien, sans doute serais-je assez rapidement rappelé à l'ordre par mes supérieurs hiérarchiques, qui m'inviteraient poliment à ne pas jouer au gourou et à me conformer au rôle de « fonctionnaire de la philosophie » pour lequel l'université me paie et qui consiste pour l'essentiel à mettre son existence entre parenthèses afin de présenter avec le plus d'objectivité possible des auteurs et des systèmes philosophiques : le platonisme, l'aristotélisme, l'hégélianisme, le marxisme, la phénoménologie, l'existentialisme, le positivisme, etc. On pourrait longuement épiloguer sur cette

---

2. Pierre Hadot, *Qu'est-ce que la philosophie antique ?*, Paris, Gallimard, Folio Essais, 1995, p. 15.
3. *Ibid.*, p. 390.

position d'objectivité que l'on réclame aujourd'hui du philosophe comme de tous les fonctionnaires de l'éducation. Déjà, au XVIIIᵉ siècle, Jean-Jacques Rousseau s'était insurgé contre cette manière de philosopher en mettant sa vie et le monde en suspens[4]. Mais, bien avant le citoyen de Genève, Socrate l'avait lui-même dénoncée. Pour lui, comme le soulignait Merleau-Ponty, la philosophie « n'est pas comme une idole dont il serait le gardien, et qu'il devrait mettre en lieu sûr, elle est dans son rapport vivant avec Athènes[5] ». Socrate ne fuyait pas le monde, il ne vivait pas dans la tour d'ivoire de la philosophie mais avec ses semblables dans la Cité, en assumant jusqu'au bout, quitte à en mourir, ses devoirs de citoyen. Socrate était-il philosophe ? Où commence la philosophie ? Avec Socrate qui n'a rien écrit, ou avec celui qui se prétendait son interprète le plus fidèle, Platon, lui qui a tant écrit ? Qu'est-ce que faire de la philosophie ? Si celle-ci est, étymologiquement parlant, amour de la sagesse, que veut dire aimer la sagesse ? Et qu'est-ce que la sagesse ?

Voilà d'autres questions fort difficiles que je ne suis ni le premier ni le dernier à soulever. J'y couperai court en disant que Socrate représente pour moi la figure par excellence du philosophe, ce qu'il était du reste aux yeux de Platon. Mais alors, si la philosophie trouve en Socrate son modèle, qu'est-ce que philosopher, sinon poser des questions, ou, plus précisément, savoir poser de vraies questions sans en connaître d'avance les réponses, sans même pouvoir parvenir à des réponses définitives. « Je ne suis pas un homme qui, sûr de lui, embarrasse les autres, avouait Socrate ; si j'embarrasse les autres, c'est que je suis moi-même dans le plus extrême embarras[6]. »

En somme, philosopher consisterait par-dessus tout à s'interroger, à chercher inlassablement à atteindre une vérité qui nous obsède et nous échappe, en refusant de se laisser enfermer dans un système censé détenir toutes les vérités et qui mettrait fin à la recherche, ce système fût-il aussi beau et aussi génial que celui de Platon. Mais définir ainsi la philosophie, en deçà ou au-delà des sempiternelles querelles entre systèmes, en y voyant avant tout un exercice de lucidité sans cesse repris, cela n'est pas sans comporter

---

4. « J'en ai beaucoup vu qui philosophaient bien plus doctement que moi, mais leur philosophie leur était pour ainsi dire étrangère » (Jean-Jacques Rousseau, *Les rêveries du promeneur solitaire*, Le Livre de poche, 1972, p. 29).
5. Maurice Merleau-Ponty, *Éloge de la philosophie et autres essais*, Paris, Gallimard, coll. « Idées », 1960, p. 44.
6. *Ménon*, 80 c-d.

des implications fondamentales quant à la manière de considérer l'acte de philosopher et son objet. « La philosophie, écrivait Georges Canguilhem, est une réflexion pour qui toute matière étrangère est bonne, et nous dirions volontiers pour qui toute bonne matière doit être étrangère[7]. » Cela signifie que la philosophie ne serait pas un savoir comme les autres, qu'elle n'aurait pas d'objet strictement défini. Ses objets, le philosophe les prendrait là où il les trouve, là où sa curiosité, sa lucidité ou son imagination les débusquent. Cela veut dire aussi que, contrairement à la médecine, à l'architecture ou à la sociologie, il ne serait pas *absolument nécessaire* pour faire de la philosophie d'être dûment patenté, de posséder un diplôme de philosophie. Après tout, Socrate n'avait pas de diplôme de philosophie, pas plus du reste que Platon ou Descartes.

Ce qu'une telle définition – peu orthodoxe j'en conviens – de la philosophie remettrait aussi en cause, c'est le principe même d'une frontière disciplinaire qui séparerait une fois pour toutes le philosophique du non-philosophique. N'y a-t-il pas plus de philosophie, plus de questions pertinentes sur l'homme et sur le monde, plus de profondeur et de lucidité chez un Paul Valéry, un Tchekhov ou un Dostoïevski que chez la plupart de nos plus éminents professeurs de philosophie ? Et le meilleur de la philosophie québécoise ne se trouverait-il pas du côté des écrivains et des essayistes qui ne détiennent aucun diplôme de philosophie, chez un sociologue comme Fernand Dumont, un essayiste comme Pierre Vadeboncœur, un poète comme Gaston Miron, voire chez un romancier comme Hubert Aquin, l'auteur de *Prochain Épisode* et de *Neige noire* mais aussi de « La fatigue culturelle du Canada français », ce petit chef-d'œuvre de lucidité philosophico-politique ? Bref, doit-on considérer la philosophie québécoise comme étant le monopole des seuls philosophes diplômés ?

Je laisse cette question en suspens pour passer à ma seconde question préalable.

---

7. Georges Canguilhem, *Le Normal et le Pathologique*, 2e éd., Paris, PUF, 1966, p. 7.

## QUE VEUT DIRE ÊTRE QUÉBÉCOIS ?

Cette question n'est pas moins délicate que la précédente. En un sens, elle l'est même davantage. Qu'est-ce qu'être québécois ? On a cru le savoir au temps de ma jeunesse, dans les années 1960-1970. La réponse allait de soi, au point où l'on ne se posait même pas la question. Or il semble qu'aujourd'hui, à l'époque du multiculturalisme où la rectitude politique tient souvent lieu de pensée, nous ne sachions plus très bien ce que c'est que d'être québécois. Un Québécois, est-ce quelqu'un qui vit au Québec, qui réside sur le territoire de la province de Québec ? Un Québécois, est-ce quelqu'un qui est né au Québec ? Le fait d'être né ou de résider au Québec fait-il automatiquement de vous un Québécois ? Mordecai Richler est-il un écrivain québécois ? Leonard Cohen, un chanteur québécois ? Charles Taylor, un philosophe québécois ? Tous les trois sont nés, ont grandi et ont vécu une bonne partie de leur vie à Montréal. Cela fait-il d'eux des Québécois ? En posant cette question, je suis conscient de commettre une sorte de sacrilège. Mais j'ai l'habitude du péché… Dans « La fatigue culturelle de Jacques Godbout », un article que j'ai publié en 1993 dans la revue *Liberté* et qui fut repris dans mon livre *Ce pays comme un enfant*, je posais la question à propos justement de Mordecai Richler, que l'écrivain et cinéaste Jacques Godbout venait d'élever au rang de plus grand écrivain québécois : « c'est, écrivait-il, faire injure à personne que de reconnaître en Mordecai Richler le plus grand écrivain québécois[8] ». À personne, sinon à Richler lui-même, qui, à en juger par la piètre opinion qu'il avait des Québécois, eût sans doute été le premier à refuser le titre que Jacques Godbout lui décernait si obligeamment. En quoi Richler n'aurait pas eu tort, tant il est vrai qu'il ne suffit pas d'être né et d'avoir vécu à Montréal pour être un écrivain québécois, à moins bien sûr de faire l'impasse sur la dimension culturelle et politique de la question et de vider ainsi le terme « québécois » de toute signification véritable. Il est pourtant assez évident que le syntagme « écrivain québécois » n'aura pas la même signification selon qu'on l'accole aux noms de Michel Tremblay ou de Mordecai Richler. Mais Godbout n'est pas homme à s'embarrasser de telles subtilités sémantiques. Par-dessus tout, son jugement gomme une réalité fondamentale : la langue. Comme si le fait que celui que nous devrions considérer comme le plus grand écrivain québécois

---

8.  Jacques Godbout, « Les écrivains sont souverains », *Liberté*, vol. 34, n° 5, 1992, p. 41.

n'écrive pas en français n'était, à tout prendre, qu'un détail négligeable. Allons, semble nous dire Godbout, ne soyons pas si chauvins, « c'est faire injure à personne que de reconnaître en Mordecai Richler le plus grand écrivain québécois ». À personne, sauf à Anne Hébert, à Réjean Ducharme, à Michel Tremblay... À personne, sinon à toute la littérature québécoise et à la nation francophone québécoise dans son ensemble.

Deux ans après que j'eus fait paraître l'article dont il est ici en question, Fernand Dumont publiait *Raisons communes*, où l'on trouve ce passage qui a fait couler beaucoup d'encre, qui a scandalisé nos nationalistes civiques, y compris ceux du Parti québécois : « On parle couramment de nation québécoise. Ce qui est une erreur, sinon une mystification. Si nos concitoyens anglais du Québec ne se sentent pas appartenir à notre nation, si beaucoup d'allophones y répugnent, si les autochtones s'y refusent, puis-je les y englober par la magie du vocabulaire ? L'histoire a façonné une nation française en Amérique : par quelle décision subite pense-t-on la changer en une nation québécoise ?[9] »

N'est-ce pas cette même « magie du vocabulaire » qui faisait dire à Jacques Godbout que Richler est « le plus grand écrivain québécois ». Mais comment peut-on en arriver là ? Comment devient-on magicien du vocabulaire ? Comment un écrivain québécois comme Jacques Godbout peut-il qualifier de plus écrivain québécois un écrivain qui n'écrivait pas en français et qui eût sans doute lui-même recusé l'étiquette d'écrivain québécois, sinon de Québécois tout court ? Quel est le ressort du jugement de Godbout ? À cette question, je répondais, dans mon article de 1993, que « le véritable motif, inavoué et inavouable, du jugement de Godbout sur Mordecai Richler », c'est « l'obsession typique du colonisé d'être reconnu par l'autre », c'est, comme Godbout lui-même l'écrivait dans son article sur Richler, « d'exister "dans l'œil de l'autre"[10] ».

« Exister dans l'œil de l'autre » : c'est là, en effet, un vieux réflexe de colonisé dont Fernand Dumont a montré, dans *Genèse de la société québécoise*, qu'il procède de « l'appropriation lente et subtile de l'image que *l'autre* projette sur soi », une appropriation qui a fini par produire « une conscience de soi pour ainsi dire négative », une

---

9.   Fernand Dumont, *Raisons communes, op. cit.*, p. 63-64.
10.  Jacques Godbout, « Les écrivains sont souverains », *art. cit.*, p. 42.

conscience de soi «presque tout entière animée par la présence du colonisateur[11]».

Mais revenons à notre question : que signifie être québécois ? Ça veut dire quoi, si l'on récuse la définition strictement territoriale ou civique du terme «québécois», si l'on refuse le procédé magique qui consiste à englober francophones, anglophones, allophones et autochtones sous l'appellation mystifiante de «nation québécoise» ? Eh bien, je dirais que, outre ceux qui comme moi et comme tant d'autres «Québécois de souche» sont québécois sans l'avoir choisi, parce qu'ils sont nés et ont grandi dans un milieu culturel disons, pour faire court, de tradition canadienne-française, un milieu culturel que l'on doit pas confondre avec un origine ethnique, puisque le peuple canadien-français s'est construit non seulement à partir des 65 000 habitants qui occupaient le territoire du Canada au moment de la Conquête, mais en intégrant des milliers d'Irlandais, d'Allemands, d'Italiens, et bien sûr des Amérindiens – outre ceux-là, donc, sont aussi et indiscutablement québécois tous ceux et celles qui veulent l'être, tous ces immigrants qui, comme ceux d'hier, ont choisi de parler français, d'adopter la langue de la majorité et de partager l'identité culturelle qui vient avec, de s'inscrire à leur tour dans une histoire qui se poursuit depuis trois ou quatre siècles. Donc, le critère premier, sinon décisif, d'appartenance identitaire au peuple québécois, c'est, aujourd'hui comme hier, la langue française. Choisir de parler ou d'écrire en français au Québec, c'est choisir d'être québécois, au sens historico-culturel du terme, et non seulement au sens civique ou territorial.

## EXISTE-T-IL UNE PHILOSOPHIE QUÉBÉCOISE ?

Fort de ces éclaircissements et de ces distinctions, j'en arrive donc enfin à la question qui donne son titre à cet article : *Existe-t-il une philosophie québécoise ?*

D'abord, il est assez évident que, s'il existe une philosophie québécoise, ce ne ne sera pas au même titre qu'il existe une philosophie allemande, ou une philosophie française, ou une philosophie anglaise. Tout simplement parce que le Québec n'a pas la stature de ces grands peuples européens, lesquels possèdent une longue

---

11.  Fernand Dumont, *Genèse de la société québécoise, op. cit.*, p. 138, 324 et 133.

tradition philosophique dont ne pourrait en aucun cas se targuer un pays aussi jeune que le Québec. Cela étant dit, existerait-il néanmoins quelque chose comme une philosophie québécoise, comme il existe, à l'évidence, une littérature québécoise ? Je m'attarderai un peu sur le cas pour ainsi dire exemplaire de la littérature québécoise, laquelle pourrait peut-être servir de pierre de touche pour reconnaître l'existence ou non d'une philosophie québécoise.

Personne aujourd'hui ne doute sérieusement de l'existence d'une littérature québécoise, attestée par de nombreuses histoires de la littérature québécoise, la dernière en date, et sans doute la plus complète, étant l'œuvre conjointe, parue chez Boréal en 2007, de Michel Biron, François Dumont et Élisabeth Nardout-Lafarge. J'en tire cet extrait :

> La littérature québécoise n'est plus un projet, comme à l'époque de la Révolution tranquille, mais un héritage de lectures qui se sont plus ou moins imposées dans la critique contemporaine. Pour bon nombre d'écrivains et de critiques québécois nés après 1960, l'initiation à la lecture s'est faite au moins en partie à travers la lecture de Nelligan, d'Anne Hébert, de Gabrielle Roy ou de Réjean Ducharme. Ces œuvres, parmi quelques autres, occupent ainsi, dans l'imaginaire contemporain québécois, le statut de classiques au sens le plus courant du terme, à savoir que ce sont des œuvres découvertes en classe depuis l'école secondaire jusqu'à l'université[12].

Appliquerait-on à la philosophie québécoise les mêmes critères que ceux qui sont invoqués ici pour affirmer l'existence d'une littérature québécoise, il faudrait forcément en conclure qu'il n'existe pas à proprement parler de philosophie québécoise, faute d'une tradition ou d'un héritage de lectures, faute de classiques philosophiques québécois. Pour ceux de ma génération aussi bien que pour les plus jeunes, non seulement l'initiation à la philosophie ne s'est pas accomplie, même partiellement, à travers la lecture de philosophes québécois, mais, pour la plupart d'entre nous, sinon pour tous, dans l'indifférence totale à l'égard d'une quelconque tradition philosophique québécoise. Il n'y a pas, au Québec, d'héritage de lectures philosophiques comme il existe un héritage de lectures littéraires ; il n'y a pas de classiques de la philosophie québécoise auxquels seraient exposés les étudiants québécois, ni au

---

12. Michel Biron, François Dumont et Élisabeth Nardout-Lafarge, *Histoire de la littérature québécoise*, Montréal, Boréal, 2007, p. 13-14.

cégep, là où la philosophie est obligatoire, ni à l'université, là où les étudiants choisissent de faire de la philosophie.

Mais pourquoi? Comment expliquer cette absence d'une tradition philosophique au Québec alors qu'il existe de toute évidence une tradition littéraire, mais aussi une tradition cinématographique, une tradition chansonnière, une tradition historiographique, voire une tradition sociologique? Cette absence de tradition philosophique québécoise serait-elle imputable à des facteurs intrinsèques à la philosophie, en ce sens que, à la différence de la littérature ou de l'historiographie, la formation en philosophie nécessiterait le passage absolument obligé, sinon exclusif, par les classiques étrangers, par plusieurs dizaines d'auteurs incontournables de la philosophie européenne, de Platon à Heidegger en passant par Descartes, Kant et Hegel. Si bien qu'il n'y aurait au fond rien d'étonnant, compte tenu de telles exigences de formation, à ce qu'une tradition philosophique québécoise n'ait jamais pu voir le jour.

Cette explication est, je l'avoue, assez tentante. Mais elle me paraît en même temps un peu boiteuse, dans la mesure où, avec la spécialisation de plus en plus poussée et la technicisation qui affligent aujourd'hui la philosophie comme tous les autres savoirs, un individu peut très bien détenir un doctorat en philosophie en ne possédant qu'une connaissance très superficielle des classiques de la philosophie occidentale. L'explication ne serait-elle pas plutôt à chercher dans ce que Fernand Dumont appelait, dans un article paru en 1976 et repris dans *Le sort de la culture*, « l'angoissant déracinement de notre propre pensée[13] »? Ce déracinement, Dumont ne fut d'ailleurs pas le seul à le mettre en évidence. Dans un article qu'ils écrivirent conjointement en 1999, Josiane Ayoub et Georges Leroux l'avaient également relevé:

> Tous ceux qui ont étudié l'évolution de la philosophie au Québec ont été amenés à faire le constat suivant: avant la Révolution tranquille, la philosophie comme discipline a servi le conservatisme de la culture, tout en se maintenant elle-même dans le cadre étroit d'une discipline commandée de l'extérieur par la scolastique européenne, mais, depuis cette période, elle s'est concentrée dans sa propre évolution disciplinaire, produisant une recherche d'une exceptionnelle richesse et

---

13. Fernand Dumont, «Le projet d'une histoire de la pensée québécoise», dans *Le Sort de la culture, op. cit.*, p. 311.

renonçant, pour ainsi dire du même coup, à une inscription culturelle forte et déterminante. Contrairement à la littérature et à l'histoire, qui n'ont fait qu'accentuer, en la renforçant, une inscription dans la culture qui bénéficie de leur évolution disciplinaire, la philosophie s'est repliée au point de ne contribuer à la vie intellectuelle de la société du Québec au cours des trente dernières années que de manière oblique et en sous-œuvre[14].

Ainsi, depuis la Révolution tranquille, l'évolution disciplinaire de la philosophie au Québec se serait faite pour ainsi dire en vase clos. Tout en étant d'une «exceptionnelle richesse», la recherche philosophique au Québec aurait renoncé à s'inscrire culturellement, elle n'aurait pas tenu compte du milieu social et intellectuel où elle s'est développée. Autrement dit, le philosophe québécois se serait montré incapable de penser *à partir* du Québec, incapable de penser l'homme, le monde, toutes les grandes questions philosophiques, à partir de ce que l'on pourrait appeler l'imaginaire québécois, auquel, au contraire, la littérature aurait su, elle, s'alimenter pour devenir une littérature proprement québécoise. Et c'est en raison même de cette incapacité, ou de ce refus, de la philosophie québécoise de penser à partir de l'imaginaire québécois que celle-ci, si je comprends bien Ayoub et Leroux, n'aurait pas été en mesure de «contribu[er] à la vie intellectuelle de la société du Québec au cours des trente dernières années», sinon «de manière oblique et en sous-œuvre».

Comment interpréter cette dernière formule elliptique? Ce que j'y entends, pour ma part, c'est que si la philosophie québécoise a pu néanmoins contribuer, peu ou prou, «à la vie intellectuelle de la société du Québec au cours des trente dernières années» (ou plutôt au cours des quarante-cinq dernières années puisque l'article de Ayoub et Leroux a paru en 1999), cette contribution n'est pas venue de la philosophie officielle, de la philosophie disciplinaire ou universitaire, mais par-dessus tout, comme je l'ai moi-même évoqué précédemment, des essayistes, des romanciers et des poètes, bref d'une philosophie «oblique et en sous-œuvre», et non pas d'une philosophie à l'œuvre, c'est-à-dire d'une philosophie dont les œuvres mises bout à bout auraient pu donner naissance à quelque

---

14. Josiane Ayoub et Georges Leroux, «La philosophie au Québec. De la discipline à la culture», dans *Québec 2000. Multiples visages d'une culture*, sous la direction de Robert Lahaise, Montréal, Éditions Hurtubise HMH, 1999, p. 234-235. Texte en ligne: http://classiques.uqac.ca/contemporains/boulad_ajoub_josiane/philo_au_quebec_discipline_culture/philo_au_quebec.html.

chose comme une tradition philosophique québécoise, à une histoire de la pensée québécoise.

Or ce que Fernand Dumont constate dans son article de 1976, à la suite de Jacques Brault qui établissait le même constat onze ans plus tôt[15], c'est que l'histoire de la pensée québécoise n'existe pas, sinon comme « projet », que cette histoire « reste *à faire* ». Que dit en effet en substance Dumont dans son article, et qu'il répétera à partir d'un cadre plus large une quinzaine d'années plus tard dans *Genèse de la société québécoise*? Que nous avons toujours pensé en exil, que nous avons toujours pensé dans « l'œil de l'autre », et que nous avons continué à le faire après la Révolution tranquille. Car s'il est vrai (pour reprendre les mots de Ayoub et Leroux) qu'« avant la Révolution tranquille la philosophie comme discipline a servi le conservatisme de la culture, tout en se maintenant elle-même dans le cadre étroit d'une discipline commandée de l'extérieur par la scolastique européenne », il appert, selon Dumont, que la situation n'a guère changé après la Révolution tranquille, ou que tout ce qui a changé c'est le nom du « cadre étroit » de notre aliénation philoso-phique, qui s'appelait autrefois « la scolastique européenne » et qui s'est appelé ensuite le marxisme, le structuralisme, le postmoder-nisme, le néopositivisme, etc.

Est-il possible de surmonter une telle aliénation, et si oui comment? Certainement pas en rejetant les théories philosophiques étrangères afin de construire une philosophie québécoise pour ainsi dire autarcique. Un projet qui, pour absurde et philosophiquement suicidaire qu'il soit, eut néanmoins quelques adeptes… La question se pose autrement pour Dumont: comment, « sans refuser les concepts qui viennent d'une autre expérience du social[16] », faire en sorte que ceux-ci ne nous inféodent pas, qu'ils ne soient pas encore une fois une façon élégante, savante, de prendre congé de nous-mêmes, d'oublier qui nous sommes et le lieu précaire où nous nous entêtons à vivre et à penser? Pour ne pas fuir dans le concept cette « fatigue culturelle » diagnostiquée naguère par Hubert Aquin, la pensée québécoise n'a d'autre choix que de « puiser dans cet imagi-naire qui vient de sa culture[17] », bref de parier sur sa mémoire.

---

15. Jacques Brault, « Pour une philosophie québécoise », *Parti pris*, vol. 2, n° 7, mars 1965.
16. Fernand Dumont, « Le projet d'une histoire de la pensée québécoise », *loc. cit.*, p. 318.
17. *Ibid.*, p. 316.

Au lieu de dénier la magie qui nous lie au Québec, nous aurons à revenir sur elle pour examiner ses procédés et ses démarches. Non pas pour oublier que nous sommes de cette société, de cet objet qui nous enveloppe et nous angoisse, mais pour récupérer autant que faire se peut les démarches implicitement comprises dans notre adhésion à cette culture-ci. La *mémoire* serait le commencement de la méthode[18].

Sans le secours de sa mémoire, la pensée québécoise risque en effet, selon Dumont, de « périr[…] dans le commentaire livresque », un péril qui, ajoute-t-il, « n'est pas illusoire[19] ».

Il suffit en effet de lire une certaine production philosophique faite au Québec pour comprendre qu'un tel péril n'a rien d'illusoire… Quoi qu'il en soit, tirer une méthode de la mémoire québécoise constitue un programme qui paraît pour le moins ambitieux. Car où, dans son histoire, la pensée québécoise trouvera-t-elle les traces d'une mémoire à même de fonder une méthode philosophique spécifique ? Où dénichera-t-elle ses classiques, comme la littérature québécoise semble les avoir trouvés dans les œuvres d'Émile Nelligan, d'Anne Hébert, de Saint-Denys Garneau, de Gabrielle Roy ou de Réjean Ducharme ? Comment, en somme, la philosophie québécoise parviendra-t-elle à se donner à son tour un héritage de lectures, une mémoire ? La tâche semble impossible, et Dumont n'est pas lui-même sans mesurer l'ampleur du défi : « Tant que les écrits de Dessaules ou de Laflèche nous apparaîtront comme des *niaiseries*, écrit-il, nous n'aurons rien compris. En cette matière, on ne saisit que ce dont on a transgressé l'étrangeté, on n'appréhende que ce dont on s'est fait soi-même le sujet[20]. »

Transgresser l'étrangeté de ces écrits qui relèvent d'un passé avec lequel on a voulu rompre à tout prix, dont on a cherché à se désaliéner, que l'on a assimilé à une « grande noirceur » ; se reconnaître dans ces écrits-là par-delà tout ce qui aujourd'hui nous en éloigne, les assumer comme un adolescent doit, pour devenir adulte, se réconcilier avec ce que le passé a fait de lui ; bref, se donner un héritage intellectuel qui participe d'une entreprise de réappropriation de soi par la redécouverte du passé de sa culture : tel est le défi herméneutique qu'en l'absence d'œuvres classiques, aujourd'hui

---

18. *Ibid.*, p. 318.
19. *Ibid.*, p. 316.
20. *Ibid.*, p. 319.

comme hier, la philosophie québécoise doit relever. Défi herméneutique, en effet, au sens où l'entendait Hans-Georg Gadamer :

> Comprendre un texte, c'est [...] être prêt à se laisser dire quelque chose par ce texte. Une conscience formée à l'herméneutique doit donc être ouverte d'emblée à l'altérité du texte. Mais une telle réceptivité ne présuppose ni une « neutralité » quant au fond, ni surtout l'effacement de soi-même, mais inclut l'*appropriation* qui fait ressortir les préconceptions du lecteur et les préjugés personnels. Il s'agit de se rendre compte que l'on est prévenu, afin que le texte lui-même se présente en son altérité et acquière ainsi la possibilité d'opposer sa vérité, qui est de fond, à la pré-opinion du lecteur [...]. Il me faut admettre la tradition dans son exigence, non au sens d'une simple reconnaissance de l'altérité du passé, mais en reconnaissant qu'elle a quelque chose à me dire. Cela exige aussi une forme fondamentale d'ouverture[21].

C'est cette ouverture fondamentale que Dumont a en vue quand il nous invite à « pénétrer dans la pertinence des pensées défuntes[22] ». Non pour y satisfaire un intérêt historien. Non pour contempler la « beauté du mort » que Michel de Certeau reprochait aux sciences humaines de cultiver. Non pour réfléchir en toute objectivité sur des reliques. Dans les « pensées défuntes », il s'agit plutôt de chercher « des origines, des impulsions à penser », ce que Dumont nomme encore « une mémoire d'intention[23] », c'est-à-dire une mémoire qui, subsumant en elle les pensées défuntes, en dégage l'horizon sousjacent, soit, pour le dire sommairement, le projet de vivre, de penser et d'écrire en français en terre d'Amérique et ainsi témoigner d'une même et irréductible volonté d'être soi-même, de la perservérance en son mode d'être spécifique. En ce sens, il n'y aurait de philosophie québécoise que moyennant la reconnaissance lucide de ce qui la précède et la rend possible, aussi incertaine et aventureuse que soit une telle assomption. En bref, comme l'écrivait Jacques Brault, dans une perspective d'ailleurs proche de celle de Dumont[24],

---

21. Hans-Georg Gadamer, *Vérité et méthode. Les grandes lignes d'une herméneutique philosophique*, Paris, Éditions du Seuil, 1996 [1960], p. 290 et 384.
22. Fernand Dumont, « Le projet d'une histoire de la pensée québécoise », dans *Le Sort de la culture, op. cit.*, p. 319.
23. *Ibid.*, p. 316.
24. On pourrait d'ailleurs avancer l'idée que, dans son ouvrage paru en 1993, *Genèse de la société québécoise* – et en particulier au chapitre VII de la deuxième partie –, Dumont réalise la triple tâche dont Jacques Brault avait fait, dans son article de 1965, la condition *sine qua non* pour l'avènement d'une philosophie québécoise, à savoir : « 1. Amener [nos] mythes à la surface, c'est-à-dire les *nommer*; 2. Comprendre ces mythes, c'est-à-dire les *expliciter*; 3. les médiatiser dans la mesure du possible, c'est-à-dire les *objectiver* »,

« il n'y a pas d'avenir ici pour une philosophie qui ne soit pas enracinée dans notre sol culturel, social et politique [...] dans le lieu même de notre être quotidien ». Ce qui implique, ajoutait Brault, « qu'*il faut commencer par parier sur nos propres empêchements à exister* selon ce que nous sommes : des gens comme tous les autres, qui vivent tant bien que mal quelque part sur la planète, avec cette seule réserve – et elle est de taille ! – que jamais dans toute notre histoire nous n'avons disposé de nous-mêmes[25] ».

La réserve est de taille en effet, et elle ne l'est certainement pas moins aujourd'hui qu'hier, tant il est vrai que, plus d'un demi-siècle après l'avènement de la Révolution tranquille, les Québécois non seulement continuent à ne pas disposer d'eux-mêmes, mais semblent de plus en plus résignés au sort que l'histoire leur a réservé depuis la Conquête. Dans ces conditions, il ne faut peut-être pas trop s'étonner de ce que la philosophie ait si peu contribué à la vie intellectuelle de la société québécoise au cours des cinquante dernières années, elle qui, de surcroît – pour reprendre l'argument d'Ayoub et Leroux –, s'est « concentrée dans sa propre évolution disciplinaire, produisant une recherche d'une exceptionnelle richesse et renonçant, pour ainsi dire du même coup, à une inscription culturelle forte et déterminante ». Comme si, afin de justifier son existence institutionnelle (et utilitaire) face aux disciplines enseignées dans les universités et les cégeps, la philosophie au Québec avait choisi, au détriment de sa fonction culturelle et intellectuelle, de jouer à plein la carte disciplinaire. Or, comme la philosophie n'est pas une discipline comme les autres, elle a dû chercher ailleurs une caution : non plus, comme autrefois, « dans le cadre étroit d'une discipline commandée de l'extérieur par la scolastique européenne », mais dans celui, non moins étroit, du positivisme anglo-saxon, de la philosophie des sciences, de l'épistémologie, de la logique et de l'éthique appliquée, domaines d'enseignement et de recherche qui se sont considérablement développés au cours des trois dernières décennies au Québec. Ainsi, d'*ancillae theologiae* qu'elle était avant la Révolution tranquille, la philosophie institutionnelle québécoise a-t-elle eu tendance à se faire, après celle-ci,

---

le postulat de Brault, sur lequel Dumont fonde sa propre lecture de la genèse de la société québécoise, étant que « la vérité ne libère que si on la regarde en face même dans ses plus mauvais jours » (« Pour une philosophie québécoise », *loc. cit.*, p. 12).

25. Jacques Brault, « Pour une philosophie québécoise », *loc. cit.*, p. 10. L'italique est de moi.

*ancillae scientiae*, servante de la science et de la technique modernes – et il y aurait d'ailleurs peut-être lieu de se demander si cette évolution n'est pas allée de pair avec le changement de pôle de référence des philosophes québécois, qui, traditionnellement tournés vers l'Europe et en particulier vers la France, se reconnaissent aujourd'hui de plus en plus dans la manière de penser américaine.

Bref, tout en travaillant à regagner et à préserver ce qu'elle croyait être ses exigences disciplinaires, la philosophie d'ici aura poursuivi son exil hors de la culture québécoise, alors qu'elle aurait dû, comme Jacques Brault l'appelait de ses vœux en 1965, «philosopher [...] pour nous, dans le lieu même de notre être quotidien» et contribuer de la sorte à nous «désapprendre la peur» en la médiatisant, en lui donnant «des objets vrais et durs comme le réel[26]». Mais encore eût-il fallu pour cela que nos philosophes s'assument comme *intellectuels*, qu'ils remplissent le rôle que l'on aurait été en droit d'attendre d'eux dans une culture menacée, un rôle que d'autres, des littéraires et des sociologues notamment, jouèrent tant bien que mal, ou «de manière oblique et en sous-œuvre».

Qu'est-ce qu'un intellectuel? Selon le définition devenue classique de Sartre: «quelqu'un qui se mêle de ce qui ne le regarde pas». Définition qui correspond d'assez près à celle du philosophe au sens socratique, non institutionnalisé du terme. Ni expert ni prophète, l'intellectuel se reconnaît, selon Dumont, au souci qu'il ou elle a de «l'authenticité de la Cité politique», d'une cité qui, étant à la fois une réalité et un idéal, «a nécessairement des couleurs utopiques[27]». Ce souci-là se trouve au cœur de la définition de l'intellectuel que propose Michel Winock dans les dernières pages de son essai *Le siècle des intellectuels*. Remettant en question l'opposition classique (gramcsienne) entre l'intellectuel critique et l'intellectuel organique, Winock conçoit les intellectuels d'aujourd'hui (après la perte du statut prophétique et oraculaire qu'ils s'étaient octroyé au temps du communisme) comme des «ouvriers de cette démocratie impossible» à la réalisation de laquelle il leur faut pourtant travailler. «"Ouvriers" plutôt que "fonctionnaires"», tenait à préciser Winock, car «rien n'est pis que l'institutionnalisation de la fonction intellectuelle[28]».

---

26. *Ibid.*, p. 14.
27. Fernand Dumont, *Raisons communes, op. cit.*, p. 239.
28. Michel Winock, *Le siècle des intellectuels, op. cit.*, p. 772.

Si la philosophie québécoise n'est certes pas de nos jours, loin s'en faut, la seule «discipline» des sciences humaines et sociales à souffrir de l'institutionnalisation de la fonction intellectuelle, il n'en demeure pas moins que, plus que toute autre discipline, et précisément parce qu'elle n'en est pas une, la philosophie illustre «nos secrets empêchements dans nos tentatives pour nous incarner nous aussi dans la culture et dans l'écriture», et qu'elle «nous oblige à répéter que nous sommes toujours séparés de nous-mêmes par un épais silence[29]».

Finalement, existe-t-il une philosophie québécoise? On se rappellera que je n'avais pas au départ la prétention de répondre formellement à cette question, mais bien d'en faire ressortir la complexité. J'espère y être à peu près parvenu. Il reste que les présupposés qui sous-tendent ma réflexion incitent à répondre négativement à la question. Je laisse bien sûr au lecteur le soin de déterminer par lui-même, à partir de ses propres présupposés, le bien-fondé des arguments avancés ici, voire de les contredire.

---

29. Fernand Dumont, «Le projet d'une histoire de la pensée québécoise», *loc. cit.*, p. 331.

# DEUXIÈME PARTIE

# Répliques

Comme le lecteur n'aura pas manqué de le constater, les textes qui composent la première partie de ce livre doivent énormément à Fernand Dumont. Aussi n'ont-ils pas la prétention de proposer une interprétation originale de l'histoire du Québec, sinon celle que Dumont lui-même nous a léguée, en particulier dans *Genèse de la société québécoise*. Qu'il m'ait paru utile, ici comme ailleurs, de m'en faire l'écho, cela s'explique tout autant par l'incomparable valeur heuristique de cette interprétation que par la piètre réception dont elle continue d'être l'objet parmi nos spécialistes de la question nationale. Quant aux raisons qui ont pu conduire ceux-ci à n'offrir de celle-là qu'une image superficielle sinon caricaturale, elles tiennent pour une large part à la volonté, le plus souvent inconsciente, de s'abstraire de l'impasse à laquelle – comme j'ai tenté de le montrer dans les pages qui précèdent – se heurte aujourd'hui l'avenir du peuple québécois. Face à cette volonté, inavouée et honteuse, la lucidité d'un Dumont ne laisse pas en effet d'être dérangeante, lui qui n'a pas voulu dissimuler la réalité de cette impasse non plus que la hauteur du défi qu'elle pose à notre conscience historique.

Ce défi relève de la mémoire ; il concerne la difficulté pour les Québécois d'aujourd'hui de se réconcilier avec leur passé canadien-français, de se donner une mémoire adulte. D'où la fin de non-recevoir que l'on a opposée à la réception dumontienne de Lionel Groulx, dont j'ai tenté, dans le premier essai de cette seconde partie, de mettre en lumière les présupposés et les enjeux herméneutiques à l'encontre des deux stratégies discursives qui visent au contraire à prendre congé de la pensée de Groulx, soit en la décontextualisant, soit en la surcontextualisant. D'où, également, l'attaque frontale de Gérard Bouchard envers l'approche « mémorielle » de la nation défendue par Dumont, faussement taxée par le pontife de Chicoutimi d'« ethniciste » au nom d'une conception civique et « francophonique » de la nation québécoise où, sous couvert d'ouverture aux *autres*, se dissimulent tous les embarras de la pensée québécoise et le déracinement qui s'y perpétue[1]. «Le plus sûr moyen de nuire aux Québécois, soutenait Pierre Vadeboncœur, ce n'est pas de les attaquer, c'est de les rassurer [...], de jouer sur l'équivoque de la prétendue défense des francophones dans une condition qui les ruine[2].» À ce jeu ruineux, que Vadeboncœur associait à l'esprit colonisé ou, plus simplement, à «la bêtise ordinaire, qui peut flotter aussi largement dans la cervelle d'un intellectuel de pointe», Gérard Bouchard ne fut pas le seul à s'être prêté au cours des dernières années.

D'aucuns m'ont reproché à l'époque le ton exagérément ironique de mon texte paru d'abord dans la revue *Argument*: «J'impense, donc j'écris». Mais je crains que contre la fatuité creuse d'un Jocelyn Létourneau, titulaire d'une chaire de recherche en histoire toute canadienne, il n'y ait guère d'autre arme que l'ironie. À ceux et celles qui répugnent à penser que la «bêtise ordinaire» puisse se rencontrer chez un «intellectuel de pointe», je ne puis que recommander la lecture de l'article que Létourneau a pondu dans les pages du *Devoir* au lendemain des événements du 11 septembre 2001: «Un affront pur de la barbarie[3].» Comment, après avoir lu un tel affront à l'intelligence, ne pas s'inquiéter du sort de la pensée québécoise?

---

1. À mon essai paru à l'automne 2000 dans le *Bulletin d'histoire politique*, Gérard Bouchard a cru bon de répliquer dans les pages de la même revue: «Sur le modèle de la nation québécoise et la conception de la nation chez Fernand Dumont», *Bulletin d'histoire politique*, vol. 9, n° 2, hiver 2001, p. 144-159. La polémique a rebondi dans les pages du *Devoir* à la suite de mon article «Cinq ans de bouchardisme: un triste bilan pour nous» (*Le Devoir*, 20-21 janvier 2001, p. A 13), auquel Gérard Bouchard a rétorqué par «Un «"bouchardisme" qui tient de la fabulation», *Le Devoir*, 29 janvier 2001, p. A.
2. Pierre Vadeboncœur, *Gouverner ou disparaître, op. cit.*, p. 255.
3. *Le Devoir*, 15 et 16 septembre 2001, p. A11.

# 14

# La réception herméneutique
# de Lionel Groulx
# chez Fernand Dumont[*]

*Une fois que nous avons épuisé ce que la science
nous explique de l'anonymat des morts et de nos
vies, il reste à apprendre autre chose encore:
pourquoi il ne nous suffit pas d'être les contempo-
rains de nous-mêmes, pourquoi nous avons besoin
de nous reconnaître par des détours dans le passé.*

FERNAND DUMONT, LE DEVOIR, 1973

*Ne vous en laissez pas imposer, non plus, par les
clameurs intéressées qui vous prêtent le cri de race,
un nationalisme agressif. Un Canada français ne
serait dirigé contre personne. Ce serait tout
uniment, et je ne cesserai de le redire, l'acte d'un
peuple qui aurait retrouvé la ligne de son histoire.*

LIONEL GROULX, DIRECTIVES

Comme cet article paraît dans une revue d'histoire, je crois
nécessaire d'indiquer dès le départ que je ne suis ni
historien ni spécialiste de la pensée de Lionel Groulx. J'ai
une formation de philosophe, et c'est en tant que philosophe, et
dans la mouvance de la philosophie herméneutique de Hans-Georg

\* Je reprends ici, avec quelques corrections mineures, un texte paru initialement dans *Les
Cahiers d'histoire du Québec au XX<sup>e</sup> siècle*, n° 8, automne 1997, p. 104-121.

Gadamer et de Paul Ricœur, que je compte aborder ici, non pas (sinon obliquement) l'œuvre de Groulx elle-même, mais sa réception par Fernand Dumont. De celle-ci, je me propose d'éclairer l'enjeu herméneutique, enjeu qui a selon moi une dimension non seulement épistémologique, mais aussi politique.

Pareil dessein rencontre cependant un obstacle préalable qui tient au caractère hautement polémique que revêt la réception de Groulx aujourd'hui, pour ne pas dire à la méfiance que le seul nom de Lionel Groulx éveille un peu partout et qui a pour conséquence de rendre a priori problématique, voire suspecte, une autre réception, non polémique, de son œuvre, comme l'est celle de Fernand Dumont. Ainsi, pour avoir osé écrire que Groulx fut « un des grands nationalistes du "temps de la survivance" », Dumont s'est vu accusé par Nadia Khouri d'être un « défenseur » de Groulx ne cherchant au fond qu'à « *justifier son antisémitisme[1]* » !

On pourrait m'objecter que cet obstacle est controuvé, créé de toutes pièces par les ennemis du nationalisme québécois. Mais une mine aussi est un obstacle artificiel, ce qui n'empêche pas qu'il faille d'abord l'identifier comme obstacle pour qu'on puisse ensuite la neutraliser. Qu'on le veuille ou non, les accusations de racisme et d'antisémitisme portées contre le chanoine Groulx, notamment par Mordecai Richler, Esther Delisle et Nadia Khouri, accusations que cautionnèrent des organisations telles que le B'nai Brith (qui continue, au moment où j'écris ces lignes, d'exiger que l'on rebaptise la station de métro Lionel-Groulx et le cégep du même nom) ; toute cette affaire largement médiatisée, et qui dure depuis des années, a eu pour conséquence certaine de discréditer l'image de Groulx dans l'opinion publique québécoise, et même internationale, et de rendre ainsi, encore une fois, problématique une réception non polémique de son œuvre. Voilà pourquoi, conscient de l'importance de ce qui se joue à travers l'obstacle que d'aucuns s'emploient aujourd'hui à dresser entre Groulx et *nous*, je m'obligerai à l'affronter, quitte à m'éloigner quelque peu de mon objet en effectuant un assez long détour du côté de ce qu'il est maintenant convenu d'appeler, à tort ou à raison, l'antisémitisme de Groulx.

---

1.  Nadia Khouri, *Qui a peur de Mordecai Richler ?*, Montréal, Les Éditions Balzac, 1995, p. 93. Pour une réplique au pamphlet de Nadia Khouri, voir le texte que j'ai publié dans la revue *Liberté* (n° 221, octobre 1995, p. 170-201) et repris dans mon recueil d'essais, *Ce pays comme un enfant*, *op. cit.*, p. 159-191.

Le texte témoin, le seul que l'auteur du *Lieu de l'homme* ait publié spécifiquement sur Groulx, s'intitule « Mémoire de Lionel Groulx[2] ». Je ferai également appel à d'autres textes de Dumont, plus anciens ou plus récents, toujours en vue d'expliciter les présupposés et les enjeux de sa lecture de Groulx.

Ma réflexion empruntera trois étapes. D'abord, je mettrai en évidence les deux procédés historiographiques par lesquels la polémique antigroulxienne actuelle cherche à disqualifier la pensée de Groulx et, par ce moyen, à l'évacuer de notre mémoire historique. Tournant ensuite mon attention vers la réception dumontienne de Groulx, je m'attacherai à en dégager les postulats herméneutiques et leurs implications pour la conscience historique et politique actuelle. Enfin, pour finir, je m'efforcerai de préciser ce que Dumont entend par *mémoire*, notion qui non seulement donne son titre à sa réception de Groulx, mais qui en définit l'enjeu capital.

## LA RÉCEPTION POLÉMIQUE DE GROULX

Le texte de Dumont, « Mémoire de Lionel Groulx », s'ouvre sur un constat auquel la polémique actuelle donne toute sa portée : « Voici, dit Dumont, un témoin inquiétant venu du passé » (p. 261)[3].

Or, quel est le sort généralement réservé au « témoin inquiétant », au témoin gênant ? On cherche à le faire disparaître, à l'éliminer physiquement ou symboliquement, à l'effacer de la vue ou de la mémoire. Il existe de nos jours deux grandes façons de se débarrasser du chanoine Groulx, ce témoin gênant d'un passé encore proche et qu'il semble plus commode de rejeter que de comprendre et d'assumer : soit en *décontextualisant* sa pensée, soit au contraire en la *surcontextualisant*. J'examinerai tour à tour ces deux procédés concurrents, ces deux méthodes inverses et complémentaires de liquidation de la pensée groulxienne.

---

2.  Paru d'abord sous le titre « Actualité de Lionel Groulx » dans *Hommage à Lionel Groulx* (Montréal, Léméac, 1978), ce texte figure dans *Le Sort de la culture*, Montréal, Éditions de l'Hexagone, 1987, p. 261-283. C'est à cette dernière édition que je renverrai dans la suite. Je ne tiendrai pas compte ici du court texte de Dumont intitulé : « Est-il permis de lire Lionel Groulx ? », texte du communication donnée en 1991 et publié pour la première fois dans le présent numéro des *Cahiers* et dont je n'ai appris que tout récemment l'existence.

3.  Les citations tirées de ce texte seront désormais suivies du numéro de page correspondant.

## La décontextualisation de la pensée groulxienne

Le procédé est simple, voire simpliste, sinon carrément malhonnête. Au lieu d'essayer d'abord de comprendre la pensée de Groulx en la replaçant dans le contexte (social, politique, culturel, religieux, intellectuel) de son époque, afin de pouvoir ensuite porter sur elle et sur son «antisémitisme» un jugement historiquement éclairé, la méthode en question consiste plutôt, en toute clair-voyance rétrospective, à la *juger d'abord*, en plaquant sur elle les «évidences» du présent. Dans la minutieuse enquête qu'il a menée dans le but de vérifier le bien-fondé des accusations d'antisémitisme portées contre Groulx[4], Gary Caldwell a bien mis en évidence l'artifice d'une telle méthode à l'œuvre chez Mordecai Richler et, surtout, chez son égérie Esther Delisle:

> Ce que l'auteure [Esther Delisle] a fait, c'est d'utiliser une approche exploratoire pour fonder ses hypothèses. Pas étonnant, alors, que toutes ses hypothèses se vérifient! Le fond de l'histoire, c'est que ses hypothèses sont ses conclusions [...]. En fait, tout le chapitre sur la méthodologie aurait pu être écrit après la thèse [...]. Le mauvais usage de la méthode du type idéal et la mauvaise application de la technique du contenu d'analyse sont les deux faiblesses majeures de cette thèse. La troisième, tout aussi grave, c'est que l'auteure ne replace pas ses quatre sources documentaires (Groulx, Jeune-Canada, *Le Devoir*, *L'Action nationale*) dans le contexte de l'époque. Delisle néglige même explicitement la pertinence du contexte social d'où est sortie l'idéologie qu'elle prétend analyser [...]. Toutes ces considérations contextuelles [...] sont jugées non pertinentes parce que l'antisémitisme et le nationalisme d'extrême droite au Québec durant les années 30 étaient un délire[5].

Voici ce que Delisle elle-même écrit dans *Le Traître et le Juif* à propos du prétendu «délire antisémite» de Groulx: «Décortiquer le contexte historique n'apporte rien à la compréhension du délire et

---

4.    Gary Caldwell, «La controverse Delisle-Richler», *L'Agora*, vol. I, n° 9, 1994, p. 17-26 (l'article a paru en anglais dans *The Literary Review of Canada*, vol. 3, n° 7, 1994, p. 17-23). Je rappelle que le livre de Richler s'intitule *Oh Canada! Oh Quebec!: Requiem for a Divided Country* (Toronto, Penguin Books, 1992), et celui de Delisle, *Le Traître et le Juif: Lionel Groulx, Le Devoir et le délire du nationalisme d'extrême-droite dans la province de Québec, 1929-1939* (Outremont, L'Étincelle éditeur, 1992). Attendu que Richler s'est inspiré des recherches d'Esther Delisle pour fonder ses accusations, l'analyse de Cald-well porte avant tout sur l'ouvrage de celle-ci qui est, on le sait, la version remaniée d'une thèse soutenue au Département de sciences politiques de l'Université Laval, en septembre 1992. Caldwell expose en détail, au début de son article, les péripéties qui ont entouré le dépôt et la soutenance de cette thèse controversée.

5.    Caldwell, *loc. cit.*, p. 22-23.

ne fournit aucune clé pour le pénétrer[6]. » Comme si tenir compte du contexte ne constituait pas la première règle méthodologique de toute recherche historique digne de ce nom. Mais précisément : nous ne sommes plus ici sur le terrain de la recherche historique. Et tel est d'ailleurs le grand mérite de l'article de Caldwell, sous-titré « Le discours sur l'antisémitisme au Québec et l'orthodoxie néolibérale au Canada », de dégager l'arrière-plan idéologique, néolibéral et antinationaliste (et même antiquébécois), du discours actuel sur l'antisémitisme au Québec. Du point de vue de l'orthodoxie néolibérale canadienne, le nationalisme québécois est condamnable dans la mesure où il « impose injustement des droits collectifs au détriment des droits individuels[7] », toute affirmation des droits collectifs étant considérée a priori comme suspecte, voire crypto-raciste.

Pourquoi Esther Delisle oppose-t-elle une fin de non-recevoir à la contextualisation de l'antisémitisme de Groulx ? C'est qu'admettre ne fût-ce que le principe d'une telle contextualisation reviendrait au fond à reconnaître que l'antisémitisme de Groulx ne se réduit pas à un pur délire nationaliste, mais pourrait s'expliquer, en partie du moins, à partir des conditions propres au nationalisme canadien-français traditionnel. Dans cette perspective, je crois utile de citer assez longuement ce que Pierre Anctil écrit dans son ouvrage *Le Devoir, les Juifs et l'immigration* :

> Groulx, en érigeant en idéal les valeurs « profondes » de la France, repoussait du cœur et de la main l'influence des autres traditions culturelles et religieuses, vues comme incompatibles avec un terroir défini dès l'arrivée de Cartier, Champlain, Maisonneuve. Or, quoi de plus opposé, croyait-il, à ce mouvement catholique et francophone, que la démarche juive d'établissement dans ce pays marqué par la hache des défricheurs et la croix des missionnaires ? En ce sens, Groulx fut anti-juif […]. S'il s'agissait d'un sentiment irrépressible chez lui, l'abbé Groulx le véhicula toutefois très peu ouvertement, et on n'en trouve aucune trace dans ses études historiques ou dans les textes qu'il signa de son nom […]. Tout au plus, Groulx aura-t-il répété à leur sujet, jusqu'à la fin de sa vie, certaines des inepties qui circulaient dans les cercles nationalistes d'ici et d'outre-mer[8].

---

6. Esther Delisle, *op. cit.*, p. 33.
7. Caldwell, *loc. cit.*, p. 25.
8. Pierre Anctil, *Le Devoir, les Juifs et l'immigration*, Québec, IQRC, 1988, p. 122.

Deux mots ont ici leur importance : *anti-juif* et *inepties*. « Groulx fut anti-juif », écrit Anctil. Pourquoi n'écrit-il pas antisémite ? Parce que, comme lui-même le signalait dans une entrevue[9], la définition du terme antisémite est « élastique ». Elle l'est en effet, et c'est pourquoi il importe de distinguer entre des formes ou des types d'antisémitisme, sous peine de confondre sous le même vocable des réalités fort différentes et de risquer ainsi d'essentialiser l'antisémitisme, d'en faire quelque chose d'éternel ; ce qui est, comme le soulignait Hannah Arendt, « le meilleur des alibis pour toutes les horreurs », la haine et le meurtre des Juifs devenant, dans la doctrine de l'éternel antisémitisme, une occupation quasiment normale et ne requérant aucune explication particulière. C'est pourquoi Arendt insiste tant, dans *The Origins of Totalitarianism*, sur la discontinuité entre « l'antisémitisme moderne antichrétien » et « l'antique haine des Juifs à fondement religieux[10] ».

Pour revenir à Groulx, s'il est vrai que celui-ci a manifesté quelque sympathie non pas (ici aussi il faut distinguer) pour l'idéologie nazie, mais envers l'idéologie fasciste (surtout mussolinienne, qui n'était pas particulièrement antisémite), ce ne sont certes pas les quelques lignes malveillantes qu'il a pu par ailleurs écrire contre les Juifs qui autoriseraient à le ranger dans la même catégorie qu'Adolf Hitler ou, plus près de nous, Adrien Arcand[11]. Le prêtre-historien Lionel Groulx a toujours marqué ses distances par rapport à l'antisémitisme moderne, qui représentait, à ses yeux, une solution laïque, non chrétienne, « négative et niaise[12] », au problème juif, indiquant par là même la limite proprement religieuse de son « antisémitisme ». On pourrait même soutenir que la doctrine théologique chrétienne, en dépit de la haine millénaire du Juif qu'elle véhicule ou dissimule, est ce qui, chez le chrétien antijuif qu'était Groulx, fixe la limite moralement infranchissable de son

---

9.   Cité par Khouri, *op. cit.*, p. 102. L'entrevue en question a paru dans les pages de *L'Actualité* du 1er décembre 1991.
10.  Cf. *Sur l'antisémitisme* (première partie des *Origines du totalitarisme*), Paris, Seuil, coll. « Points », 1984, préface : p. 9-19.
11.  Selon Caldwell, « dans toutes les œuvres de Groulx publiées entre 1929 et 1939 – période couverte par la thèse de E. Delisle – il n'existe, en fait, que deux textes "antisémite", tous deux publiés dans *L'Action nationale* en 1933 ». Qui plus est, les deux citations en question ne sont en réalité qu'une seule reprise d'un article de juin 1933 où Groulx rapporte les propos tenus par un évêque autrichien lors d'une assemblée des Jeune-Canada (cf. Caldwell, *loc. cit.*, p. 26 et 22).
12.  Cf. Jacques Brassier (pseudonyme de Lionel Groulx), *L'Action nationale*, Montréal, vol. I, n° 4, avril 1933, p. 242-243.

« antisémitisme[13] ». À cet égard, le nombre de « lignes antisémites » n'est pas, comme le soutient Nadia Khouri, quelque chose d'indifférent[14]. À travers l'expression quantitative de son antisémitisme (quelques lignes), non moins qu'à travers son expression qualitative (qui est sans commune mesure avec les diatribes céliniennes, par exemple), se manifeste toute la distance, le gouffre métaphysique qui sépare l'antisémitisme culturel et religieux, qui est encore celui de Groulx, de l'antisémitisme totalitaire nazi. Masquer cette distance, comme le font sciemment, systématiquement les Delisle, Richler et Khouri, est non seulement injuste envers Groulx et le nationalisme de survivance, le nationalisme défensif qui fut le sien et *le nôtre* : c'est aussi une injure à la mémoire des six millions de victimes de l'Holocauste, qui ne furent pas seulement victimes de la haine millénaire du Juif, mais d'un massacre administratif, rationnellement planifié, d'« un passage à l'acte » d'extermination sans précédent dans l'histoire. Cette différence n'est d'ailleurs pas la seule qui soit occultée par les citélibristes. Caldwell fait observer qu'Esther Delisle et Mordecai Richler passent totalement sous silence « la question cruciale, fondamentale [...] de la distinction entre le langage ou l'attitude antisémite d'une part, et le comportement antisémite d'autre part[15] ». Or, cette distinction est particulièrement pertinente pour juger aussi bien de « l'antisémitisme » de Groulx que de celui qui a régné au Québec à une certaine époque. Car si l'on peut dire que le langage et la rhétorique antisémites furent plus fréquents au Québec qu'ailleurs au Canada, les comportements antisémites y furent, en revanche, moins nombreux, au point où, pour reprendre la formule de Morton Weinfield, « finding concrete evidence af anti-Semitic discrimination – actes directed against Jews

---

13. Il faut toutefois reconnaître avec Caldwell que l'argument essentiellement racial ou raciste des nazis « engendra des comportements que ne pouvaient plus contenir les principes moraux de la doctrine théologique chrétienne ». Dans le même ordre d'idées, Jacques Langlais et David Rome, tout en soulignant que « les promoteurs de l'Achat chez nous n'ont pas tous donné dans l'antisémitisme, à commencer par Groulx lui-même », ont raison d'écrire que les textes antijuifs de ce dernier (les articles de *L'Action nationale* de 1933 et la lettre à Lamoureux de 1954) permettent de « comprendre pourquoi le grand éveilleur national que fut l'abbé Groulx n'a pas su défendre [la] génération des années 30 contre la folie antisémite qui a déferlé sur l'ensemble de l'Occident » (J. Langlais et David Rome, *Juifs et Québécois français. 200 ans d'histoire commune*, Montréal, Fides, 1986, p. 156-162).
14. Cf. Khouri, *op. cit.*, p. 99.
15. Caldwell, *loc. cit.*, p. 24.

leading to some loss or penalty – is like findind a needle in a haystack[16] ».

J'en viens à l'autre mot utilisé par Anctil : *inepties*. Là où Delisle voit dans l'antisémitisme de Groulx un délire qui transcende tout contexte, Anctil parle d'inepties liées à un contexte spécifique. Or si ces inepties doivent être aujourd'hui condamnées sans ambiguïté, elles ne sauraient pour autant justifier la condamnation d'une œuvre où l'antisémitisme, contrairement à ce que l'on voudrait nous faire croire, ne joue aucun rôle. Groulx n'a, en outre, jamais rédigé de pamphlets antisémites ni soutenu une politique antisémite. Son préjugé antijuif relève d'un certain contexte (social, culturel et religieux), auquel Delisle ne pouvait faire droit sans qu'elle eût en même temps à renoncer au présupposé qui sous-tend toute sa recherche, à savoir que le néo-nationalisme québécois serait l'héritier direct du nationalisme groulxien, donc porteur de la même tare génétique, du même délire raciste et antisémite que celui-ci. Pour Delisle, l'antisémitisme et le racisme appartiennent à l'essence même de ce *French Canadien nationalism* si contraire à l'esprit du néolibéralisme et dont Richler nous dit qu'il a été « *from the beginning* [...] *badly tainted by racism*[17] ». « Par son antisémitisme et son racisme, dit encore Esther Delisle, l'idéologie formulée par Lionel Groulx et reprise par *L'Action nationale,* par les Jeune-Canada et par *Le Devoir* se situe au point de rencontre du nationalisme d'extrême droite et du nazisme[18]. »

Tout cela montre assez bien à quel enjeu politique, et non pas seulement théorique ou épistémologique, renvoie la décontextuali-

---

16. Cité par Caldwell, *ibid.*
17. Mordecai Richler, cité par Caldwell, *loc. cit.*, p. 19 ; les italiques sont de moi.
18. Esther Delisle, citée par Caldwell, *loc. cit.*, p. 18. Le défaut d'une telle interprétation, qui amalgame dans une même condamnation de l'antisémitisme le nationalisme traditionnel, le nationalisme d'extrême droite (le fascisme ?) et le nazisme, c'est qu'elle repose sur ce que Hannah Arendt appelait « une de ces interprétations hâtives de l'antisémitisme [qui] identifie l'antisémitisme avec un nationalisme latent se manifestant par des explosions de xénophobie. Les faits montrent malheureusement, poursuit Arendt, que l'antisémitisme moderne prit de l'ampleur à mesure que le nationalisme traditionnel déclinait [...] les nazis n'étaient pas simplement des nationalistes. Leur propagande nationaliste était destinée à leurs compagnons de route, et non pas aux adhérents convaincus ; à ceux-ci, le parti rappelait sans cesse sa conception logiquement supranationale de la politique [...]. Les nazis éprouvaient un mépris authentique et qui ne se démentit jamais, pour l'étroitesse du nationalisme [...]. Outre les nazis eux-mêmes, cinquante ans d'histoire de l'antisémitisme témoignent contre l'identification de l'antisémitisme avec le nationalisme » (Arendt, *op. cit.*, p. 24 et 25).

sation de la pensée de Groulx. C'est son antinationalisme doctrinaire, néolibéral, qui dicte à Delisle sa méthode de lecture des textes de Groulx et l'amène à tirer des conclusions pour le moins contestables sur sa pensée. « Notre passé québécois est riche en petits crimes, en petites lâchetés que la rectitude politique, qui croit avoir le vent en poupe, juge impérieux de stigmatiser[19]. » La rectitude politique indigène s'acquitte avec d'autant plus de zèle de ce rôle judiciaire qu'elle trouve dans les petits crimes et les petites lâchetés de notre passé national – une fois abstraits de leur contexte, isolés et grossis comme il se doit – une arme efficace dans le combat qu'elle livre contre le nationalisme québécois, qu'elle connaît assez pour le savoir enclin à se culpabiliser pour des crimes qu'il n'a pas commis. Cela n'a d'ailleurs pas échappé à Fernand Dumont, qui, en 1991, invité par un député de l'Assemblée nationale à commenter les accusations d'antisémitisme et de racisme que Richler et Delisle venaient tout juste de porter contre le chanoine Groulx, déclarait ceci :

> Si Groulx a dit des bêtises, c'est la fonction des historiens de nous le dire […]. Le problème n'est pas là. Pourquoi a-t-on fait de ce débat un débat aussi vaste et pourquoi est-ce rendu qu'au *Toronto Star* on se demande ce qui se passe au Québec ? […] Quand je vois *Cité libre* inviter à son dîner-causerie l'auteure de la thèse [Esther Delisle], je soupçonne que ce n'est pas simplement pour éclairer les esprits sur l'histoire du Québec ; c'est probablement une espèce d'utilisation, pour dire qu'il y a des nationalistes aujourd'hui qui ont de drôles d'ancêtres, hein ? Ça doit être pour ça. Voilà mon explication[20].

Rappelons que la stratégie en question n'est pas nouvelle. Guy Frégault la dénonçait déjà il y a plus d'un demi-siècle[21] de même que, plus proche de nous, Fernand Ouellette (le poète, romancier et essayiste, et non pas Fernand *Ouellet*, l'historien de Québec, puis de Toronto, plutôt anti-nationaliste…), qui écrivait en 1964 : « Les Anglo-Saxons ont l'art de semer des mythes destructeurs dans l'esprit de ceux qui leur sont étrangers. Toutefois, entre eux, ils se contentent des *faits*. Ainsi le bilinguisme est un mythe qui ne peut

---

19. Marc Chevrier et Stéphane Stapinsky, « L'esprit de procès et l'histoire », *L'Agora*, vol. II, n° 1, septembre 1994, p. 19.
20. Commission d'étude des questions afférentes à l'accession du Québec à la souveraineté, *Journal des débats*, Assemblée nationale, le mercredi 19 février 1992, CEAS-959.
21. Guy Frégault, « Le mythe de M. le chanoine Groulx », *L'Action nationale*, vol. XXIV, n° 3, novembre 1944, p. 163-173.

que les servir. Ainsi on parle de *racisme* à propos du chanoine Groulx pour mieux affaiblir la portée de son message[22]. »

Quel message ? Quel est le message de Groulx ? Ou plutôt, dans la perspective de Dumont, quel est, « par-delà tous les messages qu'il a voulu laisser », le « témoignage plus obscur » de Groulx (p. 273) ?

Cette distinction entre « message » et « témoignage » constitue, comme on le verra plus loin, la pierre de touche de la réception dumontienne de Groulx. Mais, avant d'aborder celle-ci, je voudrais évoquer brièvement la seconde méthode d'élimination de notre témoin inquiétant, ce que j'ai appelé la *surcontextualisation* de la pensée groulxienne.

### La surcontextualisation de la pensée groulxienne

La surcontextualisation se présente comme l'exact opposé de la décontextualisation. En effet, si celle-ci consistait à faire l'impasse sur le contexte historique de la pensée groulxienne pour ainsi mieux la juger et la condamner, la surcontextualisation, elle, tire au contraire prétexte du contexte de cette pensée pour l'y enfermer, pour réduire la signification et la portée de l'œuvre de Groulx à ses conditions sociohistoriques d'apparition, niant par conséquent que cette œuvre puisse avoir encore quelque chose à nous dire sur nous-mêmes, qu'elle « parle encore à notre aujourd'hui », selon les mots de Dumont (p. 262).

On pourrait encore qualifier une telle méthode d'historiciste, si l'on entend du moins par historicisme, selon la définition qu'en donne Leo Strauss, l'idée selon laquelle « toute pensée humaine est fonction d'une situation historique particulière, elle-même héritière de situations plus ou moins différentes et qui surgit des précédentes de façon absolument imprévisible », de sorte que « en s'inscrivant dans un contexte historique donné, [cette pensée] est vouée à dispa-raître en même temps que lui, et à être remplacée par d'autres pensées, nouvelles et également imprévisibles[23] ».

---

22. Fernand Ouellette, « La lutte des langues et la dualité du langage », texte paru dans la revue *Liberté* en 1964 et repris dans Guy Bouthillier et Jean Meynaud, *Le Choc des langues au Québec 1760-1970*, Montréal, Les Presses de l'Université du Québec, 1972, p. 667, note 68.
23. Leo Strauss, *Droit naturel et histoire*, Paris, Flammarion, coll. « Champs », 1986, p. 29.

Particulièrement représentative de cette méthode, ou de cette attitude à l'égard du passé, est la critique que Ginette Michaud adressait à Fernand Dumont dans son compte rendu du *Sort de la culture* paru dans *Liberté* en 1988[24]. Tout en soulignant « l'envergure » du propos de Dumont, Michaud y déplore cependant « l'ombre portée de Lionel Groulx qui se profile de façon insistante, pour ne pas dire inquiétante, dans la dernière partie de l'ouvrage intitulée "L'emplacement québécois" » (p. 73).

Ginette Michaud ne pousse pas la polémique aussi loin que Nadia Khouri ; elle ne va pas jusqu'à suggérer comme celle-ci que l'intérêt de Dumont pour l'œuvre de Groulx serait motivé par le désir de justifier son antisémitisme. Ce dont elle le soupçonne plutôt, c'est de chercher, à travers ou son interprétation de Groulx, « à défendre et à légitimer » une conception passéiste, « simpliste » et étroitement nationaliste de la culture québécoise (*cf.* p. 73). Autrement dit, ce n'est pas tant Groulx lui-même que Michaud reproche à Dumont de vouloir réhabiliter que ce qu'il représente, la situation historique ou *l'époque* dont la pensée groulxienne serait l'emblème. Il est certes « louable, écrit-elle, de chercher à lire en tout esprit de justice des œuvres qui nous sont devenues *avec le temps* franchement déplaisantes comme celle de Groulx, mais il ne faudrait pas, au prix d'une réconciliation par trop ruineuse, oublier pourquoi nous les refusons » (p. 74).

Qu'est-ce qui, selon Ginette Michaud, est devenu, *avec le temps*, franchement déplaisant dans l'œuvre de Groulx ? C'est, nous dit-elle, « la *doctrine* du salut national » qui n'est plus de notre temps, qui appartient à une époque révolue (*cf.* p. 77). Soit ; mais pour Dumont aussi, et il le dit très explicitement (j'y reviendrai), cette doctrine est tout à fait dépassée, elle ne présente aucun intérêt actuel. Mais alors qu'est-ce qui peut bien motiver Michaud à opposer une fin de non-recevoir aussi catégorique à la réception dumontienne de Groulx (« Non, cent fois non », s'exclame-t-elle, p. 77) ?

À y regarder de près, ce que Michaud ne peut absolument pas accepter dans la méthode de Dumont, c'est le fait que ce dernier n'enferme pas, ne confine pas l'œuvre de Groulx dans sa doctrine ; c'est, plus précisément encore, qu'il refuse de décliner la pensée

---

24. Ginette Michaud, « De notre psyché nationale 2 », *Liberté*, n° 177, juin, 1988, p. 73-79. Les citations tirées de ce texte sont désormais suivies du numéro de page correspondant.

groulxienne uniquement au passé en l'égalant à ses conditions sociohistoriques d'apparition, bref de la dissoudre dans son contexte. Car, à la différence d'Esther Delisle, Ginette Michaud ne manque pas, elle, de rapporter la pensée groulxienne à son contexte historique; elle y manque si peu en fait qu'il n'y a plus rien dans cette pensée qui ne s'expliquerait par son contexte, rien dans l'œuvre de Groulx qui n'appartiendrait à un passé déplaisant mais heureusement révolu et qu'il vaudrait mieux, selon Michaud, oublier – cet oubli, cette « perte » constituant même, dans l'optique postmoderne qui paraît être la sienne, la condition même d'une « ouverture du sujet » (p. 78).

Voilà donc ce que j'entends par *surcontextualisation*, et ce contre quoi s'élève Dumont dans son texte sur Groulx: « chez tous les écrivains, et plus particulièrement chez les plus grands, il y a toujours, soutient-il, autre chose qu'une redondance de leur milieu d'origine » (p. 261).

Non pas que Dumont minimise cette redondance. Dans la première partie de son essai sur Groulx, il s'attache au contraire à montrer à quel point ce dernier « a pensé comme un homme de son temps » (p. 262). Par toute une dimension de son œuvre, par sa « doctrine » précisément, Groulx « était […] parfaitement accordé à sa société » (p. 265), dont il s'employait à justifier et à perpétuer le discours culturel dominant. Néanmoins, Dumont refuse de « le renvoyer à la société où il a vécu » (p. 262), arguant que l'œuvre de Groulx renferme quelque chose d'irréductible à la société de son temps et qui en quelque sorte la transcende. Qui plus est, cette chose-là, affirme Dumont, s'adresse à nous, elle nous concerne encore aujourd'hui, nous qui vivons pourtant dans une société qui n'a manifestement plus grand-chose en commun avec celle qu'a connue Groulx.

Quelle est donc cette *chose* du texte groulxien qui serait toujours vivante, toujours pertinente pour nous, et dont le souvenir, selon Dumont, importerait à notre avenir? En quoi peut bien consister ce « témoignage plus obscur » que recèlerait l'œuvre de Groulx « par-delà tous les messages qu'il a voulu laisser »? C'est ce que je voudrais maintenant tenter d'élucider.

## UNE RÉCEPTION HERMÉNEUTIQUE DE GROULX

J'ai qualifié d'herméneutique la réception ou la lecture dumon-tienne de Groulx. Le mot «herméneutique» est souvent employé dans une acception très large, plus ou moins comme synonyme d'interprétation. Or, tel que je l'applique ici à la réception dumon-tienne de Groulx, le terme doit être entendu en un sens plus précis, celui qu'il revêt dans l'herméneutique philosophique contempo-raine, chez Hans-Georg Gadamer et Paul Ricœur notamment. Je laisse de côté la question passablement technique qui consisterait à se demander dans quelle mesure Fernand Dumont appartient à ce courant de pensée, dont il ne s'est jamais formellement réclamé, pas plus que d'aucun autre du reste[25]. Il me suffira de montrer que le type de lecture qu'il propose pour les œuvres de la pensée québé-coise, en l'occurrence celle de Groulx, met en jeu une conception de l'histoire qui s'apparente de près à celle que défend l'herméneu-tique philosophique. À cette fin, je prendrai pour pierre de touche le concept-clé de l'herméneutique de Gadamer, la *Wirkungsges-chichtliches Bewußtsein* – que l'on a traduit en français par «conscience exposée aux effets de l'histoire» ou «conscience de l'efficace histo-rique», ou encore (selon la judicieuse traduction qu'en a proposée le philosophe québécois Jean Grondin[26]) par «conscience du travail de l'histoire». Voici comment Gadamer lui-même définit son concept cardinal:

> Par là je veux dire d'abord que nous ne pouvons pas nous extraire du devenir historique, nous mettre à distance de lui pour que le passé soit pour nous un objet [...] Nous sommes toujours situés dans l'histoire [...]. Je veux dire que notre conscience est déterminée par un devenir historique réel, en sorte qu'elle n'a pas la liberté de se situer en face du passé. Je veux dire d'autre part qu'il s'agit de prendre toujours à nouveau conscience de l'action qui s'exerce ainsi sur nous, en sorte que tout passé dont nous venons à faire l'expérience nous contraint de le prendre totalement en charge, d'assumer en quelque façon sa vérité[27].

---

25. J'ai tenté d'éclairer le rapport de Dumont à l'herméneutique philosophique dans «Une herméneutique critique de la culture», *L'Horizon de la culture. Hommage à Fernand Dumont*, Sainte-Foy, Les Presses de l'Université Laval et IQRC, 1995, p. 47-64.
26. Cf. Jean Grondin, «La conscience du travail de l'histoire et le problème de la vérité en herméneutique», *Archives de philosophie*, n° 44, 1981, p. 435-453.
27. H.-G. Gadamer, *Kleine Schriften*, I, cité par Paul Ricœur, *Du texte à l'action*, Paris, Seuil, 1986, p. 346.

Il n'est pas certain que Dumont souscrirait intégralement à cette thèse ; elle ne m'en paraît pas moins éclairante eu égard à son interprétation de la pensée de Groulx et, de manière plus générale, de la pensée québécoise.

Quelle est l'idée fondamentale avancée par Gadamer dans le passage précité ? Celle de la finitude historique de l'homme. L'homme est un être historique – « les êtres de l'histoire que nous sommes », dit Dumont (p. 282). Il s'agit là d'une sorte d'axiome ayant pour corollaire premier que l'histoire ne m'appartient pas mais que je lui appartiens, de sorte que l'action que l'histoire exerce sur ma conscience et ses effets sur moi ne peuvent être objectivés, puisqu'ils sont précisément ce qui me constitue comme conscience historique. Dans son texte sur Groulx, Dumont cite une déclaration de ce dernier qui témoigne d'une conception analogue de l'histoire : « L'histoire, oserais-je dire, et sans aucune intention de paradoxe, c'est ce qu'il y a de plus vivant ; le passé, c'est ce qu'il y a de plus présent. Nul besoin, pour leur donner force propulsive, de les écrire ou de les raconter. Nous les portons dans nos esprits, dans nos yeux, dans nos veines[28]. » Autrement dit, dans les termes de Dumont lui-même cette fois, que j'extrais d'un article de 1957, la conscience historique « n'est pas à moi, mais est rigoureusement moi[29] ». Et ce qui est vrai pour toute conscience historique ne l'est pas moins, selon Dumont, pour la « pensée historienne » : « Où est la césure entre le présent et le passé ? Comment l'historien, assujetti lui-même au déroulement temporel, peut-il s'assurer de sa distance par rapport à ce passé qu'il prend pour objet ? Impossible de ne point l'admettre : le passé dont il traite, l'historien le trouve en lui autant qu'il le retrouve dans des événements qui se sont déroulés hors de lui, en arrière de lui » (p. 276).

Cette thèse de l'appartenance de la conscience à l'histoire, comprenons-le bien, ne relève pas chez Dumont de je ne sais quel traditionalisme. Reconnaître et assumer en toute lucidité, en toute conscience finie, son appartenance à l'histoire ne veut pas dire chercher à perpétuer comme tel ce qui a été, en s'efforçant de maintenir intactes dans le présent les traditions et les coutumes reçues du passé. Assumer la vérité de l'histoire implique plutôt,

---

28. Lionel Groulx, *Directives* (Montréal, Zodiaque, 1937), cité par Dumont, p. 279.
29. Fernand Dumont, « De quelques obstacles à la prise de conscience chez les Canadiens français », dans Yvan Lamonde et Claude Corbo, *Le rouge et le bleu. Une anthologie de la pensée politique au Québec de la Conquête à la Révolution tranquille, op. cit.,* p. 518.

comme ne cesse de le répéter Dumont, un travail de *récapitulation* qui est le propre de la mémoire[30].

Ce travail de la mémoire, Dumont le voit à l'œuvre chez Groulx, qui «n'assume le passé que pour le ramener au présent, [...] cherche dans le passé ce qui construit ou ce qui défait» (p. 282). Pratique bien singulière de l'histoire, qui n'obéit guère aux canons méthodologiques de l'historiographie actuelle, reconnaît Dumont. «Il se pourrait, dit-il, que ce fût la bonne» (p. 278). Il se pourrait même, ajoute-t-il, que cette méthode fût la mienne, celle qui a inspiré ma lecture de Groulx et que «j'ai le sentiment d'emprunter à la démarche de Groulx lui-même» (p. 281)!

Bien sûr, cette pratique singulière et déjà herméneutique de l'histoire – pratique que Gadamer a élevée au rang d'une anthropologie philosophique – n'est pas thématisée par Groulx. Sans doute parce que celui-ci était plus préoccupé de raconter l'histoire et d'y chercher des héros et des modèles que d'en faire la théorie ou l'épistémologie. Mais peut-être également pour une autre raison, plus objective, si j'ose dire, une raison qui tient, là encore, au contexte. L'existence de Groulx s'est déroulée pour une large part dans une sorte d'entre-deux historique, dans une société qui, tout en n'étant plus tout à fait traditionnelle, n'était pas non plus vraiment moderne. «Groulx se tenait, écrit Dumont, dans une position singulière: entre la tradition et l'histoire, entre la transmutation d'un passé vivant dans l'existence contemporaine et la reconstitution du passé par la science historique» (p. 278-279) – entre ce que, ailleurs, Dumont appelle «la tradition épousée et la tradition interrogée», celle-ci supposant «que nous savons qu'il y a des traditions et que cela mérite examen[31]». Comme l'écrit de son côté Gadamer: «La tradition, dont l'essence implique la restitution irréfléchie du passé transmis, doit être devenue problématique pour que se forme une conscience explicite de la tâche herméneutique de s'approprier la tradition[32].»

Problématique, la tradition ne l'était sans doute pas assez dans l'esprit de Groulx pour qu'il prenne clairement conscience de cette

---

30. À ce sujet, voir notamment *Le Lieu de l'homme*, op. cit., chap. 6, IV, et *L'Avenir de la mémoire*, op. cit., VIII et IX.

31. Fernand Dumont, *L'Anthropologie en l'absence de l'homme*, op. cit., p. 80.

32. H.-G. Gadamer, *Vérité et méthode. Les grandes lignes d'une herméneutique philosophique*, préface à la seconde édition, traduction d'E. Sacre, Paris, Seuil, 1976, p. 14.

tâche, lui qui en vieillissant se raccrocha avec de plus en plus de nostalgie à l'image traditionnelle du Canada français, au point de refuser à l'avance, comme le note Dumont, «beaucoup des changements qui ont affecté le Québec depuis les années 1950» (p. 281). En 1964, surpris au bout de son âge par la Révolution tranquille, dépassé par les évènements, Groulx se décrivait lui-même comme «un vieux "croulant" […] qui ne sai[t] plus parler aux jeunes[33]».

Or, c'est bien elle, la Révolution tranquille, qui, en rompant brutalement le fil de la tradition, en rejetant ce qui venait du passé, a rendu par le fait même problématique notre rapport à nous-mêmes et urgente la tâche herméneutique de s'approprier la tradition, afin de ne pas perdre la mémoire de ce que nous sommes. C'est ce que Dumont a compris très tôt, et avec une conscience aiguë. Pour lui, la Révolution tranquille crée une situation inédite pour la conscience historique québécoise, situation qui porte, en même temps que la promesse d'une redécouverte de notre passé et de nous-mêmes, un danger d'oubli, la menace d'une perte de la mémoire et, avec elle, de notre identité même. À quoi tient plus précisément ce danger? Il vient de l'illusion de la non-appartenance à l'histoire qu'est susceptible d'induire la Révolution tranquille. Car, pour bien réelle que soit la rupture qu'elle marque dans notre conscience historique, la Révolution tranquille n'a pas mis fin pour autant à la *Wirkungsgeschichte*, au travail de l'histoire en nous; elle ne nous a pas délestés comme par magie de la pesanteur du passé; nous n'en sommes pas moins après elle des «êtres de l'histoire». Ce que, en revanche, nous avons perdu avec «la disparition d'une tradition solidement ancrée», c'est, selon Hannah Arendt, «notre solide fil conducteur dans les vastes domaines du passé[34]»; c'est «la référence au passé», comme l'écrit Dumont dans *L'Avenir de la mémoire*[35]. Non, la Révolution tranquille ne nous a pas affranchis du lien avec notre passé, mais, en nous faisant prendre conscience de l'arbitraire des traditions, elle a rendu ce lien éminemment problématique: «Au Québec, de par la rupture culturelle récente, la désappropriation des appartenances idéologiques paraît miraculeu-

---

33. Lionel Groulx, *Chemins de l'avenir*, Montréal, Fides, 1964, p. 159.
34. Hannah Arendt, *La Crise de la culture, op. cit.*, p. 124.
35. Faisant écho, au début de sa conférence *L'Avenir de la mémoire*, à la célèbre formule de Tocqueville: «Le passé n'éclairant plus l'avenir, l'esprit marche dans les ténèbres», Dumont déclare que «la référence au passé s'étant égarée, nous ne savons plus affronter le futur qui s'en trouve enveloppé d'une irrémédiable incertitude» (*L'Avenir de la mémoire, op. cit.*, p. 15).

sement acquise par la vertu de la culture elle-même. Puisque la traditionnelle pensée québécoise est pure *idéologie*, je jouirais d'une extraordinaire liberté initiale; je serais dénué de ces liens qui entravent l'accès à l'universel, ou tout au moins à l'opératoire[36]. »

Cette apparente liberté, Dumont la voit plutôt comme un obstacle qui nous empêche d'opérer un «véritable retour à nous-mêmes» (p. 281). Dans «Le projet d'une histoire de la pensée québécoise», texte de 1976 repris dans *Le Sort de la culture*, Dumont se fait plus catégorique encore: «Tant que les écrits de Dessaulles ou de Laflèche [ou ceux de Groulx... S.C.] nous apparaîtront comme des *niaiseries*, nous n'aurons rien compris. En cette matière, on ne saisit que ce dont on a transgressé l'étrangeté, on n'appréhende que ce dont on s'est fait soi-même le sujet.» Et Dumont de s'excuser aussitôt d'avoir eu à «rappeler ce lieu commun de toute herméneutique. Mon excuse est qu'il va à l'encontre de notre pratique accoutumée de l'histoire des idées, qu'il contredit une espèce d'obstacle épistémologique qui tient à la rupture culturelle de la *Révolution tranquille*[37] ».

De par cette rupture, les idées d'*avant*, les pensées et les œuvres de la tradition se présentent à nous, sinon toutes comme des «niaiseries», du moins comme des «pensées défuntes[38] » – on pense à ce que Michel de Certeau appelait «la beauté du mort» –, des pensées offertes, comme tout autre *objet épistémique*, à la recherche positive (ou positiviste), à cette «pratique accoutumée de l'histoire des idées», à ce que j'ai appelé ci-devant la surcontextualisation. Autrement dit, l'intérêt positif de ces pensées devient ici proportionnel à leur *étrangeté*, cette étrangeté, ou cette distance épistémologique de l'objet par rapport au sujet, étant le présupposé méthodologique fondamental de la science historique (et de la science moderne de l'homme), sa condition d'objectivité.

Or, c'est cette étrangeté même dont Dumont appelle à la *transgression* au nom d'une compréhension herméneutique de l'objet par-delà ou plutôt en deçà de son objectivation aliénante par la science historique. Non que Dumont nie cette dimension d'étrangeté, pas plus qu'il ne condamne la Révolution tranquille

---

36. Cf. *Le Sort de la culture, op. cit.*, p. 314.
37. *Ibid.*, p. 319.
38. *Ibid.*

qui l'a rendue possible[39]. L'obstacle épistémologique que crée la
Révolution tranquille n'est pas illusoire. Étranges et étrangères, il est
vrai que, depuis cette rupture culturelle avec le passé, les pensées et
les œuvres de la tradition le sont devenues pour nous; mais *pas
complètement, pas foncièrement*. Car elles nous sont aussi, pour peu
cependant que nous sachions nous déprendre de l'attitude objecti-
vante à leur égard, étrangement familières, de cette familiarité
première, précompréhensive, *globale* et *magique* en quoi consiste le
sentiment d'appartenance à un peuple, à une histoire, à un pays, en
l'occurrence au Québec[40] – sentiment, ou préjugé fondamental,
dont nous avons tant de mal à rendre raison (et pour cause puisque
sans être irrationnel il relève d'un autre ordre que le savoir discursif)
face à ceux qui nous mettent au défi de définir notre caractère
distinct...

Étrangeté et familiarité: c'est, pour Dumont, entre ces deux
pôles que, depuis la Révolution tranquille, nous nous situons par
rapport à la tradition ou que celle-ci se situe par rapport à nous.
Gadamer ne dit pas autre chose quand il écrit que «la conscience
herméneutique sait bien que son lien à la chose n'est pas celui d'un
accord qui irait absolument de soi, comme c'est le cas pour la persistance ininterrompue d'une tradition. Il existe vraiment une polarité
entre familiarité et étrangeté; c'est sur elle que se fonde la tâche de
l'herméneutique[41]».

De même est-ce sur cette polarité, sur la dialectique de la
familiarité et de l'étrangeté de la tradition, que s'appuie la réception
dumontienne de Groulx. Du fait de la Révolution tranquille,
«Groulx se présente à nous comme un étranger», dit Dumont
(p. 261). D'où la propension que l'on a depuis à le traiter comme
tel, en renchérissant même sur le *sentiment* d'étrangeté, en élevant ce
sentiment, sous l'influence de l'historicisme et du positivisme
modernes – de «la pratique accoutumée de l'histoire des idées» –
au statut de principe méthodologique de l'explication historique.

---

39. Que la critique dumontienne de la Révolution tranquille n'implique aucunement la
condamnation en bloc de celle-ci, l'incipit de *Raisons communes* (*op. cit.*, p. 11) le laisse
bien entendre: «Chaque fois que reviennent les jours gris, que le devenir prend une
couleur monotone et que la politique piétine d'impuissance, on se prend à rêver de
quelque sursaut qui remette l'histoire en marche. Au Québec, on se remémore alors
avec nostalgie les années de la Révolution tranquille [...].»
40. Cf. *Le Sort de la culture, op. cit.*, p. 317 et suiv.
41. Hans-Georg Gadamer, *Vérité et méthode. Les grandes lignes d'une herméneutique philosophique*, traduction de P. Fruchon, J. Grondin et G. Merlio, 1996, *op. cit.*, p. 317.

Façon savante, *scientifique*, de tenir notre «témoin inquiétant» éloigné de nous-mêmes.

Ce n'est pas, encore une fois, que Dumont nie l'étrangeté de Groulx, son «éloignement» par rapport à nous (p. 262). Au contraire : non seulement reconnaît-il cette étrangeté, mais il va même jusqu'à lui attribuer une signification éminemment positive en tant que condition d'une compréhension authentique, d'un dialogue vrai avec Groulx. Ainsi, après avoir mis au premier plan l'étrangeté de Groulx, tout ce qui aujourd'hui et à jamais nous en éloigne, Dumont pose la question : «Comme dans tout dialogue, ne fallait-il pas creuser la distance, afin d'en faire ressortir les raisons d'une possible rencontre?» (p. 280).

Le dialogue authentique suppose en effet que l'un laisse l'autre parler, qu'il lui donne la possibilité de se révéler dans sa différence, dans son étrangeté même. «Entrer en dialogue, dit Dumont dans *Une foi partagée*, c'est avoir besoin de l'autre. Comme dans tous les véritables échanges, c'est dans l'ouverture à la vérité de l'interlocuteur qu'on prend plus à fond conscience de sa propre vérité[42].» De même, si Dumont s'intéresse à Groulx, s'il cherche à entrer en dialogue avec lui, en interrogeant son œuvre et en se laissant interroger par elle, c'est parce qu'il a besoin de Groulx pour se comprendre lui-même[43]; c'est parce qu'il croit au départ que l'œuvre de Groulx, si différente et si éloignée soit-elle de son propre horizon, ou plutôt *parce qu'elle est différente et éloignée* de son horizon actuel, a quelque chose à lui apprendre sur lui-même[44]; c'est parce qu'il attend de la fréquentation de cette œuvre, en dépit de tout ce qu'il peut y avoir en elle de périmé, qu'elle élargisse son horizon et lui apporte une meilleure connaissance de soi, qu'elle enrichisse sa quête du sens de son appartenance à la société québécoise.

---

42. *Une foi partagée, op. cit.*, p. 91.
43. Dans son beau livre, *L'universalité de l'herméneutique* (Paris, Presses universitaires de France, 1993), Jean Grondin écrit ceci : «Seul le dialogue, l'univers du débat, la rencontre avec ceux qui pensent différemment, et qui peuvent tout aussi bien habiter en nous-mêmes, nourrit l'espoir de faire reculer les limites qu'impose notre horizon particulier. L'herméneutique philosophique ne connaît donc pas de principe plus élevé que celui du dialogue» (p. 194).
44. «Nous sommes justifiés par une vision du monde, et qui engendre les méthodes scientifiques dont nous usons; comme la culture des autres les entraîne dans une démarche qui est susceptible de nous mettre en question nous aussi» (*L'Institution de la théologie*, Montréal, Fides, 1987, p. 215).

Mais qu'est-ce que l'œuvre de Groulx pourrait donc bien aujourd'hui nous apprendre sur nous-mêmes ? La question rebondit toujours : qu'est-ce que ce « témoignage obscur » que Dumont prétend tirer de son dialogue, de sa rencontre avec Groulx ? C'est à cette question que je voudrais tenter de répondre en terminant.

## UNE MÉMOIRE D'INTENTION

Revenons donc à la distinction que Dumont établit entre « message » et « témoignage » pour tâcher d'en éclairer le sens. D'abord à partir d'une indication qu'il nous fournit dans *L'Avenir de la mémoire* :

> [...] ce qui nous vient du passé, ce sont des traces, susceptibles de deux lectures. Je les considère comme des *documents* à propos desquels je peux m'interroger : cela s'est-il déroulé tel qu'on le rapporte, dans quelle mesure puis-je m'y fier ? Les traces du passé, il m'est loisible aussi d'y voir des *témoignages,* dont je me sente solidaire sans nécessairement m'y identifier tout à fait, et dont je témoignerai à mon tour[45].

Il s'en faut de beaucoup, toutefois, que ces témoignages soient toujours obvies ; d'où, on l'a vu, la nécessité de transgresser l'étrangeté du texte, de s'en faire le sujet, de se l'approprier. Mais de s'approprier quoi au juste ? Non pas les « messages » de l'auteur, mais son « témoignage », lequel ressortit à ce que Gadamer appelle « les tendances de sens d'un texte [qui] dépassent de loin ce que son auteur avait dans l'esprit [...], la tâche de la compréhension [étant de] s'adresse[r] en premier lieu au sens du texte lui-même », à « l'horizon de la question qui, en tant que telle, englobe nécessairement d'autres réponses ». Cela nécessite de la part de l'interprète un travail d'application (*Anwendung*) dans le but « d'adapter le sens d'un texte à la situation concrète dans laquelle son message est adressé [...] d'expliciter la tension qui existe entre l'identité de la chose en commun et la situation changeante dans laquelle celle-ci doit être comprise[46] ».

C'est une démarche semblable qui préside à la réception dumontienne de Groulx. En effet, si Dumont doit nécessairement partir des réponses de Groulx pour entrer en dialogue avec lui, si ces

---

45. *L'avenir de la mémoire, op. cit.*, p. 58.
46. *Vérité et méthode*, traduction Sacre, 1976, *op. cit.*, p. 219, 216, 149 et 150.

réponses il doit même les respecter, tout en se réservant le droit de souligner le manque de discernement de certaines[47], ce ne sont pas d'abord sur elles que se porte l'intérêt herméneutique de Dumont, mais bien plutôt vers l'horizon de la question qui les englobe et qui appelle d'autres réponses que celles de Groulx, des réponses nouvelles qui soient pertinentes pour nous qui vivons aujourd'hui au Québec. L'horizon de la question, Dumont l'appelle « l'intention », et c'est elle qu'il cherche à atteindre à travers son dialogue avec Groulx: « l'intention première » sous-jacente aux réponses que celui-ci a formulées en son temps et qui ne valent plus pour le nôtre. Ces réponses caduques, qui correspondent à un certain état de la mémoire, participent du mouvement si j'ose dire centripète de l'œuvre groulxienne, mouvement qui marque « l'adhésion de Groulx à son temps » (p. 273) et sa volonté d'en justifier et d'en perpétuer la vision du monde par le recours à un passé mythifié. Mais l'œuvre de Groulx est animée par un autre mouvement, « repérable [...] dans les textes les plus explicites » (p. 273), un mouvement centrifuge celui-là, qui témoigne du refus que Groulx oppose à son temps et de la lecture lucide et critique qu'il en fait: « Nous aviserons-nous [...], demande Groulx, que c'est nous faire un médiocre compliment, devant les capitalistes étrangers, que de vanter à tout propos la qualité morale de nos ouvriers, quand le rôle principal de notre peuple, dans le développement économique de notre province, paraît être de fournir des manœuvres ? »

Et Dumont, citant ce texte (il aurait pu en citer des dizaines d'autres de la même mouture), d'y ajouter ce commentaire: « Est-on allé plus loin dans le procès des conditions économiques du Québec ? » (p. 269).

Ce procès nous renvoie à « l'intention première de Groulx » (p. 282), à la motivation fondamentale de l'historien Lionel Groulx, aux « choix conscients ou cachés où a débuté, bien avant que l'écrivain ait consulté des documents ou pris la plume, son interprétation du passé de son peuple » (p. 273); à ce que Dumont appelle encore « l'utopie » de Groulx. Utopie non pas historique ou horizontale, à l'image des utopies modernes « qui reportent sans cesse en avant la société authentique », mais verticale, « au-dessus de

---

47. « On a surtout retenu qu'il [Groulx] espérait la venue d'un *chef*; là-dessus, il a subi les influences de l'Europe de son temps. Nul besoin de lui pardonner au nom de l'indulgence historienne » (p. 271).

nous », comme l'utopie platonicienne, qui « n'existera jamais […], mais qui, si les hommes s'y reportaient dans leurs actions, donnerait à celles-ci profondeur et vérité » (p. 282). Utopie qui exige sa propre actualisation morale et politique, qui commande un engagement concret, ici et maintenant, une « médiation réelle », une « pratique littérale », pour prendre les termes de Maurice Blondel[48].

Telle est, par-delà la doctrine et la désuétude des messages, l'utopie, ou l'espérance, dont témoigne, selon Dumont, l'œuvre de Groulx et par laquelle celle-ci continue de nous être présente aujourd'hui, en nous appelant à un dépassement, à « la poursuite passionnée de cette interprétation de l'existence d'un peuple dont la condition tragique rappelle que le recours à l'histoire est aussi le choix d'un destin » (p. 283).

Est-ce tout ? Est-ce bien là, se demandera-t-on, non sans quelque déception peut-être, ce « témoignage plus obscur » qu'annonçait, que nous promettait Dumont ? Est-ce là le fin mot de ce que j'ai intitulé la réception herméneutique de Groulx chez Fernand Dumont ? « Dans le dialogue avec autrui – mais aussi avec nous-mêmes, tant et aussi longtemps que nous pensons – nous en arrivons, dit Jean Grondin, à des vérités qui nous éclairent, mais dont les fondements ultimes restent insondables[49]. »

C'est une vérité du même ordre que Fernand Dumont me paraît retirer de son dialogue avec Groulx : « une vérité de participation », une vérité que nous ne maîtrisons pas et qui nous rejoint du fond de la tradition[50]. Ou plutôt qui ne nous rejoint que pour autant que nous consentions à nous y exposer comme à un témoignage qui vient de plus loin que nous-mêmes, comme à une *origine* de notre attachement à ce pays et une « impulsion » à le continuer. « Cela nous constitue non pas une mémoire de méthode, dit Dumont, mais une mémoire d'intention[51]. »

Sans elle, sans cette mémoire d'intention, il semble bien qu'une collectivité n'ait guère d'avenir pour Dumont, faute de pouvoir

---

48. Cf. Maurice Blondel, *L'Action* (1893), 5ᵉ partie, chap. II, Paris, PUF, 1973.
49. Jean Grondin, *op. cit.*, p. 219.
50. « Nous ne maîtrisons pas vraiment, dit Jean Grondin, ces vérités qui nous rejoignent du fond de la tradition. Ce sont elles, plutôt, qui prennent possession de nous. Celui qui comprend s'avise alors de sa passivité lorsqu'il fait la rencontre du sens, de l'évidence ou de l'orientation » (*ibid.*).
51. *Le Sort de la culture, op. cit.*, p. 316.

s'orienter par elle-même, faute de savoir d'où elle vient et à quoi elle tient, faute d'identité en somme. « La mémoire, remarque Paul Ricœur, exerce deux fonctions : elle assure la continuité temporelle, en permettant de se déplacer sur l'axe du temps ; elle permet de se reconnaître et de dire *moi, mien*[52]. »

Ne peut-on faire l'hypothèse que la mémoire collective exerce les mêmes fonctions pour un peuple ? Or, depuis la Révolution tranquille, remarque Dumont à la fin de *Genèse de la société québécoise*, cette mémoire, la mémoire collective du peuple québécois, « a été dévastée[53] », car on a voulu, précise-t-il, dans *Raisons communes* cette fois, « apprivoiser l'avenir par le déni du passé. Difficile entreprise : comment une capacité de création adviendrait-elle à un peuple s'il est convaincu d'avance que ce qu'il a auparavant accompli est sans valeur ?[54] »

Le déni du passé procède lui aussi de la mémoire[55], mais d'une mémoire qui obéit à ce que l'on pourrait appeler, en termes freudiens, une « compulsion de la répétition ». Une mémoire non dialectisée, comme hantée et paralysée par le souvenir de nos défaites et de nos humiliations passées, qu'elle se condamne à d'autant plus répéter qu'elle cherche à les oublier, à les refouler ; une mémoire à laquelle manque, pour parler comme Paul Ricœur, l'« oubli actif », « le travail du souvenir » qui seul « permet de construire une histoire intelligible ». « Pour vivre et penser librement, dit Dumont, oublier est un devoir. Encore qu'il ne faille pas pour autant censurer. L'oubli authentique est récapitulation, effort pour repasser sur le cheminement de soi-même afin que la conscience des mutations soit aussi réactualisation de l'expérience sous-jacente qui les a suscitées[56]. »

Pour Dumont, se remémorer Groulx c'est faire cet effort pour échapper à ce que Paul Ricœur appelle encore la « capacité destructrice de [nos] souvenirs » ; c'est faire cet effort pour oublier authentiquement le passé en s'en réappropriant « l'élan vital » (selon la formule de Bergson), l'appel au dépassement, cet « appel à

---

52. Paul Ricœur, *La critique et la conviction, op. cit.*, p. 188.
53. *Genèse de la société québécoise, op. cit.*, p. 335.
54. *Raisons communes, op. cit.*, p. 104.
55. Les lignes qui suivent s'inspirent de ce que Paul Ricœur dit de la mémoire dans *La critique et la conviction, op. cit.*, p. 190.
56. *Le Sort de la culture, op. cit.*, p. 315.

l'avenir» qu'il nous est encore loisible, selon Dumont, d'entendre dans l'œuvre de Groulx.

Mais il est grand temps de conclure. J'en laisserai le soin à Fernand Dumont lui-même, qui, dans sa *Genèse de la société québécoise*, résume parfaitement et en quelques lignes que tout historien québécois aurait intérêt à méditer les motifs et les enjeux fondamentaux de sa remémoration de Groulx:

> Confortablement installé dans les savoirs et les préjugés de son époque, rien n'est plus aisé que de faire comparaître les défunts devant le tribunal de l'histoire. Et il est de bon ton en certains quartiers de décrier le passé, avec la conviction de se hausser du même coup au rang d'acteur des grands recommencements. Je suis persuadé, pour ma part, que le métier d'historien ou de sociologue relève d'une autre urgence: celle de comprendre et, si possible, d'expliquer. Il commande de prendre une distance, de faire soigneusement la part de l'esprit critique; il n'exclut pas pour autant la complicité avec les gens d'autrefois, l'effort pour nous réapproprier quelque chose de ce qu'ils ont senti afin de rendre un peu intelligible ce qu'ils ont vécu[57].

---

57. *Genèse de la société québécoise, op. cit.*, p. 330.

# 15

# Nation et mémoire chez Fernand Dumont

## Pour répondre à Gérard Bouchard*

ans *La nation québécoise au futur et au passé*[1], Gérard Bouchard désigne Fernand Dumont comme le plus éminent représentant de ce qu'il appelle « la thèse des nations ethniques au Québec ». L'examen de cette thèse, ou de cette « proposition », amène Bouchard à formuler à son encontre un certain nombre d'objections et de critiques, dont celle-ci qui prétend en révéler le vice rédhibitoire : « Si une telle proposition devait prévaloir, elle viendrait en quelque sorte confirmer tout le mal que l'on entend ici et là à propos du nationalisme québécois, tous ces préjugés et stéréotypes malveillants qui l'associent au repli, à l'ethnicisme, au refus de la différence. Quelle défense pourrait désormais leur être opposée ?[2] »

L'accusation est grave, et elle vise en particulier Fernand Dumont. L'auteur du *Lieu de l'homme* aurait-il défendu une conception de la nation relevant de l'*ethnicisme* – mot qui, dans le contexte « malveillant » auquel se réfère ici Gérard Bouchard, connote le racisme, ni plus ni moins ?

---

*    Je reprends ici, avec quelques corrections mineures, un texte paru d'abord dans le *Bulletin d'histoire politique*, vol. 9, n° 1, automne 2000, p. 40-59.

1.   Gérard Bouchard, *La nation québécoise au futur et au passé*, Montréal, VLB, coll. « Balises », 1999.

2.   *Ibid.*, p. 54.

C'est à cette question que je voudrais répondre ici. Ma réponse, je le dis tout de suite, sera négative, *évidemment négative*. Non, Fernand Dumont n'était pas un penseur ethniciste. Et qu'il faille aujourd'hui se donner la peine de démontrer une pareille évidence (car il le faut bien compte tenu de la notoriété que l'auteur de l'accusation s'est acquise dans le champ intellectuel québécois), cela en dit long à mon avis sur la crise que traverse aujourd'hui notre nationalisme, crise qui, comme Dumont avait su lui-même si bien le diagnostiquer, relève par-dessus tout de la mémoire. Je reviendrai plus loin sur cette crise de la mémoire. Mais, auparavant, il est nécessaire de s'attarder sur « la thèse des nations ethniques » que Gérard Bouchard prête fallacieusement à Fernand Dumont.

## LA THÈSE DES NATIONS ETHNIQUES

Sous des apparences de sérieux et de rigueur, la critique que Bouchard oppose à la conception dumontienne de la nation consiste en un amalgame de demi-vérités, de faussetés et de sophismes, le tout assez habilement agencé dans le but évident de la discréditer. Au lieu de chercher d'abord à la saisir dans sa cohérence propre, quitte à formuler ensuite les raisons qui justifieraient son rejet[3], Bouchard se sert de la thèse de Dumont comme d'un repoussoir afin de promouvoir la sienne, sa « proposition » sur la « nation québécoise ». Comme s'il fallait nécessairement que Dumont eût tort pour que Bouchard ait raison.

Mon attention se portera d'abord sur le mot « ethnique » que Bouchard associe à la conception dumontienne de la nation. Que vient faire ici ce mot, qui non seulement ne fait pas partie du vocabulaire de Dumont, mais dont ce dernier a, ainsi qu'on va le voir, très explicitement condamné l'usage pour désigner la nation franco-québécoise ? Dans l'entrevue qu'il accordait à Michel Vastel en 1996, Dumont déclarait en effet ceci : « Il faut oublier le mot "ethnique", car la nation est essentiellement une réalité culturelle[4]. »

---

3.  Comme le fait Michel Seymour dans sa critique des positions de Dumont (cf. *La nation en question*, Montréal, l'Hexagone, 1999, chap. VI, p. 61-75). Pour discutable qu'elle puisse être par ailleurs, cette critique a du moins le mérite de présenter d'entrée de jeu la thèse de Dumont comme celle de « la nation culturelle », en spécifiant qu'elle « ne doit pas être confondue avec la nation ethnique » (p. 61).

4.  « Le bilan de Fernand Dumont », *L'Actualité*, vol. 21, n° 14, 15 septembre 1996, p. 87. Repris dans *Fernand Dumont, un témoin de l'homme, op. cit.*, p. 325.

Quatre ans plus tôt, devant la Commission parlementaire sur la souveraineté du Québec, Dumont s'était fait plus précis quant au motif de son rejet du mot «ethnique»: «il n'y a plus depuis très longtemps, disait-il, de nations au sens organique du terme, c'est-à-dire à caractère strictement ethnique. Ce qui existe maintenant, ce sont des nations culturelles», c'est-à-dire «électives⁵». En d'autres termes, ceux de *Raisons communes* cette fois: «Dans les solidarités nationales comptent le choix des personnes, l'acceptation ou l'élection d'une identité [...]. Des descendants d'Anglais, d'Écossais, d'Irlandais, d'Italiens, etc., sont de ma nation; des descendants de Français sont devenus des Anglais ou des Américains. Constatation digne de ce bon M. de La Palice, mais qui rappelle utilement que les nations sont des entités historiques mouvantes⁶.

Cette conception dite «élective» de la nation, Dumont la reprend nommément d'Ernest Renan, dont il cite (au début du troisième chapitre de *Raisons communes*) un passage de la célèbre conférence prononcée en Sorbonne en 1882 où la nation est conçue comme «l'aboutissement d'un long passé d'efforts, de sacrifices et de dévouements». Et Dumont de commenter: «Ce report au passé n'implique aucun déterminisme; Renan ne croyait pas plus que nous aux impératifs de races. La communauté nationale n'est pas faite de cette fraternité de sang dont parlait naguère Trudeau pour nous inviter à dépasser les vues bornées dont il ne cessait de nous soupçonner⁷.»

On le voit: c'est d'une façon on ne peut plus nette, on ne peut moins équivoque que Dumont rejetait la conception ethnique de la nation⁸. Dès lors, la question se pose: qu'est-ce qui autorise à qualifier d'*ethnique* la thèse de Dumont sur la nation? Sur la base de

---

5.  Commission d'étude des questions afférentes à l'accession du Québec à la souveraineté. *Journal des débats*. Le mercredi 19 février 1992 – n° 29, CEAS-950.
6.  *Raisons communes, op. cit.*, p. 52.
7.  *Ibid.*, p. 51 et 52.
8.  C'est, soit dit en passant, pour des motifs analogues à ceux de Dumont que Hubert Aquin rejetait, en 1962, la conception ethnique de la nation: «La nation, écrivait Aquin, n'est pas, comme le laisse entendre Trudeau, une réalité ethnique. Il n'y a plus d'ethnies, ou alors fort peu. Les déplacements de population, l'immigration, les assimilations [...] ont produit une interpénétration des ethnies dont un des résultats incontestables, au Canada français par exemple, est le regroupement non plus selon le principe de l'origine ethnique (la race, comme on disait encore il y a vingt-cinq ans), mais selon l'appartenance à *un groupe culturel* homogène dont la seule particularité vérifiable se trouve au niveau linguistique» («La fatigue culturelle du Canada français», *loc. cit.*, p. 81).

quel(s) indice(s) Gérard Bouchard se croit-il fondé à affirmer que, bien qu'il n'utilise pas formellement le concept de nation ethnique – et qu'il le condamne même, comme on vient de le voir –, Dumont n'en chercherait pas moins à « fragmenter et replier l'idée nationale sur ses bases ethniques », à installer « l'ethnicité au premier rang de la représentation symbolique de la société québécoise[9] » ?

Avant d'examiner plus à fond les arguments de Bouchard, je voudrais souligner les difficultés que soulève l'usage qu'il fait du concept d'ethnicité qui sous-tend toute son argumentation.

Qu'est-ce que cette *ethnicité* que Bouchard prétend débusquer au cœur de la conception dumontienne de la nation ? Qu'est-ce que cette *ethnicité* sur laquelle Dumont polariserait la représentation symbolique de la société québécoise ? Un jury serait en droit d'exiger ici qu'on lui fournisse une définition un tant soit peu précise du concept sur lequel repose le principal chef d'accusation. Or que nous dit Bouchard ? Ceci : « il semble qu'on ne puisse trouver nulle part une définition précise de l'ethnicité qui fasse clairement ressortir la spécificité de celle-ci par rapport à la culture envisagée globalement[10] ». Mais si c'est bien le cas, s'il est vrai, comme l'écrit encore ailleurs Gérard Bouchard[11], que la notion d'ethnicité pose « un important problème de définition » tel qu'il semble « difficile de la distinguer de la notion de culture », alors pourquoi ne pas prendre tout simplement, à l'instar de Dumont, le parti d'oublier le mot « ethnicité » et ses dérivés ? Pourquoi ne pas renoncer à user d'une terminologie dont Bouchard semble le premier à reconnaître l'inadéquation, la foncière imprécision conceptuelle ? Pourquoi ce dernier persiste-t-il à parler d'ethnicité s'il est vrai, comme il le fait lui-même observer, que « l'anathème général pesant actuellement sur l'ethnicité menace d'emporter toute la culture dès lors que celle-ci affiche des visées nationales[12] » ?

---

9. *La nation québécoise au futur et au passé, op. cit.*, p. 45 et 52.
10. *Ibid.*, p. 26.
11. Voir Gérard Bouchard, « Réflexion sur le Québec et la diversité », *L'Action nationale*, vol. 87, n° 4, avril 1997, p. 128.
12. *La nation québécoise au futur et au passé, op. cit.*, p. 26.

## DE L'ETHNICITÉ À L'ETHNICISME

Les très sérieuses réserves que Bouchard oppose à la notion d'ethnicité paraissent en fait si proches de celles de Dumont que l'on a du mal à comprendre pourquoi il tient malgré tout à utiliser cette notion et même à en faire un usage abondant tout au long de son essai. Comme si, tout en étant conscient du piège politique que recèle une telle notion, Bouchard se sentait en même temps forcé de l'utiliser, en alléguant par exemple qu'«il subsiste toujours des contenus *ethniques* qui ne sont nullement incompatibles avec les présupposés juridiques de la nation *civique*[13]». Et quels seraient donc ces contenus ethniques civiquement acceptables? «C'est le cas notamment, précise-t-il, de l'identité et de la langue nationales, comme de tout ce qui relève des choix de société, dès lors que leur persistance les a mués en traditions[14].» Force est de reconnaître que la notion d'ethnicité prend ici une telle extension qu'on ne voit plus très bien ce qui pourrait encore la distinguer du concept de culture; ce que, dès l'abord, Bouchard avait du reste reconnu. Mais, encore une fois, s'il est impossible de distinguer la notion d'ethnicité de la notion de culture, et s'il est vrai au surplus, comme Bouchard lui-même nous en avertit, que l'anathème qui pèse sur cette notion d'ethnicité «menace d'emporter toute la culture dès lors que celle-ci affiche des visées nationales», alors pourquoi ne pas abandonner tout simplement une telle notion? Comment expliquer cette contra-diction sous-jacente à la critique bouchardienne de Dumont?

La réponse, c'est que la notion d'ethnicité, aussi inconsistante et peu opératoire qu'elle soit de l'avis même de Bouchard, n'est pas moins utile à ce dernier en ce qu'elle lui permet d'introduire une autre notion qui en est le dérivé péjoratif, une notion idéologique en «isme» qui a pour unique fonction de disqualifier les discours concurrents, tout spécialement celui de Dumont. Ainsi, après avoir souligné qu'il existe des «contenus *ethniques*» compatibles avec «les présupposés juridiques de la nation *civique*», Bouchard ajoute ceci: «Pour le reste, l'ethnicité, comme toute la culture, devient évidemment condamnable lorsqu'elle s'arroge une supériorité intrinsèque et, pour cette raison, entreprend de s'affirmer ou de s'étendre aux dépens des autres. Dans ce cas toutefois, il faut, à

---

13. *Ibid.*, p. 29.
14. *Ibid.*, p. 29-30.

proprement parler, dénoncer non pas la nation ethnique, mais la société ethnocentriste ou, mieux encore, l'ethnicisme[15]. »

Nous y voilà donc : au *nationalisme ethnique*, ce « stéréotype malveillant » auquel ont si fréquemment recours les ennemis du nationalisme québécois pour le discréditer tant aux yeux de la communauté internationale que dans l'esprit des Québécois francophones eux-mêmes. Dans un article paru dans *Le Devoir*, Jacques Beauchemin faisait pertinemment observer que « la critique antinationaliste est parvenue à atteindre la mauvaise conscience qui sommeille en chaque nationaliste épris de démocratie », et que « les accusations d'antidémocratisme d'un Mordecai Richler ou d'un William Johnson ont eu pour effet d'acculer les nationalistes du Québec à démontrer le caractère inclusif et démocratique du projet souverainiste[16] ».

À lire *La nation québécoise au futur et au passé*, on ne peut qu'être frappé par la place qu'y occupe cette démonstration, Bouchard n'ayant de cesse d'insister sur « l'ouverture culturelle » à laquelle devront consentir les Québécois francophones s'ils veulent soustraire « la nation québécoise et sa promotion à tous les procès d'intolérance et de xénophobie qu'on lui fait encore souvent[17] ». Reste que même cette ouverture culturelle ne saurait suffire, d'après lui, à démontrer aux *autres* notre bonne foi démocratique. Pour y parvenir, il nous faudra aussi apprendre à exorciser les vieux démons de notre ethnicisme en dénonçant ceux qui, parmi nous, se montrent réfractaires à la conception moderne, civique, de la nation et à la « difficile transition » qu'elle implique « entre le vieux paradigme de l'homogénéité, ordinairement synonyme d'assimilation forcée, de discrimination et d'exclusion, et le paradigme de la différence ou de la diversité, marquée par le respect des particularismes culturels et l'universalité des droits civiques[18] ».

Mais Gérard Bouchard n'est pas naïf. Il sait bien qu'en associant la conception dumontienne de la nation à ce « vieux paradigme »

---

15. *Ibid.*, p. 30.
16. Jacques Beauchemin, « Une fascination qui mine le projet souverainiste », *Le Devoir*, 25 juin 1999, p. A 9. (Note de 2014 : Beauchemin s'est appliqué ensuite à développer sa thèse dans *L'histoire en trop. La mauvaise conscience des souverainistes québécois, op. cit.*)
17. *La nation québécoise au futur et au passé, op. cit.*, p. 71.
18. *Ibid.*, p. 32.

*groulxiste*[19], il ne peut que se heurter au préjugé de ceux, nombreux, qui avaient pris l'habitude de voir en Dumont un démocrate et un humaniste exemplaires plutôt qu'un penseur ethniciste. Aussi prévient-il l'objection : « Il existe ici un paradoxe, dans la mesure où les tenants de cette thèse [de la nation ethnique] y sont presque tous venus par souci de respecter la diversité et d'atténuer ou de prévenir les tensions ethniques[20]. » Autrement dit, pour incontestable que soit, selon Bouchard, l'ethnicisme de Fernand Dumont, cet ethnicisme n'est cependant pas manifeste ; il s'agirait plutôt d'une sorte de crypto-ethnicisme, que le grand maître du soupçon Gérard Bouchard aurait, lui, réussi à décrypter. Examinons d'un peu plus près sa méthode de décryptage.

## LA CULTURE DE CONVERGENCE : MÉPRISE

Qui est un peu familier avec la réflexion de Fernand Dumont sur le Québec, qui a lu un peu attentivement *Raisons communes* et *Genèse de la société québécoise*, ne peut manquer de remarquer que le raisonnement par lequel Bouchard en arrive à conclure à l'ethnicisme de Dumont repose en fait sur une prémisse fausse, d'après laquelle « la culture de convergence » que ce dernier appelle de ses vœux serait la culture canadienne-française. Lisons d'abord le passage de *Raisons communes* où figure le concept de « culture de convergence » : « Si culture de convergence il y a un jour, ce ne sera pas un composé de laboratoire ou de convention, ce sera la culture française. Sinon, la question d'une communauté politique québécoise, souveraine ou provinciale, deviendra sans objet[21]. »

Voyons maintenant comment Bouchard comprend et interprète ce passage : « À la longue, une *culture de convergence* se constituerait néanmoins, mais ce serait *la culture française* – autant qu'on puisse

---

19. Il convient de rappeler que Gérard Bouchard s'est fait l'écho des accusations de racisme portées il y a quelques années contre le chanoine Groulx, en exhortant ses compatriotes à « prendre nettement congé » de l'historien nationaliste et de son époque. Voir à ce sujet : Benoît Lacroix et Stéphane Stapinsky, « Lionel Groulx : actualité et relecture », *Les Cahiers du Québec au XXe siècle*, n° 8, automne 1997, p. 10. (Note de 2014 : Gérard Bouchard a parachevé ce nettoyage ethnique de notre mémoire dans son ouvrage *Les deux chanoines. Contradiction et ambivalence dans la pensée de Lionel Groulx*, Montréal, Boréal, 2003).
20. *La nation québécoise au futur et au passé, op. cit.*, p. 44-45.
21. *Raisons communes, op. cit.*, p. 67.

voir, il faut comprendre ici : la culture *canadienne-française* – et elle serait nourrie substantiellement, sinon en priorité de la mémoire[22]. »

Autant qu'on puisse voir... Mais qu'est-ce qui justifie Bouchard de *voir* « la culture canadienne-française » là où Dumont parle de la « culture française » ? Si c'est bel et bien à la culture canadienne-française que renvoie le concept de « culture de convergence », alors pourquoi Dumont a-t-il écrit « culture française » et non pas « culture canadienne-française » ? À aucun moment Bouchard ne se pose la question ; selon lui, quand Fernand Dumont écrit « la culture française », il faudrait lire « la culture canadienne-française ». Alors, de deux choses l'une : ou bien Dumont ne sait pas ce qu'il écrit, est dupe de ses propres motivations ethnicistes canadiennes-françaises ; ou bien il cherche sciemment à nous les dissimuler. Peu importe du reste, puisque Gérard Bouchard est là pour éclairer les intentions cachées de Dumont.

Il devrait suffire ici de rappeler qu'un penseur du calibre de Fernand Dumont prend la peine de réfléchir avant d'écrire, et que lorsqu'il écrit « la culture française » il n'a pas la « canadienne-française » derrière la tête. Au fait, pourquoi Dumont a-t-il écrit « culture française » et non pas « culture canadienne-française » ? Pourquoi la culture de convergence que devra se donner la société québécoise ne saurait être, à ses yeux, la culture canadienne-française ? La réponse est évidente, si évidente en fait que Bouchard, qui a lu Dumont, ne devrait pas l'ignorer. Si la culture de convergence ne peut pas se confondre avec la culture canadienne-française, c'est tout simplement parce que celle-ci n'existe plus *comme telle*, qu'elle appartient au passé, à un passé révolu[23]. Quarante ans après le déclenchement de la Révolution tranquille, nous ne sommes plus des Canadiens français. Ceux que Dumont, dans *Raisons communes*, appelle significativement « les francophones » ou « les Français du Québec » ne vivent plus dans cette culture canadienne-française dont la religion catholique constituait le pivot. Voilà ce que Dumont constate comme tout le monde. Sauf qu'il ne se borne pas à répéter un tel truisme. Pour lui – et c'est là précisément ce que Bouchard, parmi d'autres, n'arrive pas à comprendre ou à admettre –, ce n'est pas parce que la culture canadienne-française a cessé d'exister *comme*

---

22. *La nation québécoise au futur et au passé, op. cit.*, p. 48-49.
23. Voir à ce sujet Fernand Dumont, « Essor et déclin du Canada français », *Recherches sociographiques*, 38, 3, p. 419-467.

*telle* qu'elle ne nous concerne plus, qu'elle n'a plus rien à nous dire sur nous-mêmes aujourd'hui. La sortie de la *référence* canadienne-française, aussi irréversible soit-elle, ou plutôt parce qu'elle est irréversible, pose un formidable défi à la mémoire collective, un défi qui met en jeu l'avenir de la langue et de la culture françaises en Amérique. Je reviendrai plus loin sur cet aspect crucial de la réflexion de Dumont sur le Québec. Auparavant, je voudrais montrer avec plus de précision à quelle profonde méprise aboutit Gérard Bouchard dans sa lecture de Dumont. À cet effet, j'ai retenu trois énoncés qui suffiront à faire saisir l'ampleur du contresens bouchardien.

*Énoncé n°1.* Bouchard écrit : « Enfin, il semble bien que, sous la plume de M. Dumont, l'intégration des immigrants soit en réalité synonyme d'assimilation pure et simple à la culture canadienne-française[24]. »

Sur quoi s'appuie ce « il semble que » ? À quelle(s) déclaration(s) de Dumont Bouchard se réfère-t-il ? À aucune, et pour cause. Que trouve-t-on « en réalité » sous la plume de Dumont ? Ceci, qui oppose un démenti formel aux allégations de Bouchard : « En refusant le multiculturalisme et l'assimilation autoritaire des immigrants, en insistant sur la spécificité des communautés nationales, je n'ai énuméré que des critères pour ainsi dire négatifs. Comment envisager des caractéristiques positives ? Comment répondre au problème crucial que l'on commence à percevoir dans toute son acuité : qu'est-ce qui maintient ensemble les Québécois[25]. »

Il ne saurait donc être question d'imposer aux Québécois non francophones une culture canadienne-française qui n'est même plus celle des francophones. Mais alors de quoi s'agit-il ? De « la question du fondement de la société civile », répond Dumont[26]. Et qu'une culture publique commune au sens où l'entend par exemple Gary Caldwell ne suffise pas, selon lui, à répondre à cette question, cela tient à l'idée que Dumont se faisait d'une authentique communauté politique, d'une démocratie digne de ce nom. À ses yeux, celle-ci ne se réduit pas à des « institutions politiques et juridiques qui confèrent le statut de citoyen » : elle « suppose des références

---

24. *La nation québécoise au futur et au passé, op. cit.,* p. 49.
25. *Raisons communes, op. cit.,* p. 66.
26. *Ibid.*

culturelles auxquelles les individus s'identifient[27] ». Ce que Dumont envisage ici, c'est, à l'intersection du culturel et du politique, une *nouvelle référence* pour l'ensemble de la société québécoise, une culture commune qui, tout en se nourrissant de « l'apport de la diversité culturelle[28] », permettrait enfin de surmonter le traditionnel clivage entre francophones et anglophones, le fossé entre les deux solitudes. L'ancienne référence canadienne-française n'ayant plus cours dans une société québécoise marquée par le pluralisme culturel, celle-ci doit, dès lors, s'atteler à la tâche de se construire une « culture de convergence » qui ne soit pas la négation artificielle des particularismes culturels, ni leur simple juxtaposition, comme dans le multiculturalisme à la Trudeau, mais leur « lieu de ralliement[29] », le lieu d'un dialogue interculturel véritable. « Dans tous les pays du monde, y compris les États-Unis, il y a une culture et une langue médiatrices. La question est de savoir quelles seraient celles du Québec. Ce n'est pas là un préjugé nationaliste ; c'est une question fondamentale qui concerne la santé de la vie en commun dans une société[30]. »

Pour Dumont, cette « culture médiatrice » ou « de convergence » devait être, au Québec, la culture française, qu'il ne confondait ni avec l'ancienne culture canadienne-française ni, bien sûr, avec la culture de la France. Ce qu'il importe ici de bien comprendre, c'est que le concept de « culture de convergence » vient répondre au souci éthico-politique des *raisons communes*, là où, au Québec comme ailleurs en Occident, les revendications démocratiques tendent de plus en plus à s'enfermer dans ce que Marcel Gauchet appelle « la logique procédurale-identitaire » propre à la « démocratie des identités[31] ». Toute la question (vieille question de la démocratie moderne dont on pourrait faire remonter l'origine à Rousseau) est de savoir si une démocratie véritable, qui suppose par définition la participation politique des citoyens, est concevable et surtout praticable sans « une généralité publique[32] », sans une représentation d'un au-delà des différences entre les êtres et entre les groupes. Dumont n'est pas le seul à croire que non.

---

27. *Ibid.*, p. 67.
28. *Ibid.*, p. 129.
29. *Ibid.*, p. 67.
30. *Ibid.*, p. 129.
31. Marcel Gauchet, *La religion dans la démocratie, op. cit.*, voir notamment p. 111-127.
32. *Ibid.*, p. 127.

*Énoncé n° 2.* Bouchard écrit: « F. Dumont repoussait vigoureusement le modèle de la nation québécoise qu'il accusait d'aliéner l'identité, la *référence* canadienne-française[33]. »

Cet énoncé est doublement faux. Il l'est d'abord parce que pour Dumont, comme je l'ai déjà assez souligné, l'identité, la référence canadienne-française n'existe plus et que, par conséquent, elle ne peut plus être *comme telle* aliénée; il l'est ensuite parce que son refus du modèle de la nation québécoise, Dumont le fonde non pas sur des motifs ethnicistes, mais sur un constat sociologique: « [...] on parle couramment de *nation québécoise*. Ce qui est une erreur, sinon une mystification. Si nos concitoyens anglais du Québec ne se sentent pas appartenir à notre nation, si beaucoup d'allophones y répugnent, si les autochtones s'y refusent, puis-je les y englober par la magie du vocabulaire? L'histoire a façonné une nation française en Amérique; par quelle décision subite pense-t-on la changer en une nation québécoise?[34] »

Dumont est donc formel: il n'existe pas de nation québécoise au sens culturel du terme, sinon par la « magie du vocabulaire », ou encore, pourrait-on dire, par celle des grands nombres, par l'artifice des indices statistiques, comme chez Gérard Bouchard, qui écrit:

> Nous pensons qu'il existe un espace collectif propre à fonder au Québec une nation culturelle [...]. Cet espace est fragile, certes, il est dans une large mesure en formation, mais il existe. Il est circonscrit par la langue française, à titre de matrice ou de commun dénominateur, soit comme langue maternelle, soit comme langue d'usage, soit comme langue seconde ou tierce. Sur le plan culturel, ce cadre désigne le lieu premier de la francophonie québécoise, à laquelle chacun peut participer et appartenir en raison de sa maîtrise de la langue. On peut considérer qu'environ 94 % des Québécois (incluant 25 % des Amérindiens) y sont d'ores et déjà inclus, et ce pourcentage est appelé à augmenter dans les décennies qui viennent. En réalité, cette francophonie touche virtuellement l'ensemble des citoyens[35].

Encore un peu et Bouchard nous garantirait que ce pourcentage atteindra bientôt 110 %... Comment peut-on se faire une image aussi idyllique de la situation du français au Québec? Réponse: en se donnant au départ une définition étroite, minimaliste, de ce

---

33. *La nation québécoise au futur et au passé, op. cit.*, p. 49.
34. *Raisons communes, op. cit.*, p. 63-64.
35. *La nation québécoise au futur et au passé, op. cit.*, p. 63-64.

qu'est une langue; en adoptant une vision *francophonique* du français. Le Liban et le Vietnam appartiennent, eux aussi, à la francophonie internationale; faut-il souhaiter qu'un jour la langue française au Québec jouisse du même statut que dans ces pays? «Pourquoi, demande Bouchard, les francophones de souche devraient-ils s'inquiéter de ce modèle de la culture québécoise, comme francophonie nord-américaine circonscrite par la langue, livrée aux interactions entre ses composantes et ouverte à toutes les expériences du continent?[36]» Oui, pourquoi? Eh bien parce que, reposant sur une vision réductrice, instrumentale de la langue, le modèle bouchardien de la francophonie nord-américaine ne fait au fond que traduire et consacrer le déracinement de la langue française au Québec, sa déculturation, ce que Dumont appelle son «exil[37]». Dans la «nouvelle francophonie» de Gérard Bouchard, dans cette francophonie qui est tout sauf «organique» (cf. p. 73), la langue française se caractérise comme «la capacité de communiquer en français, sans exclusion des autres langues maternelles ou d'usage», capacité qui est élevée au rang de «dénominateur commun de la nation culturelle[38]».

Mais imaginons un instant que la langue française au Québec n'ait plus rien d'«organique» pour les francophones de souche eux-mêmes, qu'elle ne soit plus pour eux qu'un instrument de communication; qu'est-ce qui, dès lors, les justifierait de continuer à parler cette langue? «Pourquoi défendre la langue française, en promouvoir l'usage ou la restauration, demande Dumont, sinon parce qu'elle vient du passé, qu'elle tient à une identité héritée? Sans quoi il serait indifférent de parler la langue anglaise partout répandue en Amérique[39].» Pour celui qui fut l'un des principaux architectes de la Charte québécoise de la langue française, parler français en Amérique relève du «paradoxe[40]». Or, il n'est qu'une façon, selon Dumont, d'assumer, plutôt que de subir, ce paradoxe: c'est de refuser que le rôle du français au Québec ne se réduise «à un simple mécanisme de communication» et de travailler au contraire à ce qu'il devienne un jour «ce qu'est forcément une langue en sa

---

36. *Ibid.*, p. 69.
37. Cf. *Raisons communes, op. cit.*, chap.VI: «Le français, une langue en exil», p. 121-142.
38. *La nation québécoise au futur et au passé, op. cit.*, p. 138.
39. Fernand Dumont, *Récit d'une émigration, op. cit.*, p. 144.
40. Cf. *Raisons communes, op. cit.*, p. 81.

plénitude, c'est-à-dire une culture[41] ». Faire du français ainsi compris « la culture de convergence » de la communauté politique québécoise, « la médiation indispensable de citoyenneté au sein de la diversité[42] » – ce que la loi 101 était en bonne voie de réaliser avant qu'elle ne soit mise en lambeaux par la Cour suprême du Canada –, cela ne créerait pas du jour au lendemain (comme dans le monde merveilleux de Gérard Bouchard) une nouvelle nation québécoise. Du moins cela permettrait-il aux 80 % de francophones qui composent la société québécoise de faire valoir leur héritage français, sans préjudice des droits acquis des anglophones et des autochtones.

*Énoncé n° 3*. Selon Gérard Bouchard, *Genèse de la société québécoise* de Fernand Dumont « s'inscrit […] intégralement dans le vieux paradigme de la *survivance*[43] ».

La méprise est ici totale[44]. Parce que Dumont s'intéresse, après bien d'autres historiens et sociologues québécois, à l'histoire de la survivance canadienne-française, Bouchard se croit permis d'en conclure que la démarche dumontienne s'inscrit dans le vieux paradigme de la survivance, qu'elle en consacre l'idéologie! Conclusion qui ne tient pas debout. En réalité, si Dumont étudie la survivance, s'il en reconstitue la genèse, c'est bien plutôt dans le but de comprendre les raisons pour lesquelles la société québécoise, après avoir pourtant rejeté les appuis traditionnels de la survivance, notamment la religion, ne parvient toujours pas à sortir de la survivance, ou, plus précisément, « à lui joindre enfin le courage de la liberté[45] ». Car Dumont ne méprisait pas la survivance, pas plus que la religion qui en fut le foyer. À l'inverse, il voyait dans ce mépris, dans le refus du passé religieux canadien-français, le principal obstacle auquel se heurte l'avenir de la société québécoise. Mais n'est-ce pas là précisément ce qui rend la démarche dumontienne

---

41. *Ibid.*, p. 67.
42. *Ibid.*
43. *La nation québécoise au futur et au passé, op. cit.*, p. 50.
44. L'historien Pierre Tousignant a d'ailleurs relevé cette profonde méprise: « Loin de "s'inscri[re] intégralement dans le vieux paradigme de la *survivance*", comme le prétend Gérard Bouchard, Fernand Dumont considère, au contraire, que le repliement défensif issu de la survivance culturelle a assez duré et qu'il faut mettre un terme à une "si longue hibernation" » (Introduction aux *Normes de Maurice Séguin*, Montréal, Guérin, 1999, p. 18-19).
45. *Genèse de la société québécoise, op. cit.*, p. 336.

éminemment suspecte aux yeux de Gérard Bouchard et de tant d'autres penseurs *souverainistes* actuels ? La profonde méfiance que leur inspire le nationalisme de Dumont ne porterait-elle pas avant tout sur la nette volonté qui s'y exprime d'assumer l'héritage canadien-français, en particulier l'héritage religieux ? C'est à préciser cette hypothèse que je voudrais consacrer la dernière partie de cet essai.

## QUE FAIRE DE L'HÉRITAGE CANADIEN-FRANÇAIS ?

### 1. La culture comme mémoire

Pourquoi Fernand Dumont était-il non seulement souverainiste, mais aussi et d'abord nationaliste ? Pourquoi, alors que, comme le remarquait Laurent-Michel Vacher, « plus personne ou presque n'est vraiment – ou du moins ouvertement – nationaliste au Québec[46] », Dumont, lui, l'est-il resté jusqu'à la fin ? Sans doute parce qu'il se savait appartenir à une petite nation menacée. Mais pourquoi les petites nations méritaient-elles selon lui d'être défendues ? Parce qu'elles constituent des communautés et que l'homme – animal politique, selon la définition d'Aristote – a besoin de vivre dans une communauté pour *bien vivre*, de *raisons communes* qui transcendent son existence singulière pour donner du sens à celle-ci. Ces raisons communes, les hommes d'autrefois les trouvaient, sans qu'ils eussent vraiment à les chercher, dans la mémoire collective et dans les traditions qui en constituaient la trame[47]. Ainsi en était-il (en simplifiant bien sûr) dans le Québec d'avant la Révolution tranquille. Celle-ci, en mettant fin au règne culturel, sinon politique, de l'Église, aura eu en même temps pour effet de disqualifier la grande mémoire canadienne-française – la référence – sur laquelle le catholicisme fondait sa légitimité aussi bien que celle de la nation.

---

46. Laurent-Michel Vacher, « Souverainisme sans nationalisme : la nouvelle trahison des clercs ? », *Argument*, vol. 2, n° 1, automne 1999, p. 9-17.

47. « Dans les sociétés traditionnelles dont l'univers symbolico-religieux est tout entier structuré par un mythe d'origine, rendant compte à la fois de l'origine du monde et de l'origine du groupe, la mémoire collective est donnée : elle est entièrement contenue, de fait, dans les structures, l'organisation, le langage, les pratiques quotidiennes de sociétés régies par la tradition » (Danièle Hervieu-Léger, *La religion pour mémoire*, Paris, Éditions du Cerf, 1993, p. 178).

Le catholique de gauche, le socialiste chrétien Fernand Dumont a accueilli avec enthousiasme la Révolution tranquille[48], dont il fut du reste l'un des artisans. Toutefois, dès la fin des années 1960, il commence à s'inquiéter de son évolution[49], du « déni du passé » à partir duquel les élites cherchent à « apprivoiser l'avenir[50] ». Car, comme il l'écrira dans *Raisons communes*, « comment une capacité de création adviendrait-elle à un peuple s'il est convaincu d'avance que ce qu'il a accompli est sans valeur?[51] » Autrement dit: comment, sans ce que Hervieu-Léger appelle un « imaginaire minimal de la continuité[52] », sans ce que Simone Weil désignait pour sa part comme « le bien le plus précieux de l'homme dans l'ordre temporel, c'est-à-dire la continuité dans le temps[53] », bref, sans une mémoire historique, comment un peuple pourrait-il trouver son chemin à lui dans l'avenir, comment saurait-il ne pas s'y perdre? Aussi Dumont ne concevra-t-il de défi plus urgent pour la nation francophone que de se réconcilier avec son passé, de se refaire une mémoire, afin que le changement soit bien le sien, que la Révolution tranquille, cette mutation sans précédent de notre culture, n'ait pas été que « la fête exaltée que se donne une société avant d'entrer dans une agonie plus silencieuse[54] ». Dans une communication présentée à Toronto en 1985, Dumont déclarait: « Le refus de leur passé par les Québécois, au cours des dernières décennies, est susceptible d'avoir deux issues. Ou bien nous deviendrons sans mémoire, sans identité; et alors, nous devrons avoir le courage de nous fondre dans des peuples qui ont des complexes moins irrévocables que les nôtres. Ou bien nous remanierons notre mémoire, non par un coup de force arbitraire, mais en prenant charge de l'héritage sans le répéter[55]. »

Pour Dumont, ce remaniement de la mémoire, cette prise en charge de l'héritage, concernait aussi et peut-être d'abord la religion.

---

48. Au début de *La Vigile du Québec* (*op. cit.*, p. 13), Dumont évoque « l'extraordinaire matin de la *Révolution tranquille* ». Lire également les toutes premières lignes de l'avant-propos de *Raisons communes*, *op. cit.*, p. 11.
49. On peut retrouver trace de cette inquiétude dans les nombreux articles que Dumont écrivit, entre 1967 et 1975, dans la revue *Maintenant*.
50. *Raisons communes*, *op. cit.*, p. 104.
51. *Ibid.*
52. Danièle Hervieu-Léger, *op. cit.*, p. 206.
53. Simone Weil, *L'enracinement*, *op. cit.*, p. 131.
54. *La Vigile du Québec*, *op. cit.*, p. 95.
55. Fernand Dumont, « Jadis, une société religieuse », repris dans *Le Sort de la culture*, *op. cit.*, p. 246.

## 2. « La religion pour mémoire »

S'interrogeant, dans *Raisons communes*, sur les causes et sur les effets du déclin rapide et apparemment « irrémédiable » du catholicisme dans la société québécoise, Dumont soulevait l'hypothèse suivante : « Il se pourrait que, au moment où elle semble disparaître, la culture que l'Église nous a façonnée au cours des temps nous laisse dans un tel état de dénuement et de désarroi, avec des cicatrices si profondes, qu'il soit indispensable, depuis que le pouvoir ecclésiastique s'est desserré, de voir les choses avec plus d'acuité que dans les polémiques passionnées d'hier[56]. »

Or, pour moins polémique qu'elle soit devenue avec le temps, la question de notre passé religieux ne semble guère perçue aujourd'hui « avec plus d'acuité » qu'à l'époque, pas si lointaine du reste, où la dénonciation de l'obscurantisme religieux nous tenait lieu souvent d'explication historique. D'où, sans doute, l'inquiétude que Dumont manifestera à la fin de sa vie devant une crise de la mémoire collective que, non sans audace, il identifiera à une crise spirituelle, à « la crise spirituelle de notre culture » :

> Les gens n'en parlent pas, sans doute parce qu'ils ressentent de la pudeur ou craignent d'être ridiculisés. La question se pose aussi bien pour les incroyants que pour les croyants. Le catholicisme a été un élément fondamental de notre culture, un élément d'intégration. On peut le critiquer ou le regretter, c'est une constatation. Ce catholicisme faisant maintenant défaut, qu'est-ce qui va donner à notre culture sa faculté d'alimenter des idéaux et des solidarités ?[57]

Cette déclaration de Dumont n'est pas isolée : on pourrait en citer bien d'autres où perce la même inquiétude spirituelle que d'aucuns auront vite fait de minimiser, en la réduisant à un phénomène idiosyncrasique. « On ne sait peut-être pas assez, écrit Bouchard, que Fernand Dumont était, à la fin de sa vie, un intellectuel profondément déçu de l'évolution récente du Québec et très pessimiste quant à son avenir[58]. »

On ne sait peut-être pas assez… Mais que devrait-on savoir au juste ? Que le caractère « très sombre[59] » du diagnostic que Dumont

---

56. *Raisons communes*, op. cit., p. 222.
57. « Le bilan de Fernand Dumont », art. cit., p. 87, repris dans *Fernand Dumont, un témoin de l'homme*, op. cit., p. 325.
58. *La nation québécoise au futur et au passé*, op. cit., p. 50.
59. *Ibid.*

portait sur la société québécoise disqualifie par le fait même ce diagnostic? Bouchard n'est assurément pas le seul aujourd'hui à tirer prétexte du «pessimisme» de Dumont pour éluder les très graves questions qu'il soulevait à la fin de sa vie, notamment dans *Raisons communes*. D'ailleurs, s'il est vrai que de tous les livres de Dumont *Raisons communes* fut sans doute le plus discuté, force est d'admettre que la discussion, ou la controverse, aura presque uniquement porté sur le chapitre III : «Nation et politique». Comme si ce chapitre n'entretenait aucun lien avec le reste du livre et avec le diagnostic précis et argumenté qu'il renferme sur l'état de notre culture, sur la grave maladie dont elle souffre. Cette forclusion ne trahit-elle pas l'impasse où se trouve aujourd'hui notre nationalisme? Impasse qui est celle, pour reprendre l'excellente formule de Jacques Beauchemin, «d'un désir de souveraineté fondé sur la définition d'une identité qui ne se reconnaît plus comme culture» et dont la promotion, bien loin de rapprocher de l'objectif qu'elle prétend servir, «contribue à l'érosion des arguments favorables au projet d'émancipation politique d'une communauté historiquement située[60]».

Troublant paradoxe d'une pensée souverainiste engagée dans une incessante fuite en avant pour échapper à son passé supposément «ethnique» et honteux, un passé que les adversaires de la souveraineté ne manquent d'ailleurs pas cruellement de rappeler à nos souverainistes *post-nationalistes* qu'il est le leur, quoi qu'ils en aient. Chez Gérard Bouchard, cette fuite en avant tend à emprunter le chemin de l'historicisme comme forme particulière du positivisme, cette *croyance* déjà vieille qui ne voit dans la religion que le vestige d'un ancien temps à l'ignorance duquel nous aurait heureusement arrachés la science positive. De ce point de vue, il va sans dire qu'une réflexion sur la nation comme celle de Dumont, qui *postule* (au sens kantien du terme) l'existence d'un «esprit» de la nation[61], ne peut procéder que de la nostalgie, sinon du repli ethnique :

> Un peu comme Durkheim dont il était un spécialiste, il [Dumont] se demandait s'il était possible de fonder des solidarités, des idéaux collectifs, sans l'appui de la spiritualité que procure le religieux. Il est permis de penser que, dans ces conditions, il a choisi de se replier sur

---

60. «Une fascination qui mine le projet souverainiste», *art. cit.*, p. A 9.
61. Voir mon article «L'esprit de la nation. Le dialogue posthume de Fernand Dumont avec André Laurendeau», repris dans le présent livre, en première partie, au chapitre 2.

ce qui avait survécu de l'antique héritage culturel et qui paraissait devoir être préservé en priorité, à la fois pour garder vivant l'héritage des ancêtres et pour rester digne de leur mémoire[62].

Ainsi l'inquiétude de Dumont quant à l'avenir d'une société privée de toute référence religieuse – ce qui, dans le cas de la société québécoise, veut dire privée d'une bonne partie de sa mémoire – serait-elle l'expression d'une pensée au fond rétrograde, tournée vers le passé et qui refuse l'avenir. Dès lors qu'il s'interroge sur la possibilité de fonder des solidarités « sans l'appui de la spiritualité que procure le religieux », Dumont ne peut être, selon Bouchard, qu'un nostalgique de la survivance enclin à se replier sur l'ancienne société canadienne-française à fondement religieux.

Le moins que l'on puisse dire, c'est que Bouchard simplifie la problématique dumontienne de l'avenir de la mémoire et de la religion[63], problématique qui s'inscrit du reste dans une tradition intellectuelle aussi vieille que la démocratie moderne. Quoi qu'il en soit, récuser le bien-fondé d'une inquiétude sur l'avenir d'une société sous prétexte que cette inquiétude serait de nature spirituelle ou religieuse, voilà qui me paraît relever d'un positivisme assez primaire. Que Durkheim lui-même, dont on ne peut certainement pas mettre en doute la foi scientiste, n'y ait pas cédé, qu'il n'ait pas cru en la possibilité de vider la moralité de tout contenu religieux, cela aurait pourtant dû avertir Gérard Bouchard que les choses ne sont peut-être pas aussi simples qu'il le pense. En réalité, une inquiétude sur le sort de la religion dans la culture, loin d'être l'apanage de croyants arriérés, touche au plus vif des débats actuels sur la démocratie[64].

Ces débats ont fait resurgir au premier plan la figure de celui qui fut peut-être le grand penseur de la démocratie moderne, Alexis de Tocqueville. Nul peut-être n'a été plus sensible au lien entre religion

---

62. *La nation québécoise au futur et au passé, op. cit.*, p. 51.
63. On trouvera les principaux éléments de cette problématique dumontienne dans *Pour la conversion de la pensée chrétienne* (Montréal, HMH, 1964), *L'Institution de la théologie*, (Montréal, Fides, 1987, notamment le chap. IV) et *L'Avenir de la mémoire* (Québec, Nuit blanche éditeur, 1995).
64. (Note de 2014) Ce dont témoigne éminemment l'œuvre magistrale de Marcel Gauchet. « La démocratie parvenue à une neutralité complète, fait ainsi observer ce dernier, a besoin d'une scène publique des doctrines ultimes qu'elle ne fournit pas et dont elle sous-entend que la politique en général n'est pas en mesure de les apporter, scène publique où le religieux retrouve, à défaut de son autorité exclusive de jadis, une place et une dignité éminentes » (*Un monde désenchanté ?, op. cit.*, p. 16).

et démocratie que Tocqueville. Bien qu'il ne fût lui-même guère plus religieux que Durkheim, et qu'il allât jusqu'à se réjouir du déclin politique de l'Église dans la France de son époque (comme Dumont dans la société québécoise actuelle), Tocqueville n'en plaidait pas moins (comme Dumont) pour le maintien de la religion dans l'espace public. Pourquoi? Qu'est-ce qui justifiait le plaidoyer de Tocqueville en faveur de la religion? La réponse se présente à première vue comme un paradoxe: c'est son attachement à la liberté politique, compromise par les progrès mêmes de la démocratie moderne, qui incitait Tocqueville à se porter à la défense de la religion. En «réclamant le maintien de l'esprit religieux, c'est en fait, explique Jean-Michel Besnier, à la morale et au sens de la communauté du christianisme qu'il [Tocqueville] fait appel», car «la religion unit les hommes et prémunit donc contre les méfaits d'un individualisme désocialisant ainsi que contre le matérialisme qui représente en démocratie la tentation le plus nocive[65]». Mais qu'est-ce qui, dans la religion, permettrait à celle-ci de remplir un tel rôle social ou communautaire et, par là même, de «moraliser la démocratie»? C'est, répond Besnier en écho à Tocqueville, l'espérance et «le goût de l'avenir» dont est porteuse la religion: «L'avenir tel qu'il s'exprime dans l'espérance entretenue par la religion est seul à même de souder la communauté dans le sentiment d'un destin commun et d'inviter à l'autodépassement que traduit, de manière exemplaire, le souci pour la postérité et le lien générationnel[66].»

Il y a là, en germe chez Tocqueville, une phénoménologie de l'espérance humaine *et* chrétienne dont Fernand Dumont a lui-même proposé une esquisse[67]. Ce qu'il faudrait montrer avec précision, c'est comment, de Tocqueville à Dumont (en passant par Heidegger, Gadamer et Arendt) – donc de la première moitié du XIX$^e$ siècle à la seconde moitié du XX$^e$ –, la question du devenir de la religion dans la démocratie et celle de «l'avenir de la mémoire» auront tendance à converger, au fur et à mesure de la disqualification des traditions et de la destruction progressive des milieux de

---

65. Jean-Michel Besnier, *Histoire de la philosophie moderne et contemporaine*, tome 2, Paris, Édition Grasset & Fasquelle, 1993; je me réfère ici à la réédition dans «Biblio-Essais», Le Livre de poche, 1998, p. 872 et 873.
66. *Ibid.*, p. 875.
67. Fernand Dumont, «Préalables à une théologie de l'espérance», dans *L'espérance chrétienne dans un monde sécularisé*. Travaux du congrès de la Société canadienne de théologie tenu à Sherbrooke du 16 au 19 août 1971, Montréal, Fides, 1972, p. 9-23.

vie, ces « emplacements de l'espérance », ces « lieux où l'avènement se conjugue à la finalité[68] ». Vu sous cet angle, d'un rapport étroit, structurel entre mémoire et religion – que contribue à éclairer la théorie dumontienne de la culture comme distance et mémoire (la dialectique de la culture comme milieu et de la culture comme horizon) –, l'avenir de la religion dans la démocratie correspondrait à un enjeu anthropologique fondamental, à savoir la possibilité même, pour la majorité des hommes, de cet « autodépassement » dont parle Besnier en écho à Tocqueville ; en termes dumontiens, la possibilité pour chacun de transcender sa vie quotidienne et ainsi de pouvoir participer, en tant que sujet politique, à l'interprétation de l'histoire.

### 3. Histoire et mémoire

Ainsi donc Dumont s'inquiétait de l'avenir d'une société privée de toute référence religieuse. Reste que cette inquiétude ne tenait pas tant chez lui à la disparition de telle ou telle croyance religieuse qu'à la dissolution, dont il percevait les indices à travers la crise de la culture contemporaine, de la mémoire collective – de ce « mode d'appréhension de la temporalité que représente la tradition[69] » –, dont la mobilisation fut, depuis toujours, le fait de la religion. À cet égard, l'inquiétude de Dumont, encore une fois, s'apparente à celle d'un Tocqueville ou d'une Simone Weil : elle porte sur l'avenir de l'homme quand, « le passé n'éclairant plus l'avenir[70] », il marche dans les ténèbres et risque de s'y perdre, de perdre cette capacité de *dédoublement* en quoi consistent essentiellement la conscience et la culture, autrement dit cette profondeur de lui-même que l'homme ne peut atteindre, selon Hannah Arendt, que par la mémoire[71].

On ne saurait confondre cette mémoire-là, dont l'avenir préoccupait tant Fernand Dumont, avec le concept bouchardien de mémoire, avec ce « fourmillement mémoriel sans précédent », avec ces « reconstitutions historiques en tout genre (musées, reconstitutions archéologiques, sites, téléromans, romans historiques,

---

68. *Ibid.*, p. 21 et 22.
69. Fernand Dumont, *Le lieu de l'homme, op. cit.*, p. 210.
70. Alexis de Tocqueville, *De la démocratie en Amérique*, II, Paris, Garnier-Flammarion, 1981, p. 399. Cité par Fernand Dumont dans *L'Avenir de la mémoire, op. cit.*, p. 15.
71. Cf. Hannah Arendt, *La crise de la culture, op. cit.*, p. 124-125.

généalogie)», qui témoigneraient aujourd'hui d'une «démocratisation» de la mémoire[72]! «Qui, ajoute Bouchard, voudrait objecter
– à moins de vouloir cultiver le goût de la contradiction – que cette
effervescence elle-même serait en même temps le symptôme et l'acte
compensatoire de l'amnésie, que cette inflation du passé serait
justement l'expression de l'éclatement de la mémoire, de la perte du
sens?[73]»

Qui en effet? Mais tous ceux qui, loin de cultiver le goût de la
contradiction, cherchent à se rendre attentifs aux contradictions à
travers lesquelles une société exprime et dissimule à la fois les
tensions qui l'habitent, les luttes, les résistances et les censures qui
la travaillent. Tous ceux qui, à travers le «fourmillement mémoriel»
cher à Bouchard, discernent, comme Danièle Hervieu-Léger, «autant
d'indicateurs de l'effacement d'une mémoire collective unifiante»
en même temps qu'autant «d'efforts de conjuration de la perte de
mémoire[74]». Non, la mémoire n'est pas ce à quoi Bouchard la
réduit: elle «n'est pas un éclairage externe porté sur le cours de l'histoire; elle est, selon Dumont, l'assomption d'une histoire
énigmatique au niveau d'une histoire significative où l'interprétation devient vraisemblable et la participation envisageable[75]».

Telle est, aux antipodes du positivisme bouchardien, la tâche
politique (au sens le plus élevé du terme) à laquelle Dumont aura
voulu contribuer en écrivant *Genèse de la société québécoise*, ce livre
qui relève de ce que Paul Ricœur appelle «une thérapie de la
mémoire[76]». Cela explique que son intention ait été si peu ou si mal
comprise, l'idée d'une telle thérapie contredisant en effet un postulat
de la science historique objective, car elle suppose que l'histoire
peut être instruite par la mémoire, que le «caractère rétrospectif de
l'histoire n'est pas le dernier mot sur la connaissance historique», et
que si «les faits sont ineffaçables, si l'on ne peut plus défaire ce qui

---

72. (Note de 2014) Démocratisation de la mémoire qui n'a d'égale que sa *muséalisation*.
   «Certes, cette société a comme nulle autre avant elle le sens patrimonial de son passé.
   Elle est obsédée de conservation. Elle muséalise à tout va. Mais une chose est de
   conserver, autre chose est de nouer un rapport vivant et problématique avec le passé
   dont on se sait l'héritier […]. À l'opposé d'une appropriation féconde, la muséalisation embaume le passé, le distancie, l'extériorise par rapport au présent, sous le signe
   d'un rapport indifférent» (Marcel Gauchet, *Un monde désenchanté?*, op. cit., p. 244).
73. *La nation québécoise au futur et au passé*, op. cit., p. 108.
74. *La religion pour mémoire*, op. cit., p. 206 et 207.
75. *L'avenir de la mémoire*, op. cit., p. 90.
76. Paul Ricœur, *La critique et la conviction*, op. cit., p. 190.

a été fait, ni faire que ce qui est arrivé ne le soit pas, en revanche, *le sens de ce qui est arrivé n'est pas fixé une fois pour toutes*[77] ». Non qu'il s'agisse d'oublier ou de camoufler les faits. « Bien au contraire, ajoute Ricœur, il faut garder une trace des faits pour pouvoir entrer dans une thérapie de la mémoire ; ce qu'il faut guérir, c'est la capacité destructrice de ses souvenirs[78]. » Mais pour y arriver, pour que la dette à l'égard du passé ne nous enferme pas dans « le sentiment douloureux de l'irréversible[79] », encore faut-il admettre que l'histoire humaine n'est pas, comme Bouchard semble le croire (cf. *La nation québécoise au futur et au passé*, p. 99 et suivantes), réductible aux « procédés d'*objectivation* » que lui applique l'historien ; encore faut-il savoir se mettre à l'écoute des hommes du passé :

> Non seulement les hommes du passé, imaginés dans leur présent vécu, ont projeté un certain avenir, mais leur action a eu des conséquences non voulues qui ont fait échouer leurs projets et ont déçu leurs espoirs les plus chers. L'intervalle qui sépare l'historien de ces hommes du passé apparaît ainsi comme *un cimetière de promesses non tenues* […]. Et c'est en délivrant, par le moyen de l'histoire, les promesses non tenues, voire empêchées et refoulées par le cours ultérieur de l'histoire, qu'un peuple, une nation, une entité culturelle, peuvent accéder à une conception ouverte et vivante de leurs traditions[80].

Si j'ai pris la peine de citer aussi longuement Ricœur, c'est que ses propos traduisent parfaitement l'intention qui a présidé à la démarche de Dumont dans *Genèse de la société québécoise*, cet essai où la distance à l'égard de notre passé « n'exclut pas pour autant la complicité avec les gens d'autrefois, l'effort pour nous réapproprier quelque chose de ce qu'ils ont senti afin de rendre un peu intelligible ce qu'ils ont vécu[81] ».

Là réside la grandeur de l'entreprise de Fernand Dumont : c'est-à-dire, comme toute grandeur véritable, dans sa profonde humilité. Une humilité qui me paraît faire défaut à Gérard Bouchard, lui qui dédie son incontestable intelligence à « ce jeu de massacre auquel se sont livrés des ramasseurs de ragots et même quelques chercheurs sérieux au cours de la Révolution tranquille[82] ». Après Lionel Groulx

---

77. Paul Ricœur, « La marque du passé », *art. cit.*, p. 29 et p. 28 ; c'est moi qui souligne.
78. Paul Ricœur, *La critique et la conviction, op. cit.*, p. 190.
79. Paul Ricœur, « La marque du passé », *art. cit.*, p. 29.
80. *Ibid.*, p. 30-31 ; c'est moi qui souligne.
81. *Genèse de la société québécoise, op. cit.*, p. 330.
82. *Ibid.*

et Fernand Dumont, voilà que c'est au tour maintenant de Félix-Antoine Savard et finalement de toutes nos élites du *passé*[83] de subir le nettoyage ethnique de l'historien-sociologue. Nos élites du *passé* : car Gérard Bouchard sait bien épargner les élites du présent, celles, bien vivantes et bien portantes, auxquelles on peut penser que lui-même appartient. Point aveugle de la déconstruction bouchardienne de notre histoire, cet *oubli* n'est probablement pas étranger à la *censure* que Dumont dénonçait dans les premières pages de *Raisons communes* : « On a beaucoup vilipendé les magistères des temps anciens ; il est aisé de les dénoncer maintenant qu'ils ont perdu le contrôle du théâtre ; il est plus difficile, plus périlleux peut-être, de se demander qui commande le nouveau spectacle idéologique[84]. »

S'il est une chose que Gérard Bouchard aura réussi à nous démontrer dans *La nation québécoise au futur et au passé*, c'est bien que le péril en question n'avait rien d'imaginaire. Mais que cherche au juste Gérard Bouchard en noircissant ainsi la mémoire de Fernand Dumont ? Et quand donc cesserons-nous d'effacer toutes traces derrière nous, comme s'il fallait se punir d'avoir survécu ?

---

83. Cf. Gérard Bouchard et Michel Lacombe, *Dialogue sur les pays neufs*, Montréal, Boréal, 1999.
84. *Raisons communes, op. cit.*, p. 24-25.

# 16

## J'impense, donc j'écris

### Réplique à Jocelyn Létourneau*

Dans un article[1] où il est, paraît-il, question de mon livre[2] et auquel on me prie de bien vouloir répliquer, un phénix de nos bois, revenu d'un séjour migratoire à l'Institute for Advanced Study de Princeton (rien de moins), nous livre le fruit de ses méditations métaphysico-politiques :

> [...] je pense sérieusement que les concepts de « nation » et de « peuple » québécois, utilisés comme ils le sont la plupart du temps, c'est-à-dire comme renvoyant à une réalité cumulative, déterminante et totalisante, sont d'un point de vue méthodologique contraignants plutôt que féconds pour saisir la réalité complexe des croisements contradictoires et complémentaires qui se matérialisent entre les niveaux de la socialité, de la société et de la communauté québécoise francophone formant entité et définissant largement, mais non pas totalement, la formation sociale du Québec (p. 46).

S'atteler à cette tâche de reconformation historiale et mémorielle du parcours collectif – une entreprise moins liée à la production de connaissances inédites qu'à l'abandon d'une perspective sur le passé et d'un mode de mise en narration de ce passé – n'est pas une besogne simple à exécuter, ni peut-être moralement facile à accomplir. Et pour cause : elle oblige en effet celui qui entend la réaliser à rien de moins

---

*   Texte paru dans la revue *Argument*, vol. 1, n° 2, 1999, p. 139-142.
1.   Jocelyn Létourneau, «Pour une révolution de la mémoire collective. Histoire et conscience historique chez les Québécois francophones», *Argument*, vol. 1, n° 1, automne 1998, p. 41-57. Dorénavant, les citations tirées de cet article seront suivies du numéro de page correspondant.
2.   Il s'agit de *Ce pays comme un enfant, op. cit.*

qu'«impenser» son pays, c'est-à-dire à se situer et réfléchir en marge de l'histoire généralement pensée de ce pays qu'il aime profondément et auquel il appartient (p. 45).

On l'aura compris : Jocelyn Létourneau nous a monté un canular à la Georges Perec. Son texte se veut un pastiche de la logomachie universitaire postmoderne. Le hic, c'est que, à la différence de Perec et à l'instar de monsieur Jourdain, maître Jocelyn n'en sait rien. Ce qui en dit long sur la qualité de sa prose. Ah, je me prends à rêver à ce que serait devenu cet oiseau-là sous la plume de Flaubert ! Imaginez Létourneau en Bouvard ou en Pécuchet, devisant avec Martineau et Godbout, leur glissant gravement à l'oreille : il faut, n'est-ce pas, «penser l'expérience québécoise dans ses figures impensables» et, surtout, «se souvenir d'où l'on s'en va» (sic). Quel effet ça ferait au buffet[3] ! Tout un plat.

Mais trêve d'ironie. Tâchons plutôt de nous élever à la hauteur du vol de Létourneau afin de penser à notre tour l'impensable, c'est-à-dire son propre texte.

De quoi y est-il question au juste ? Ou plutôt, qu'y célèbre-t-on ? Sous une volonté ostentatoire de rupture[4], en usant de ce «jargon à la mode» dont la rédaction d'*Argument* prétend pourtant vouloir se démarquer, je dis que ce texte, écrit par un professeur d'histoire de l'Université Laval, exalte notre survivance, ni plus ni moins, et qu'il nous ramène par conséquent loin en arrière, bien avant la Révolution tranquille : au «lieu commun» de notre passé, à la bonne vieille *doxa* de notre «ambivalence fondatrice et constitutive» (p. 46), de notre ambivalence comme «lieu de [notre] véritable libération» (p. 44).

Aussi ce texte se révèle très inquiétant. Car les conditions, bien sûr, ont changé. Qui ne le voit ? Se pourrait-il que, quarante ans après le grand réveil, ou ce qui s'était voulu tel, le vieux rêve soit en train lentement, insidieusement, de nous reprendre ? En 1970, dans *La dernière heure et la première*, Pierre Vadeboncœur écrivait : «Émergés du rêve qui nous laissait flotter dans l'illusion d'une existence nationale assurée comme par miracle, nous ne sommes pourtant sortis de ce rêve que partiellement et très imparfaitement. Le mirage en persiste non seulement dans le peuple, mais chez

---

3. Allusion au livre de Jacques Godbout et Richard Martineau, *Le Buffet. Dialogue sur le Québec à l'an 2000*, Boréal, Montréal, 1998.

4. «Académisme de la rupture», comme l'écrivait fort justement Antoine Robitaille à propos de Richard Martineau dans le même numéro d'*Argument*.

nombre de gens intellectuellement bien formés, dont les idées sur le sujet ne sont souvent que l'expression inconsciente, indirecte, méconnaissable, détournée du vieux mythe[5]. »

Il suffit de lire le texte de Létourneau pour constater que ce diagnostic n'a rien perdu, hélas, de son actualité. Et pour comprendre, en même temps, que la lecture de mon livre ait pu représenter pour notre Candide québécois « une expérience intellectuelle déprimante » (p. 42). Mais, encore une fois, ce n'est pas tant de mon livre qu'il s'agit ici. Pour Létourneau, ce dernier n'est que prétexte à croisade postmoderne contre le « misérabilisme » de la pensée québécoise, contre tous ses intellectuels à la triste figure qui n'en finissent pas de remettre en question notre ambivalence, trop obnubilés par leur ressentiment pour comprendre que celle-ci est le « lieu d'êtres [sic] des Québécois », « la seule permanence de leur condition, la seule invariante de leur continuité dans le temps » (p. 56). Dites-moi que je rêve! Exit les Fernand Dumont, Pierre Vadeboncœur, Gaston Miron, Jean Bouthillette, Jean Marcel, etc. Laissez venir à nous les Godbout et les Martineau, les Mordecai et les Delisle, les Dion et les Chrétien, ces messagers du meilleur des mondes, ces envoyés de la fin de l'histoire, de notre histoire…

À l'exemple de ceux-là, Létourneau se flatte bien sûr d'être réaliste, allant même jusqu'à invoquer dans son sabir « la sagesse réflexive des anciens dans la perspective de la construction d'un présent et d'un avenir définis suivant la ligne du risque calculé, c'est-à-dire de la raison sensible » (p. 56). Mais son réalisme, qui se réclame spécieusement de celui des anciens pour fonder notre avenir radieux, n'est qu'absence à la réalité de notre temps; marqué au coin de l'idéologie de la mondialisation, il procède d'une formidable erreur de lecture. Car c'est une très grave erreur de penser que nous pourrons vivre encore longtemps dans l'ambivalence, de croire « que le réalisme d'aujourd'hui demeure le réalisme de jadis[6] ».

Cette erreur pourtant s'explique. Sous ses habits neufs, la *doxa* de l'ambivalence, de notre double identité canadienne-française[7], est notre tunique de Nessus. Grâce à elle, nous avons survécu, nous

---

5. Texte reproduit dans Pierre Vadeboncœur, *Gouverner ou disparaître, op. cit.*, p. 104.
6. *Ibid.*, p. 115.
7. Cette question sera amplement développée un peu plus loin, dans ma correspondance avec Jean Bouthillette.

avons traversé le long hiver de notre survivance[8]. Comment pourrions-nous maintenant nous en défaire, survivre sans sa bonne chaleur enveloppante, maternelle? Qu'est-ce qui nous attend de l'autre côté du miroir à deux faces, sinon la dure réalité de notre condition, le paradoxe que nous sommes en terre d'Amérique? «Notre vie en Amérique a constamment été un paradoxe; elle ne cessera pas de l'être dans l'avenir, quels que soient les aménagements politiques», écrivait Fernand Dumont dans *Raisons communes*[9]. Reste à savoir si nous pouvons, si nous voulons assumer collectivement ce paradoxe, plutôt que de le subir sous le masque faussement rassurant de notre «ambivalence fondatrice et constitutive», masque qui cache aujourd'hui comme hier la grande fatigue de notre peuple, «cette sournoise tentation de la mort» (Jean Bouthillette).

Tentation d'une mort très douce, en «impensant» sa condition, en continuant jusqu'à son dernier souffle à se bercer d'illusions sur les vertus curatives de l'ambivalence.

---

8. (Note de 2014) À cet égard, la formule de Létourneau, selon laquelle il faudrait «se souvenir d'où l'on s'en va», révèle ce qu'il faut bien appeler son conservatisme, qui n'est paradoxal qu'en apparence chez un ancien progressiste (voir à ce sujet André Comte-Sponville, *Traité du désespoir et de la béatitude*, Paris, PUF, Quadrige, [1984] 2002, p. 167 et suiv.). Cette formule suppose en effet que l'avenir est déjà connu et, d'une certaine manière, présent. Ce qui est connu et présent n'est autre, en l'occurrence, que notre «ambivalence d'être(s)», qui définit la conscience de soi québécoise à partir du passé et en en déterminant une fois pour toutes l'avenir. Ainsi l'ambivalence se trouve-t-elle hypostasiée, idéalisée, en un mot mythifiée, comme si cette «ambivalence d'être(s)» ne devait rien à l'histoire réelle, à la scission de la nation politique et de la nation culturelle à laquelle les Canadiens français furent contraints après l'échec des rébellions et l'Acte d'Union.

9. *Raisons communes, op. cit.*, p. 81.

# TROISIÈME PARTIE

# Lettres
# sur le Québec

UNE CORRESPONDANCE AVEC JEAN BOUTHILLETTE

Qui se souvient aujourd'hui de Jean Bouthillette? Qui a lu *Le Canadien français et son double*, son essai paru à l'Hexagone en 1972 et dont des gens aussi avertis que Gaston Miron, Fernand Dumont et Pierre Vadeboncœur reconnurent aussitôt l'exceptionnelle valeur? Réédité dix-sept ans plus tard par le même éditeur, le livre passa presque inaperçu, peut-être victime de la longue déprime qui suivit le référendum de 1980. Il est vrai que, en dépit de sa brièveté (l'essai ne compte qu'une centaine de pages), *Le Canadien français et son double* se révèle d'une lecture exigeante, à la mesure de l'impératif que l'auteur dut s'imposer à lui-même afin de traverser de l'autre côté du miroir de notre «dépersonnalisation collective», là où nous convoque «notre instinct le plus profond et le plus sûr: l'instinct ontologique de la liberté». Dans le sillage de Miron et d'Aquin, Jean Bouthillette indiquait la voie d'une «reconquête» dont il était cependant loin de sous-estimer le défi qu'elle représente. «Mais à l'heure de tous les possibles et des échéances déchirantes, écrivait-il à la fin de son ouvrage, ce que doit d'abord vaincre notre peuple, c'est sa grande fatigue, cette sournoise tentation de la mort.» Quarante-deux ans plus tard, il semble que cet avertissement, qui faisait écho de Hubert Aquin, n'ait guère été entendu, pas plus du reste que ceux que nous servirent, à la même époque, nos intellectuels les plus lucides. Comme si notre «grande fatigue» ne pouvait en supporter le poids de vérité.

Ce n'est, à ma grande honte, qu'en 1997, alors que j'étais directeur de la collection «La ligne du risque» à l'Hexagone, que je découvris, un peu par hasard, *Le Canadien français et son double*. Encore sous le choc de ma lecture, j'écrivis à Jean Bouthillette. Un échange épistolaire s'ensuivit dont de larges extraits parurent l'année suivante dans la revue *Liberté* (vol. 40, n° 6, décembre 1998, p. 24-50). Si j'ai cru bon de les intégrer dans le présent volume, c'est pour le même motif que la direction de *Liberté* avait invoqué à l'époque pour en justifier la publication : parce qu'« il n'est pas superflu de revenir à la source des débats que la question du Québec soulève au sein des consciences depuis la fin des années cinquante ». Davantage encore, je ne vois pas comment il pourrait être possible de sortir un jour du « cercle dans lequel nous sommes enfermés » et rajeunir en nous l'idée d'indépendance, sans nous retremper aux sources d'où a jailli notre soif de liberté politique et nationale, ces sources que nous avons laissées se perdre, qui n'alimentent plus un projet de souveraineté devenu aujourd'hui exsangue.

Jean Bouthillette fut journaliste. *Le Canadien français et son double* est son seul livre.

# LETTRES SUR LE QUÉBEC

## UNE CORRESPONDANCE AVEC JEAN BOUTHILLETTE[1]

**Serge Cantin à Jean Bouthillette**

Shawinigan, le 29 octobre 1997

Monsieur,

Voilà deux mois environ, en feuilletant le volume des Archives des lettres canadiennes portant sur *L'essai et la prose d'idées au Québec*, je suis tombé par hasard sur une étude du *Canadien français et son double*, cet essai que vous avez publié il y a plus d'un quart de siècle et dont (j'ose à peine l'écrire) j'entendais parler pour la première fois !

L'étude en question, très savante, ou qui se voulait telle, fourmillait de termes empruntés au vocabulaire de la psychanalyse, tant et si bien que j'en ai conclu, un peu hâtivement, que le *Canadien français et son double* devait être une sorte de lecture psychanalytique, freudo-jungienne, de l'âme québécoise. Rien pour m'attirer vraiment.

Quelque temps plus tard, en feuilletant mon *Devoir* quotidien, qu'est-ce que je ne vois pas annoncé parmi les « nouveautés » d'un éditeur montréalais ? Votre livre. Je me dis qu'il faudrait tout de même que j'aille y voir de plus près, d'autant plus que, selon l'annonce, l'essai aurait mérité les plus hauts éloges de Pierre Vadeboncœur, qui s'y connaît en la matière.

[...]

La lecture du *Canadien français et son double* fut pour moi un choc, semblable à celui que m'avait causé à l'époque *L'Homme rapaillé*. De psychanalyse sauvage, pas la moindre trace. Une analyse

---

1. N'a été ajouté aux extraits de cette correspondance, parus initialement dans la revue *Liberté* (vol. 40, n° 6, décembre 1998, p. 24-50), que le post-scriptum de Jean Bouthillette à sa première lettre.

rigoureuse de notre «modeste mais troublante tragédie», selon la formule de Fernand Dumont. Aucune complaisance. Une impitoyable lucidité. Pour décrire votre essai, Vadeboncœur avait trouvé, un fois de plus, le mot juste : définitif. Je me demande encore comment j'ai pu passer à côté d'un tel livre. Mais mieux vaut tard que jamais, n'est-ce pas ?

On me dit que vous n'avez rien écrit ou du moins rien publié depuis. J'ai peine à le croire […]. Pourquoi ne raconteriez-vous pas le cheminement de votre réflexion politique avant et après 1972, notamment les circonstances dans lesquelles vous avez été amené à écrire *Le Canadien français et son double* ? Dans la conjoncture actuelle, face à cet état de délabrement de la conscience historique et politique au Québec, il importe plus que jamais que des gens comme vous portent témoignage de l'âpre lutte intérieure qu'ils ont dû mener pour remonter à la source du malheur commun […].

Avec mes plus cordiales salutations.

Serge Cantin

* * *

## Jean Bouthillette à Serge Cantin

Montréal, le 4 novembre 1997

Monsieur,

Merci de votre lettre, qui m'a touché. Touché surtout par le rapprochement que vous faites avec Gaston Miron, ce vieil ami dont j'étais très proche par la pensée et la sensibilité «canadiennes-françaises» (nous n'étions pas encore Québécois à l'époque). Car tout part de là.

Vous avez peine à croire que je n'aie rien écrit ou du moins rien publié depuis. Mais, monsieur, j'avais tout dit. Pour m'y amener, vous ajoutez qu'il importe plus que jamais «que des gens comme vous portent le témoignage de l'âpre lutte intérieure qu'ils ont dû mener pour remonter à la source du malheur commun». Mais mon livre est le témoignage même de cette lutte. Je vais vous faire une confidence : *Le Canadien français et son double* est une autobiographie, le portrait du colonisé canadien-français que je fus. J'ai osé faire de cette autobiographie intime la biographie même de tout un peuple, s'il veut bien s'y reconnaître. Que pourrais-je ajouter de plus ?

[...]

Jean Bouthillette

Post-scriptum : Pour vous bien montrer la grande communauté de sensibilité et de pensée entre Gaston Miron et moi je vous envoie ci-inclus un texte écrit à l'occasion de sa mort. Il s'agit d'une page du journal que j'écris – pour mon seul plaisir – sous forme de Lettres à ma fille. (Des choses doivent en effet passer d'une génération à l'autre.)

* * *

À Valérie

15 décembre 1996

Mort de Gaston Miron.

Quand certains personnages meurent, c'est une génération qui disparaît.

16 décembre 1996

Je ne connais que deux personnes de ma génération qui aient eu un sens aussi aigu du mal-être canadien-français, qui aient à ce point souffert d'une condition aussi désespérante. Gaston Miron et moi. Tout chez lui est cri. Écoute :

Ceci est agonique
Ceci de père en fils jusqu'à moi

Le non-poème
c'est ma tristesse
ontologique
la souffrance d'être un autre

Le non-poème
ce sont les conditions subies sans espoir
de la quotidienne altérité

Le non-poème
c'est mon historicité
vécue par substitutions

Le non-poème
c'est ma langue que je ne sais plus reconnaître
des marécages de mon esprit brumeux
à ceux des signes aliénés de ma réalité

Le non-poème
c'est la dépolitisation maintenue
de ma permanence

Or le poème ne peut se faire
que contre le non-poème
ne peut se faire qu'en dehors du non-poème

car le poème est émergence
car le poème est transcendance
dans l'homogénéité d'un peuple qui libère
sa durée inerte tenue emmurée...
(1965)

Jusqu'où peut aller le sentiment d'être étranger à soi dans ce monde clos ? Écoute encore :

« Où en suis-je en CECI ? Qu'est-ce qui se passe en CECI ? Par exemple, je suis au carrefour Sainte-Catherine et Papineau, le calendrier marque 1964, c'est un printemps, c'est mai. CECI, figé, avec un murmure de nostalgie, se passe tout aussi bien en 1930 qu'en 1956. Je suis jeune et je suis vieux tout à la fois. Où que je sois, où que je déambule, j'ai le vertige comme un fil à plomb. Je n'ai pas l'air étrange, je suis étranger. Depuis la palpitation la plus basse de ma vie, je sens monter en moi les marées végétales et solaires d'un printemps, celui-ci ou un autre, car tout se perd à perte de sens et de conscience. Tout est sans contours, je deviens myope de moi-même, je deviens ma vie intérieure exclusivement. J'ai la connaissance infime et séculaire de n'appartenir à rien. Je suis suspendu dans le coup de foudre permanent d'un arrêt de mon temps historique, c'est-à-dire d'un temps fait et vécu entre les hommes, qui m'échappe ; je ne ressens plus qu'un temps biologique, dans ma pensée et dans mes veines. Les autres, je les perçois comme un agrégat. Et c'est ainsi depuis des générations que je me désintègre en ombrelles soufflées dans la vacuité de mon esprit, tandis qu'un soleil blanc de neige vient tournoyer dans mes yeux de blanche nuit. C'est précisément et singulièrement ici que naît le malaise, qu'affleure le sentiment d'avoir perdu la mémoire. Univers cotonneux. Les mots, méconnaissables, qui flottent à la dérive. Soudain je veux crier. Parfois je veux prendre à la gorge le premier venu pour lui faire avouer qui je suis. Délivrez-moi du crépuscule de ma tête. De la lumière noire, la lumière vacuum. Du monde lisse. Je suis malade d'un cauchemar héréditaire. Je ne me reconnais pas de passé récent. Mon nom est Amnésique Miron ».

La souffrance :

« Je dis que pour CECI il n'est pas possible que je sois tout un chacun coupable. Il y a des complicités inavouées. Il n'est pas possible que tout le monde ait raison en même temps. Il y a des coupables précis. Nous ne sommes pas tous coupables de tant de souffrance sourde et minérale dans tous les yeux affairés, la même, grégaire. Nous ne sommes pas tous coupables d'une surdité aussi générale derrière les tympans, la même, grégaire. D'une honte et d'un mépris aussi généralement intériorisés dans le conditionnement, les mêmes, grégaires. Il y a des coupables. Connus et inconnus. En dehors, en dedans. »

La colère :

> « Longtemps je n'ai su mon nom, et qui j'étais, que de l'extérieur. Mon nom est "Pea soup". Mon nom est "Pepsi". Mon nom "Marmelade". Mon nom est "Frog". Mon nom est "Damned Canuck". Mon nom est "speak white". Mon nom est "dish washer". Mon nom est "floor sweeper". Mon nom est "Bastard". Mon nom est "cheap". Mon nom est "sheep". Mon nom... Mon nom... »

L'impuissance :

> « La mutilation présente de ma poésie, c'est ma réduction présente à l'explication. En CECI, je suis un poète empêché, ma poésie est latente, car vivant CECI j'échappe au processus historique de la poésie. Dites cela en prose, svp ! – You bet ! »

Ce « dites cela en prose, svp ! – You bet ! », je l'ai pris pour moi et en ai fait l'exergue de mon essai. J'y ai vu le défi lancé à la pensée claire, à la démonstration lucide. J'ai relevé le défi, détricoté le système fil à fil, desserré l'étau. Un matin de 1971, Miron, qui avait mon manuscrit en main, me donne un coup de fil et « m'engueule » pour lui avoir fait passer une nuit blanche. Couche-tard, il avait apporté mon manuscrit au lit, pour en lire quelques pages. Il n'avait pas pu le lâcher...

La victoire :

Dans la semaine du 6 février 1994, nommé personnalité de la semaine de *La Presse*, il faisait l'objet d'un portrait signé Anne Richer. En gros caractères, sous sa photo, on lisait cette citation de lui : « La poésie a changé parce que ce n'est plus un homme humilié, inférioris é et aliéné, mais un homme libre qui parle maintenant. C'est un homme qui assume sa liberté... »

Car ce qui importe, d'abord et avant tout, c'est que chaque Québécois, dans son être, soit libre et souverain.

En 1980, après le premier référendum perdu, il était venu me voir, inquiet, me demandant si tout était fini. Je lui ai dit que la date importante de notre histoire avait été le 15 novembre 1976, soit la date de la prise du pouvoir par le Parti québécois. Qu'il s'agissait là de la date fondatrice, de la marque originelle et indélébile : la date de la naissance du peuple québécois. Il parut frappé de la formule. Et satisfait.

Tout ce que je souhaite – car je le savais ouvert à l'inquiétude religieuse –, c'est que dans ses derniers jours, ses dernières heures, ses dernières minutes ou secondes peut-être, la grâce l'ait saisi pour l'éternité. Dernière bataille, dernière victoire. Connues de Dieu seul.

Ton père

* * *

**Jean Bouthillette à Serge Cantin**

Montréal, le 4 décembre 1997

Monsieur,

Je viens de terminer la lecture de votre livre[2] [...]. Votre admiration avouée pour Fernand Dumont vous honore. On admire peu aujourd'hui, tant le rapport entre les penseurs en est un, souvent, conscient ou non, de concurrence, comme entre les scientifiques. Vous en donnez une belle preuve par votre notion d'autorité (que vous reconnaissez à juste titre à Fernand Dumont). De devoir revenir sur la définition d'une aussi noble notion en dit long non seulement sur la dégradation des rapports entre les intellectuels, mais sur l'orgueil de la pensée. Pas que chez nous, d'ailleurs. Il faut dire que les vrais maîtres sont rares, et les petits nombreux...

Vous avouerai-je que j'ai un faible pour votre article vitriolique – n'ayons pas peur des mots – sur la pensée « mondaine » de Jacques Godbout. Ironie décapante. Du beau déshabillage.

Vos autres articles sur le Québec m'attristent. Ne vous méprenez pas. Ce qui m'attriste, c'est le cercle dans lequel nous sommes enfermés et qui nous oblige à revenir constamment, tous les dix ans, génération après génération, sur des problèmes que nous aurions dû résoudre depuis longtemps. La fatalité de notre condition nous contraint à l'éternelle redite, au ressassage du même. Je vous lis les yeux fermés tant ces choses me sont familières... On a parlé de fatigue culturelle. Il y a peut-être plus : la fatigue tout court. Et si ce peuple, chez les plus humbles comme chez les élites, ne voulait plus rien savoir ? Ne plus nous regarder dans les yeux. Les fermer et dormir. Disparaître en douce. Ne plus être. Nous engourdir dans l'hiver de force...

Tel est mon désespoir. Et puis non. Ce peuple a de la vitalité, de la joie de vivre, de la créativité. Mais il a fait une croix sur sa mémoire. Ou on l'a fait pour lui. Pourtant il résiste, parce qu'il y a une sociabilité canadienne-française dans laquelle il se reconnaît, et depuis si longtemps qu'il a l'intuition d'un passé qui le nourrit encore. Peut-être ne veut-il plus rien savoir parce que justement il désire se resavoir autrement. Pas se souvenir : se réapproprier lui-même dans

---

2. *Ce pays comme un enfant, op. cit.*

une histoire qui ne l'accable plus. Non revenir au passé, mais le faire surgir pour lui donner sens et l'assumer enfin. Pour sortir d'une honte jamais avouée ? Se libérer d'une culpabilité pesante ? Se donner, enfin, un grand coup de pied au cul et passer à autre chose ? Vivre dans la clarté de soi… Canadien français, qui étais-je ? Québécois, qui suis-je ?

Vous voyez, on recommence. On revient au même dans une continuité de servitude intérieure qui confine à la malédiction. Recommencer, toujours. Jusqu'à la mort, s'il nous faut mourir. Par dignité. Car il y a, même bafouée, une dignité canadienne-française, qui est notre dignité à chacun de nous et sans laquelle on ne peut pas vivre. C'est cette dignité première qui doit fonder l'affirmation québécoise ou il n'y aura pas d'affirmation québécoise. Je crois fermement qu'en devenant Québécois, le Canadien français a perdu quelque chose : le sens de sa durée intérieure. Le passage du Canadien français au Québécois s'est fait dans la rupture, quand il eût fallu tout assumer. On a fait de la tradition vivante un folklore, que l'on a chanté un temps pour mieux oublier la tradition. Mais ce gommage nous a rendus plus fragile encore. Que cache en effet cette rupture issue de la Révolution tranquille ? issue de la « fière » affirmation québécoise ?

Tout simplement ceci qu'elle est en train, par la même voie de l'identité, de réitérer la grande rupture de notre histoire. Au début, le nom de Québécois nous libérait du dédoublement inscrit dans le nom de Canadien. Ce nom de Québécois, en expulsant l'autre de notre moi (je ne dis pas du pays), faisait de nous une totalité. Il nous englobait. Il était nous, comme il y a deux siècles les Canadiens c'était nous. Or que remarque-t-on aujourd'hui ? Nous avons de plus en plus tendance à nous désigner comme Québécois francophones. Imaginez : Québécois francophone, sans y voir la mortelle tautologie. Québécois anglophone a un sens : il marque l'exception, comme français dans Canadien. Le langage courant, encore une fois, nous trahit. Notre nom, encore une fois, nous glisse entre les doigts et, subtilement, se dédouble. L'autre, que nous avions distancé, recommence à s'insinuer en nous. Allons-nous en venir à ne plus nous reconnaître dans le miroir de l'identité québécoise, NOTRE identité ?

Tout recommence-t-il comme avant, à la racine même de notre être ? Une autre Conquête… Toujours la même au fond, qui n'en finira donc jamais ?

Les derniers paragraphes de votre livre sont merveilleux d'espérance (qui est une vertu).

Veuillez excuser la longueur de cette lettre et croire en mon amitié.

Jean Bouthillette

\* \* \*

## Jean Bouthillette à Serge Cantin

Toute une suite de jours en novembre et en décembre 1997

Monsieur,

Dans votre lettre du 29 octobre, vous me suggérez de «porter témoignage de l'âpre lutte que (j'ai dû) mener pour remonter à la source du malheur commun». J'ai commencé par me rebiffer (voir ma réponse). Mais le «mal» était fait : vous veniez de forcer des écluses que j'avais tenues fermées depuis longtemps et que je ne désirais plus rouvrir. Vous l'aurez voulu…

Je ne suis remonté à aucune source : la source était en moi. J'étais la source. J'étais le malheur commun. Mon livre est l'écoulement de la source à la mer. Je parle de mon état intérieur au moment de la prise de conscience de cet état. S'il y a remontée, elle est de l'ordre de la pensée : là, il m'a fallu la rejoindre, cette source, par l'intuition puis par le raisonnement. Il n'y a donc pas, au départ, de distance entre l'état intérieur et l'élaboration intellectuelle de l'essai. C'est la souffrance qui a accouché. L'écriture saigne comme saigne tout l'être ; la raison lui a donné sa tension, ce regard fixe qui ne déroge pas, cette dureté qui surmonte tout apitoiement. C'est ma vie même qui s'est jouée, entre les deux pôles de la douleur et la lucidité froide.

La distance… La fameuse distance chère à Fernand Dumont (si j'en juge d'après les propos que vous lui consacrez dans votre livre). Ce sont les quelques intuitions successives, à la fois intellectuelles et autobiographiques, qui ont empêché la formation de toute distance en moi et dans l'écriture, entre l'écriture et moi. Le Canadien français, c'est moi. Et son double, c'est moi. Le sujet du livre, c'est moi. Moi en tant que colonisé qui prend subitement conscience d'une vieille souffrance jamais affleurée, d'un malheur initial, fondateur. Oui, fondateur : la Conquête. Là est la source. Objective avant d'être subjective. Un fait qui précède, qui précipite le malheur. C'est cette objectivité initiale qui coule de cette source jusqu'à la mer. Dix ans d'accouchement dans la solitude et la douleur, avec pour seul viatique quelques poèmes de Gaston Miron. La distance ? Toute distance m'était impossible. Je dirais même qu'elle m'était refusée comme condition d'achèvement du livre. Je ne souhaite ce cheminement à personne.

J'ai mis du temps à trouver « mon » écriture. Première étape : un texte de quelques pages, très abstrait. Une pure logique. Une pure horreur. Une sorte de refus absolu de me voir impliqué dans ce que je prenais pour un « problème intellectuel » dont il suffisait de trouver la solution. (Je me souviens, non sans rougir, de la dernière phrase : « Tout le reste n'est que problèmes pratiques. » Imaginez !) La distance... Ce n'était qu'un refus de moi-même (on est déjà en plein dans le sujet du livre), dont je n'avais pas encore pris conscience.

Deuxième étape : un long et pénible texte de plus de deux cents pages dactylographiées, amphigourique, où le je – qui deviendra le nous du livre – refuse de se reconnaître et cède la parole à un il prétendument objectif. La fausse distance, toujours...

Le refus de soi et l'absence d'une écriture personnelle, c'est-à-dire qui colle au sujet comme le sujet colle au je, ne font qu'un. Comme ne font qu'un la reconnaissance du je et l'écriture personnelle qui en sourd, oui, qui en jaillit comme d'une source. Une fois mon écriture trouvée, c'est-à-dire une fois le je accepté, ainsi que son assimilation au nous du livre, ce dernier était fait. Il ne restait plus qu'à l'écrire... Dix ans !

Le je qui écrit, justement. Dans cette genèse de l'écriture, la distance est dans l'acte même d'écrire, surtout pas dans l'audace et la présomption d'écrire, dans la nécessité vitale d'écrire, de dire ce qui doit absolument être dit ; la distance est dans la mécanique intellectuelle mise en branle par le défi de la feuille blanche, non dans l'écriture comme telle puisque le style est le je enfin réconcilié avec lui-même. Je n'en fais pas une règle, ne pouvant témoigner que pour moi-même. Je n'ai eu ni méthode ni plan : j'ai avancé dans le noir, la faible lampe d'une intuition initiale collée au front. Lentement il y a eu une lueur sur les parois du tunnel, puis la lumière au bout.

Le nous, maintenant. Chez un peuple, le nous, c'est le tous *et* chacun, l'alliage (et non la fusion) du presque abstrait et du concret. Un nous qui expulse le chacun est un nous totalitaire – c'est le nous collectiviste de tous les communismes du XXe siècle. Le nous est formé de l'addition – de la présence – de tous les chacuns concrets, de leur communauté, c'est-à-dire de ce qu'ils ont en commun en tant que membres d'un même peuple. Le nous, c'est ce qui fait se ressembler ces chacuns dans une part d'eux-mêmes qu'ont précipitée une histoire commune et des traditions partagées (même dans leur rejet), et qu'aiguillonne, même dans sa contestation, une culture en marche. Même si le nous n'a pas de visage, c'est par lui que les chacuns se reconnaissent entre eux. Il s'exprime par une forme particulière de sociabilité. Si le nous n'est pas rencontre, il est mensonge. Cette rencontre, dans notre condition présente, prend la forme d'un certain unanimisme, tel que le reflète la télévision dans quelques téléromans et séries. Une connivence secrète, qui précède le langage. Nous nous sentons les uns les autres…

La distance, toujours. À lire vos propos sur Fernand Dumont, on voit qu'il s'agit d'une méthode. Nécessaire, d'après ce que je puis voir. Une volonté… de ne pas souffrir ? de transcender le malheur ? C'est dans cette volonté, justement, qu'elle me paraît un peu suspecte, en souhaitant que j'aie tort. Après la parution de mon livre, Fernand Dumont m'a envoyé un mot (30 janvier 1973). En voici quelques lignes : « … Nous nous psychanalysons depuis longtemps : mais votre livre achève un certain examen de nous-mêmes et inaugure une autre étape. En tout cas, c'est toute l'histoire du Québec qu'il faudrait refaire à partir de vos suggestions. » Or, qu'a-t-il fait (il n'est pas le seul) depuis et jusqu'à son ouvrage sur la *Genèse de la société québécoise* (d'après ce que j'en sais par votre livre, car je ne l'ai pas lu ; j'ai peu lu Dumont) sinon ressasser les thèmes mêmes du *Canadien français et son double* – et d'autres semblables, bien sûr – vingt-cinq ans plus tard ? Mais dans l'abstrait, de façon théorique. Allons plus loin : dans une sorte de recherche, me semble-t-il, d'une essence du malheur canadien-français. Comme si le « mal-être » canadien-français était (devenu) en nous une nature, idée que je récuse. Le mal-être canadien-français n'est pas de l'ordre de l'essence ou de l'en-soi, mais de la relation. C'est la relation faussée à l'Anglais qui a faussé la réalité et la perception que nous en avons, qui a donc atteint notre être même par intériorisation et affecté notre comportement. Ramenez cette relation, faussée à sa racine, à une relation d'égalité de peuple à peuple, par rupture ou réaménagement, et notre comportement change radicalement. (Je ne dis pas, bien sûr, du jour au lendemain ; je dis qu'il cesse de se transmettre.) C'est dire que le combat est essentiellement concret, que la pensée ne doit pas être du grattage de plaie mais le martèlement d'une vérité première, objective : la Conquête et ses ravages en nous ; la Conquête entérinée par l'ambiguïté de la Constitution de 1867 et sous l'empire de laquelle nous sommes toujours, malgré les apparences, comme interdits de vivre. Le problème est peut-être moins dans la prise de conscience de cette relation (car on le sait bien, au fond), que dans son rappel constant et dans la volonté de changer. L'intellectuel retrouve ici son rôle de chercheur de solutions fermes, son rôle d'éveilleur, de guide, les yeux braqués sur la seule réalité. Sinon il est condamné à tourner en rond dans des concepts de plus en plus complexes et... inutiles. L'éternel retour, c'est la condition du colonisé. Mais, que voulez-vous, le Canadien français refuse de se reconnaître colonisé, et l'Anglais colonisateur, ou, selon les mots mêmes de mon essai, «[...] cette servitude ne se veut ni donnée par l'Anglais, ni reçue par nous». C'est ce double refus qui fausse tout à la racine et qu'il faut déraciner. (Ne tirez pas de ce qui précède, je vous prie, la conclusion que je méprise Fernand Dumont ou minimise l'importance de son œuvre. Au contraire. Mais avouez que comme «achèvement d'un certain examen de nous-mêmes et inauguration d'une autre étape», l'avancée est mince.) Malgré tous les discours, toutes les analyses, notre condition nous ramène toujours au même cercle, comme si des choses refusaient de franchir le seuil de la conscience, butaient sur un NON obstiné, comme si, en fin de compte, le Canadien français ne voulait plus rien savoir... Trop dur!

Petite diversion. Dans le numéro du 25 septembre-1er octobre du *Nouvel Observateur*, Jean Daniel consacrait un éditorial au Québec. Excellent éditorial dont l'avant-dernier paragraphe se terminait par ceci (j'abrège): «[...] les héritiers du grand Pierre Trudeau». J'ai bondi. Et je lui ai écrit. Après lui avoir «reproché» cette erreur de fait et d'interprétation, je lui ai rappelé, entre autres, ce jugement qu'il avait porté sur les Algériens dans son livre *Le temps qui reste* paru en 1973: «[...] on ne peut pas dire à la fois que les Algériens étaient dépersonnalisés et que la personnalité algérienne demeurait affirmée, vivante et homogène. Parce que, lorsqu'on voit ce que l'occupation allemande a fait comme ravages en quatre ans dans l'esprit français, on peut deviner ce que l'occupation française a pu faire en plus de cent trente ans». Et j'ai ajouté cette phrase, en paragraphe: «Et la présence anglaise au Québec depuis plus de deux cents ans, monsieur Daniel?» Je n'ai pas eu de réponse... jusqu'ici.

Quant à la genèse du livre, elle est simple, comme tout commencement. Un reportage à faire sur «le retour du séparatisme». Sujet qui à l'époque m'ennuie, m'horripile, me semble un retour en arrière, et que j'ai l'intention d'expédier comme un vulgaire pensum. Nous allons voir ce que nous allons voir! Ce sont mes yeux qui se sont dessillés... Nous sommes en 1960.

Entrevue avec Pierre Trudeau, avec qui j'étais d'accord sur tout : tout est de notre faute, que dire d'autre ? On se quitte, satisfait l'un de l'autre… J'étais colonisé à l'os. Comme lui. Mais lui ne le saura jamais. Entrevue avec Raymond Barbeau et André d'Allemagne, que j'attendais avec une brique et un fanal. Renversement de situation : rien n'est de notre faute, au départ, tout remonte à la Conquête, qui fait de nous des victimes. La brique, je la reçois en plein front. Et le fanal donnera quelque lumière.

Je suis extrêmement perturbé, déchiré. Qui a raison ? Les raisons de l'un valent-elles les raisons de l'autre ? Première intuition : je ne fais pas face à un dialogue objectif, mais j'entends les deux voix contradictoires, le monologue irréconciliable d'un même personnage déchiré et dressé contre lui-même : nous, Canadiens français. (Nous sommes déjà, des années avant la création de la pièce, dans *Deux femmes terribles* d'André Laurendeau.)

D'où la deuxième intuition : le dédoublement de la personnalité canadienne-française. Comment démontrer ce dédoublement ? Par le nom même de Canadien français.

Troisième intuition : la culpabilité, qui concrétise le refus de soi. Tout cela, bien sûr, étalé dans le temps.

Vous avouerai-je que j'ai un faible pour le chapitre sur la liberté ? Ici notre histoire se renverse et dévoile, dans sa quête de liberté, un sens positif à ce passé qui rebute tant des nôtres. C'est ce renversement qui rend possible et nécessaire l'«assumation» de notre passé, qui retrouve ainsi sa part cachée de grandeur.

Vous voyez, ces propos ne font ni ne valent un livre. Mais j'ai voulu les fixer sur papier pour ma propre mémoire, pour ne plus avoir à les «renoter», et celle un jour de mes enfants. Je vous sais gré de les avoir provoqués. Je vous les envoie parce que non seulement vous vous intéressez à un livre découvert un quart de siècle après sa parution et son presque oubli, mais surtout parce que vous avez le courage de continuer dans la même voie, de creuser un sujet qui, au fond, désespère à peu près tout le monde. Et c'est vous qui avez raison.

Amitié

Jean Bouthillette

Post-scriptum : Si la distance m'est refusée, le détachement m'est accordé.

\* \* \*

## Serge Cantin à Jean Bouthillette

Shawinigan, du 7 décembre 1997 au 10 janvier 1998

Cher Monsieur Bouthillette,

J'aurais voulu, croyez-le bien, répondre plus rapidement à vos deux lettres, du 4 novembre et du 4 décembre. Si je ne l'ai pas fait, c'est que j'ai eu besoin de tout ce temps d'abord pour me remettre de la surprise et de l'émotion qu'elles m'ont causées, ensuite pour décanter les réflexions qu'elles auront su déclencher en moi. Car je ne m'attendais pas à cela, je veux dire à ce que vous m'offriez aussi spontanément, aussi généreusement, le témoignage souhaité et que je reçois comme le fruit de ce «détachement» auquel vous faites allusion dans le post-scriptum de votre dernière lettre.

D'un tel détachement, je suis hélas encore bien loin, tout philosophe que je suis ou ai la réputation d'être. Quant à la distance, ou du moins à une certaine distanciation méthodologique, je ne m'en méfie pas moins que vous pour avoir été en mesure d'en constater les méfaits dans le *small world* universitaire, où elle sert le plus souvent d'alibi au confort et à l'indifférence. Il est cependant un autre manière de pratiquer la distance dont Fernand Dumont demeure pour moi le modèle, et qui explique en partie l'admiration que je lui porte. Une pratique aussi rare que précieuse pour la société où elle s'exerce, pour cette société québécoise à laquelle Dumont a tant donné. Dans l'hommage que la revue *Relations* lui a rendu quelque temps après sa mort, Jacques Grand'Maison écrivait ceci : «Pour l'avoir suivi dans le feu de ses débats et combats, j'en sais assez pour soupçonner que ses brûlures d'indignation et de scandale étaient plus douloureuses que celles de nous tous qui l'entourions. Il en allait de même de ses dépassements qui nous étonnaient tout autant [...]. Dumont a payé très cher les cadeaux qu'il nous a faits.»

Aussi je ne pense pas que la distance procède chez Dumont d'une «volonté de ne pas souffrir [...], de transcender le malheur», comme vous semblez le suggérer dans votre lettre. Elle me paraît correspondre plutôt à une sorte d'ascèse, qui n'a pas pour motif ni pour effet d'évacuer la souffrance mais d'empêcher qu'elle ne devienne une force stérile et destructrice. Lisez *L'Ange du matin*, le recueil de poèmes (et le premier livre) que Dumont a publié en 1952, et vous verrez que la souffrance a bien failli l'anéantir. Ce qui, me semble-t-il, l'a sauvé, ce qui a permis l'ascèse tout en lui donnant un sens, c'est l'amour d'une femme, qu'il a reçu comme un *don* le rendant à jamais débiteur envers le monde. Mais ce don, encore fallait-il qu'il l'accepte et l'assume au long des jours. L'ascèse de la distance suppose cette acceptation du don par laquelle celui-ci se fait don selon l'autre acception du terme, au sens d'avoir un don, d'être doué pour quelque chose, en l'espèce pour la compréhension du monde. Pour le dire autrement, Fernand Dumont était doué de ce que l'on pourrait appeler un *cœur intelligent*, « aussi loin de l'affectivité qui submerge que de l'insensibilité qui empêche de penser, aussi loin d'une proximité trop étroite que des obstacles dressés par l'éloignement de la connaissance pure » (Myrian Revault d'Allonnes).

Ai-je tort de penser que *Le Canadien français et son double* se situe dans le même entre-deux ? Ni méthode ni plan, dites-vous, mais dix ans de labeur et de douleur ; une longue gestation, une difficile ascèse pour trouver votre écriture, pour vaincre les « obstacles dressés par l'éloignement de la connaissance pure » – ce que vous appelez la « fausse distance », celle que, tel « l'entomologiste sur un insecte mort », nous sommes enclins à adopter pour « domestiqu[er] notre angoisse en nous réfugiant dans l'analyse des faits ». Celle contre laquelle Dumont n'a eu de cesse, comme vous, de nous mettre en garde.

Cela dit, je comprends que vous puissiez reprocher à Dumont de n'avoir fait que « ressasser les thèmes mêmes du *Canadien français et son double* – et d'autres semblables… » En un sens, vous avez raison, et je déplore que nulle part dans ses écrits sur le Québec, et notamment dans *Genèse de la société québécoise*, Dumont n'ait pensé à souligner l'importance de votre essai et, le cas échéant, l'influence qu'il a pu exercer sur sa propre réflexion. Mais, en même temps, je me demande ce que Dumont aurait bien pu faire d'autre – si votre diagnostic était et demeure, comme je le crois, foncièrement juste – que de ressasser les mêmes thèmes. N'est-ce pas ce que Miron lui-même a fait après *L'Homme rapaillé* : « radoter », comme il disait ? Et qu'ai-je fait de mon côté, toutes proportions gardées, dans *Ce pays comme un enfant*, sinon du « ressassage du même » ? Qu'ai-je fait sinon, trente-cinq ans après *Le Canadien français et son double*, et sans même l'avoir lu, défoncer les portes que vous aviez ouvertes autrefois pour finalement m'apercevoir (mais je le savais au fond) qu'elles débouchent sur une vieille impasse, sur un paysage inchangé, étrangement pareil à celui que vous aviez dévoilé il y a un quart de siècle. Spectacle « attristant », je vous l'accorde sans peine, désespérant même, la seule consolation étant peut-être pour vous de constater qu'il existe toujours des chahuteurs, des spectateurs encore assez lucides pour relever l'imposture et dénoncer les histrions qui s'agitent sur la scène publique.

Pour revenir à Dumont, et plus précisément à ce qu'il vous écrivait en 1973, je dirais qu'il a bel et bien refait, dans *Genèse de la société québécoise*, « l'histoire du Québec [...] à partir de vos suggestions », et par-dessus tout de celle, capitale, du dédoublement. Ce qui n'est pas rien, même si, je l'admets, par rapport au « combat concret », « l'avancée est mince ». Mais que voulez-vous, sur le chemin de l'histoire, la charrue ne passe jamais avant les bœufs, ou si vous préférez, en langage hégélien : c'est au crépuscule que la chouette de Minerve prend son envol... « *Critiquer* , dit quelque part Dumont, ce consiste, ici comme ailleurs, à mettre en cause, à éprouver, à relativiser, non sans espérer [...] quelque éventuelle mutation de la pensée et de sa parente, la culture. » Non pas s'engourdir dans la contemplation de l'hiver de force, en y cherchant une essence de nous-mêmes, un sol ultime et rassurant ; mais s'enfoncer dedans, dans sa profondeur, et tenter d'y ouvrir des chemins. Et le faire tout en étant conscient en même temps, pour emprunter à un autre philosophe, que « les chemins ne mènent nulle part », puisque tous les hommes et toutes les sociétés sont voués à la mort. Savoir désespérant dont savait pourtant, paradoxalement, religieusement, se nourrir l'espérance de Dumont, sa foi en l'humanité.

« Le mal-être canadien-français n'est pas, dites-vous, de l'ordre de l'essence ou de l'en-soi, mais de la relation. » Dumont n'a jamais prétendu le contraire ; et je dirais même que c'est d'abord et avant tout pour cette raison, afin de montrer le caractère non pas essentiel et incurable, mais relationnel et remédiable, de notre mal-être, qu'il s'est attaqué à la *Genèse de la société québécoise*. Il s'agissait pour lui de montrer, documents historiques à l'appui, comment – dans quel contexte historique particulier et à partir de quelles contraintes sociologiques et politiques – s'est constituée cette conscience négative de nous-mêmes ; comment s'est faite cette « appropriation lente et subtile de l'image que *l'autre* projette sur soi ». La dépersonnalisation dont vous avez su rejoindre en vous la source – transcendantalement, si j'ose dire –, la désidentification collective, la dépolitisation imputable à « la greffe psychique de l'Anglais en nous », Dumont a voulu de son côté en reconstituer minitieusement les étapes à partir de *l'origine*, de ce «rêve de l'Europe», de ce rêve avorté que fut la Nouvelle-France. «Bien avant que survînt la Conquête anglaise de la Nouvelle-France, écrit-il, cette société a subi un traumatisme de l'enfance qui devra faire appel dans l'avenir au travail compensatoire de l'imaginaire.»

Travail compensatoire et contradictoire, puisque si, après la Conquête, les origines et les institutions françaises seront d'une part mythiquement exaltées, pour servir ainsi de fondement au discours de la survivance, les mêmes origines françaises seront d'autre part, «pour mieux montrer que l'on doit profiter des libertés britanniques» – par ce que vous-même appelez dans votre essai (p. 78) «une sorte de mimétisme compensateur» – condamnées, assimilées au despotisme. «La contradiction, souligne Dumont, ne sera jamais vraiment surmontée par la suite. Il faudra maintenir l'ancien discours de la survivance, avec sa rhétorique propre, en le juxtaposant au discours constitutionnel. N'est-il pas pertinent de s'en souvenir pour comprendre l'ambiguïté qui hante encore aujourd'hui la conscience politique de la collectivité?»

Comment sortir de cette ambiguïté, de ce dédoublement; comment surmonter la dualité du culturel et du politique, joindre ce qui a été dissocié au départ?

Dumont: «Pour répondre, les Québécois n'ont pas à renier la patience obstinée de jadis, mais à lui joindre enfin le courage de la liberté.»

Vous: «Mais si, par le jeu de l'être et de l'avoir, toute servitude porte en elle la liberté de l'asservi, le réflexe nationaliste, à travers notre Histoire, témoigne de notre instinct le plus profond et le plus sûr: l'instinct ontologique de la liberté.»

Ainsi, au terme de deux démarches complémentaires et qui s'éclairent l'une l'autre selon moi, vous en arrivez, Dumont et vous, à la même conclusion quant à la tâche qui incombe désormais au peuple québécois. Dans les termes que vous utilisez dans votre lettre: «Pas se souvenir: se réapproprier lui-même dans une histoire qui ne l'accable plus. Non pas revenir au passé, mais le faire surgir pour lui donner sens et l'assumer enfin.» Dans les termes de Dumont: non pas idéaliser le passé, ni le noircir à outrance, mais «en arriver, collectivement, à une mémoire proche du réel, à la mémoire d'une société normale» – à une mémoire qui, ajouteraisje, implique un moment de distanciation dans le rapport de soi à soi, une compréhension de soi à distance qui est le propre d'une conscience adulte.

Quant au rôle que l'intellectuel est appelé à remplir dans cette remémoration collective, il me semble y avoir, là aussi, une parenté de vues entre Dumont et vous. Ce rôle en est un de médiation, un rôle pédagogique-critique, un rôle d'éducation à la réalité – «les yeux braqués sur la réalité», dites-vous.

Mais sur quelle réalité? C'est ici, me semble-t-il, que surgit le point de désaccord entre vous deux.

Pour vous, la réalité, la «vérité première et objective» qu'il faut «marteler», c'est «la Conquête et ses ravages en nous». Alors que, chez Dumont (selon la compréhension que j'en ai bien sûr), la Conquête, pour importante qu'elle fût et pour cuisante qu'elle demeure dans l'âme collective, n'explique pas tout et risque même, à trop fixer l'attention sur elle, de court-circuiter le travail de la mémoire, la recherche de ce que vous-même appelez «un sens positif à ce passé qui rebute tant des nôtres» – recherche à laquelle Dumont accordait lui-même la plus grande importance, dont il s'est fait, pendant plus de quarante ans, l'agent, le promoteur et l'animateur au sein de la société et de l'université québécoises.

«Avons-nous été conquis, oui ou non?», me rétorquait un jour quelqu'un que je tentais de convaincre de voter oui au référendum. Sous-entendu: voilà un fait irréfutable, une réalité historique «objective» avec laquelle il nous faudra bien un jour ou l'autre apprendre à vivre. Bien sûr, je n'étais pas d'accord; mais l'argument massue me laissa sans voix. Pour cette personne, notre «mal-être» ne provenait pas tant de la Conquête que du fait que, deux siècles plus tard, nous n'étions toujours pas parvenus à la reconnaître comme telle; que nous n'avions pas eu l'intelligence ou le courage de voir la réalité en face et d'en tirer les conséquences.

Pour paraître primaire, ce raisonnement n'en mérite pas moins la plus grande attention. Il importe en effet, et plus que jamais peut-être, de se demander – en tout cas, il m'arrive souvent, comme à d'autres je présume, de me demander – si notre survivance n'aura pas été qu'un long sursis et s'il n'eût pas mieux valu au fond suivre les recommandations de lord Durham. «Une nation comme la nôtre vaut-elle d'être continuée?», s'interrogeait très sérieusement Dumont dans *Raisons communes*. Bien entendu, on ne refait pas l'histoire, et Durham lui-même le savait bien, lui qui redoutait les conséquences, pour la nationalité française elle-même, de sa survivance :

> La langue, les lois et le caractère du continent nord-américain sont anglais. Toute autre race que la race anglaise (j'applique ce mot à tous ceux qui parlent la langue anglaise) y apparaît dans un état d'infériorité. C'est pour les tirer de cette infériorité que je veux donner aux Canadiens notre caractère anglais. Je le désire dans l'intérêt des classes instruites que les distinctions de langue et de manières tiennent séparées du vaste Empire auquel elles appartiennent [...]. Je désire encore plus l'assimilation dans l'intérêt des classes inférieures. Leur aisance rudimentaire et égale se détériore vite sous la poussée de la population à l'intérieur des étroites limites dans lesquelles elles sont renfermées. Si ces gens essaient d'améliorer leur condition, en s'étendant sur le pays environnant, ils se trouveront de plus en plus mêlés à une population anglaise; s'ils préfèrent demeurer sur place, ils deviendront pour la plupart des manœuvres à l'emploi des capitalistes anglais.

On a dit beaucoup de mal de Durham, souvent sans même se donner la peine de le lire et de réfléchir aux motifs qu'il invoquait en faveur de notre assimilation. Et si Durham, dans son fameux rapport, avait tout simplement fait preuve de lucidité? En quittant leurs rangs et leurs paroisses rurales pour la ville à la fin du XIXᵉ siècle, les Canadiens français ne sont-ils pas devenus, comme il l'avait prédit et comme vous-même le remarquiez dans votre essai (à la suite du chanoine Groulx et de quelques autres), un peuple de prolétaires? Et prolétaires, nous le sommes restés, en dépit d'une relative et trompeuse richesse dont la clef ne nous appartient pas. Car nous ne dépendons pas moins aujourd'hui qu'hier des Anglo-Saxons, non pas tant des Canadiens anglais du reste que des Étasuniens. Dépendance tout à la fois économique, politique et culturelle. Dépendance que nous entretenons en toute inconscience collective, en toute bonne conscience de nos droits individuels, une bonne conscience qui cache «notre inconscient refus de nous-mêmes», notre «culpabilité nationale».

La «Conquête et ses ravages en nous»? Mais (laissez-moi me faire encore une fois l'avocat du diable) ces ravages n'ont-ils pas été causés plutôt par le refus de la Conquête, par la survivance, «ce suicide inconscient de l'être collectif» (votre essai, p. 76-77), cette négation imaginaire, idéologique de la réalité de la Conquête, laquelle fut presque aussitôt interprétée par l'élite canadienne-française comme providentielle, voire comme un événement heureux? Ce qui expliquerait que la plupart des Québécois n'arrivent toujours pas, comme vous le dites, à «se reconnaître colonisé[s]». Par une sorte d'atavisme schizoïde. Mais aussi parce que, comme l'avait bien vu Albert Memmi, notre condition de colonisés, pour réelle qu'elle soit, ne répond pas à la définition classique du colonisé. Ce qui ne vous avait d'ailleurs pas échappé: «Colonisés? pourtant nous sommes libres… Ce qui fait la spécificité de notre servitude – et son paradoxe –, c'est qu'elle s'étale au sein d'une liberté qui la voile à nos yeux et aux yeux du monde» (p. 83).

Le fait pour le colonisé de ne pas pouvoir se reconnaître comme colonisé n'est-il pas l'indice d'une colonisation plus subtile, plus insidieuse, plus profonde aussi peut-être et, partant, plus indéracinable que celle qu'ont eu à subir, par exemple, les Algériens ou les Vietnamiens? Sur ce point, la position de Dumont me semble témoigner d'un certain embarras. Car s'il a souvent usé, pour nous désigner, du terme «colonisé», s'il parlait sans ambages de notre colonisation économique, politique, culturelle, intellectuelle, il n'en demeure pas moins qu'il s'inscrivait en faux contre toute forme de rapprochement entre notre situation à nous et celle des «vrais» colonisés. Pourquoi? Peut-être parce que la *vraie* colonisation appelle et justifie la *vraie* décolonisation, c'est-à-dire la lutte armée, le terrorisme; ce à quoi le chrétien Fernand Dumont ne pouvait évidemment consentir. D'où le jugement très (trop?) sévère qu'il a porté sur le felquisme, lequel représentait à ses yeux une fuite en avant, un aveu de désespoir.

Mais admettons que les Québécois soient des colonisés *pure laine*. Faudrait-il dès lors qu'on leur rappelle sans cesse, qu'on leur «martèle» qu'ils ont été conquis, pour que, se reconnaissant enfin dans le miroir de leur aliénation, ils forment le projet de passer de l'autre côté du miroir, de sortir de la réserve où on les tient enfermés depuis la Conquête? Cette thérapie de choc, à supposer qu'elle soit applicable (mais spéculons), ne risquerait-elle pas au contraire de provoquer une réaction de déni ou de désespoir encore plus grande? Que serait devenu le peuple canadien-français si, au lendemain de la Conquête, son élite ne lui avait pas menti, ne lui avait pas raconté d'histoires en lui présentant la Conquête comme un décret de la Providence? Serions-nous encore là vous et moi, *survivants*, à conjecturer sur l'avenir du peuple québécois? Le soulèvement contre le conquérant était voué à l'échec, comme allait bientôt le montrer la défaite des patriotes. Quant à l'annexion à la république américaine, prônée un temps par les rouges, elle ne pouvait conduire à plus ou moins long terme – comme l'histoire des «petites patries» américaines allait également le montrer – qu'à l'assimilation. Bref, nos ancêtres n'avaient d'autre choix qu'entre les ravages de l'assimilation et ceux de la survivance. Choix tragique, s'il en fut, et qu'a su si bien illustrer le Français Louis Hémon dans *Maria Chapdelaine*. Choix qui se pose toujours à nous aujourd'hui, pour peu que l'on donne foi aux prosopopées, que l'on sache encore entendre «la voix du pays de Québec».

Car, si le contexte a changé, notre situation demeure au fond la même. L'assimilation se poursuit, lentement mais sûrement, plus sournoisement qu'autrefois. La survivance aussi continue, mais privée de ses supports traditionnels, et vieillissant aussi mal que son plus habile metteur en scène contemporain, Jacques Godbout, qui sait tirer profit de nos vieux réflexes de colonisé en nous racontant des histoires à *dormir debout*, celle par exemple d'une Conquête qui ne nous concernerait en rien. Or si la Conquête est, comme vous l'affirmez (à juste titre peut-être), notre «vérité première», la question est de savoir si nous sommes capables de voir la vérité en face? Les Québécois sont-ils même en mesure d'en rappeler le souvenir à leur mémoire, eux que l'on a ou qui se sont délestés de leur conscience historique?

Non, nous ne sommes pas sortis de la survivance. Et manifestons-nous le désir (je n'irais pas jusqu'à dire la volonté) d'en sortir, de devenir adultes et libres, que l'Autre (qui peut être aussi bien un Canadien français, ou plutôt son double…), invoquant *sa* constitution démocratique, nous menace aussitôt, en termes de moins en moins voilés, de plus en plus explicites, des pires représailles. Jusqu'où, dans ces conditions, pourrait ou devrait aller ce «courage de la liberté» que Dumont souhaitait nous voir joindre enfin à notre «patience obstinée»? Jusqu'où devrions-nous aller pour assurer notre «reconquête»?

Vous voyez: je n'ai, pour toute espérance, que des questions, que la question que nous devons continuer d'être pour nous-mêmes.

Avant de terminer, je voudrais éclaircir un point avec vous, puis vous adresser une requête. D'abord le point à éclaircir: est-il vrai, comme je l'ai entendu dire (mais on dit beaucoup de choses), que vous auriez eu, à l'époque, des relations épistolaires suivies avec

André Laurendeau et que ce serait à partir de cette correspondance que vous auriez conçu le projet du *Canadien français et son double*? Peut-être n'est-ce là que racontar, puisque vous n'y faites aucunement allusion dans le récit que vous me faites. Maintenant la requête : en raison de l'intérêt et de la valeur de ce récit, verriez-vous quelque inconvénient à ce que vos lettres soient publiées, par exemple dans une revue comme *Liberté*?

Sachez que cette trop longue épître se veut avant tout l'expression du retentissement que votre essai et vos lettres ont eu en moi, et auront pour longtemps encore. Je profite de l'occasion pour vous souhaiter ainsi qu'à vos proches une année de joie et de lumière. Pour peu que l'on rétablisse le courant…

Serge Cantin

* * *

## Jean Bouthillette à Serge Cantin

Montréal, janvier 1998

Cher Monsieur Cantin,

Le témoignage que je vous ai fait parvenir le 4 décembre m'a coûté beaucoup : il a exaspéré en moi « l'impossible distance » et porté un dur coup au détachement si difficilement acquis. Aussi, pour ne pas exacerber la première ni entamer l'autre, je répondrai par de courtes réflexions à votre dernière lettre, qui d'ailleurs dit les choses mieux que je ne saurais le faire, et à laquelle j'ai peu à ajouter tant elle est dense et rigoureuse. Et exigeante. Car vous ne décrochez pas. Vous êtes insatiable. Ce n'est pas un reproche. J'admire au contraire votre allant. Et votre foi inébranlable en une cause qui pourtant n'entretient chez vous aucune illusion. Vingt fois, cent fois sur la même pente vous roulez votre rocher, obstinément. Permettez-moi de déposer un peu le mien…

« Marteler la Conquête et ses ravages en nous… » Cette formule, je l'avoue mal inspirée par une certaine exaspération, ne signifie pas, bien sûr, rebâcher un événement passé et dépassé – cela ne serait que du ressentiment –, mais rappeler l'avènement dynamique de ce qui est devenu une occupation intérieure. La Conquête comme continuité dans nos institutions démocratiques et comme durée en nous, donc toujours actuelle. C'est là son paradoxe, qui entretient l'équivoque. Car le quelqu'un qui vous a lancé « Avons-nous été conquis, oui ou non ? » se situait dans le passé, butait sur un événement statique, figé une fois pour toutes. De là son réalisme en apparence implacable, mais faux. La Conquête a été levée de fait en 1867 : il n'y a plus dans ce pays ni conquérant ni conquis, mais des citoyens libres et égaux. Alors pourquoi encore et toujours parler de la Conquête ? Parce qu'elle survit, voilée à nos yeux, par ce qui justement la levait : la mortelle ambiguïté identitaire de la Consti-tution de 1867. J'ai beau avoir rangé mon marteau, je ne puis qu'y revenir à cette agaçante, irritante, lancinante Conquête qui ne cesse de nous échapper, non parce que nous refusons de la voir en face, mais de la voir dans sa face cachée.

Mais ces ravages, dites-vous, n'ont-il pas été causés plutôt par le refus de la Conquête, par la survivance ? Ici je puis difficilement vous suivre. Je me demande si, par méprise sur le sens du mot « survivance », vous ne prenez pas l'effet pour la cause. C'est à la suite de la défaite des patriotes de 1837-38 – comme prodome –, puis de l'ambiguïté de la Constitution de 1867, que les choses se sont brouillées en nous, conduisant à ce que j'ai appelé le dédoublement de la personnalité canadienne-française et la chute de notre âme de peuple dans les abîmes du souvenir. C'est dans ce souterrain qu'est née la survivance dont vous parlez, qui est une idéologie compensatoire et, comme telle, refus de l'Anglais, donc de la Conquête a posteriori, et refuge dans le passé. Comme idéologie du nationalisme traditionnel, la survivance ne date pas de la Conquête, qui pendant un siècle n'a pas affecté notre identité. Elle n'a fait que nous condamner à être ou à disparaître. Or nous ne sommes pas disparus. C'est cela, dans son sens premier, la survivance : le fait historique de notre continuité comme peuple. Pour enfin sortir de l'équivoque, je crois qu'il ne faut plus recourir à la notion de survivance, qui envoie à une idéologie morte, mais à celle d'existence, la nôtre, si précaire soit-elle. C'est moins le passé qui aujourd'hui nous pousse que l'avenir qui nous tire. Mais pour aller où ? Tant de forces contradictoires s'exercent sur nous…

Ce qui m'amène à vos propos sur lord Durham et l'assimilation, qui sont très troublants. « S'assimiler au Québec, ce n'est pas perdre sa langue, c'est se perdre de vue », ai-je écrit dans *Le Canadien français et son double*. C'est vrai qu'à (très) long terme la seconde partie de la proposition peut conduire à la première. Mais est-ce un mal en soi ? J'ai aussi écrit, deux pages plus loin : « S'assimiler de fait, c'est mourir à soi pour renaître dans l'Autre ; c'est trouver une nouvelle personnalité. » Il suffit de savoir ce que nous voulons. Mais un peuple peut-il décider, de volonté délibérée, de s'assimiler ? J'en doute fort. Reste l'affirmation ferme et lucide ou la disparition lente, ce long évanouissement dans l'Autre. Dans ce dernier cas, c'est la pensée de l'entre-deux qui m'est insupportable.

Dans la semaine du 6 février 1994, nommé Personnalité de la semaine de *La Presse*, Gaston Miron lançait ce cri : « La poésie a changé parce que ce n'est plus un homme humilié, infériorisé et aliéné, mais un homme libre qui parle maintenant. C'est un homme qui assume sa liberté. » Cette liberté intérieure conquise – qui est à la fois la réconciliation avec soi-même et du Je avec le Nous – n'est-elle pas la condition première de notre reconquête comme peuple ? Je suis un homme libre. Vous êtes un homme libre. Nous quittons ici le terrain de l'indistinction collective pour aboutir à cette liberté assumée de la personne concrète, seule capable de témoigner – si témoigner c'est agir d'abord par ce qu'on est – de ce Nous en voie d'affirmation. Le temps tranchera du salut ou de la défaite. Peut-être nos arrière-arrière-etc.-petits-enfants « traiteront-ils de ce thème » en classe avec leurs professeurs d'histoire. En français ou en anglais ? God knows...

De Fernand Dumont. « La distance, chez Dumont... me paraît – dites-vous – plutôt correspondre à une dure ascèse, qui n'a pas eu pour motif ni pour effet d'évacuer la souffrance mais d'empêcher qu'elle ne devienne une force stérile et destructrice.» Comme l'impossible distance chez moi, l'ascèse chez lui est une souffrance. Nous voilà réconciliés.

Dumont, toujours. Je vous ai dit ne pas avoir lu. Petite confidence : pendant les dix années d'écriture de mon essai, j'ai refusé de lire tout livre portant, de près ou de loin, sur le colonialisme – qu'il s'agisse de l'homme d'ici ou d'ailleurs – pour éviter toute influence. Chaque colonialisme a sa spécificité. Je croyais avoir trouvé le vrai visage du nôtre. Je n'en démordais pas. Je ne lisais qu'une revue d'ici, *Parti pris*, au cas où... C'était infaillible : dans des articles souvent remarquables, au fil des mois et de quelques années, je lisais des phrases qui allaient dans la «bonne direction», je me disais ça y est ! Non : l'auteur mettait un point à sa phrase et passait à autre chose, c'est-à-dire à côté. J'étais à la fois déçu et heureux. Déçu de ne pouvoir ainsi me délivrer sur autrui de mon labeur... ; heureux de constater que mes vues apportaient les réponses à leurs questions, ce qui me reclouait à ma table de travail. Quelques mois avant l'achèvement du livre, je me suis dit qu'il était temps pour moi de lire *L'Homme dominé* de Memmi, dont on parlait tant. Trop tard pour en subir une quelconque influence, sa lecture pouvait en revanche me démolir. Ce me fut un bonheur... Je n'avais plus qu'à mettre un point final à mon manuscrit et à aller le porter à Gaston Miron, à l'Hexagone. Après parution ? Il était trop tard pour m'embarquer dans la lecture de Dumont : j'étais déjà parti pour ailleurs.

Le racontar, comme vous le suggérez vous-même, de mes « relations épistolaires suivies » avec André Laurendeau, qui auraient contribué à l'élaboration de mon essai, m'a d'abord étonné puis fait beaucoup rire. C'est à la suite de la présentation de *Deux femmes terribles*, au milieu des années soixante, que je lui ai écrit pour lui « révéler » le sens secret de sa pièce. Dans sa réponse, il a souscrit pour l'essentiel à mon interprétation, me demandant même si je n'étais pas sourcier. C'est vous dire que j'étais déjà en possession des grandes articulations de mon livre. Sur la contradiction qu'il voyait entre mon interprétation et celle des critiques qui, au contraire, lui reprochaient son désengagement, comme si sa pièce se passait sur Mars, il me demanda mon avis, ce qui donna lieu à une seconde lettre de ma part. Ce fut tout.

Quant à « l'intérêt et à la valeur » de ce récit, comme vous le dites, permettez-moi d'avoir des doutes. Qu'ai-je fait de plus que ressasser du même ? Je vous ai dit, dans ma première lettre, que j'avais tout dit ce que j'avais à dire dans mon livre et que je ne pouvais rien y ajouter. Mes lettres subséquentes en font la preuve. Je ne suis donc pas convaincu de la pertinence de les publier.

Amitié

Jean Bouthillette

* * *

# En guise d'épilogue

Quel sens donner à la dernière élection où le Parti québécois aura essuyé, surtout au profit du Parti libéral, une défaite « historique », après avoir formé, pendant dix-huit mois, un gouvernement minoritaire, lui-même élu pour nous « libérer des libéraux » et de la corruption érigée en système ? Le moins que l'on puisse dire, c'est que les interprétations n'ont pas manqué pour expliquer une telle débâcle. Personnellement, elle m'aura laissé sans voix, comme si (est-ce l'effet de l'âge ?), avec elle, venait de se clore définitivement un chapitre de l'histoire de mon pays qui coïncide avec ma vie consciente, un chapitre qui avait pourtant bien commencé il y a plus d'un demi-siècle avec l'avènement de « l'équipe du tonnerre » de Jean Lesage, chef d'un parti très différent, il va sans dire, de ce qu'il est devenu sous la gouverne de l'associé et ami d'Arthur Porter.

Le 7 avril 2014, j'ai voté pour le Parti québécois. Qui aura eu la patience de me lire jusqu'ici se doute bien qu'à mon vote ne se rattachait aucune illusion quant à sa portée. Je n'ai pas voté pour le Parti québécois avec l'espoir que, dans l'hypothèse où il soit élu, ses caciques et ses stratèges, jugeant réunies « les conditions gagnantes », ne déclenchent un troisième référendum. Depuis le dernier, celui de 1995, le ressort politique du peuple québécois s'est comme brisé, et l'avertissement que celui-ci vient de servir au Parti québécois risque de signifier qu'il n'y aura jamais d'autre référendum sur la souveraineté du Québec. Y en a-t-il déjà eu un véritable du reste ? Depuis sa naissance – avant même sa naissance dans le Mouvement souveraineté-association –, le Parti québécois a misé, plus ou moins consciemment, sur le vieux fonds nationaliste canadien-français pour prendre le pouvoir, en promettant un référendum dont la question, aussi bien en 1980 qu'en 1995, proposait une « association » subtile entre nos deux identités, la canadienne et la québécoise. Quoi qu'en disent certains, cette ambivalence identitaire n'est pas « ontologique »; elle est plutôt le fruit d'une longue histoire de soumission et d'intégration à la logique politique du conquérant.

Au début de ce livre (p. 4), j'ai cité la question dramatique que Fernand Dumont soulevait au lendemain de la crise d'Octobre dans *La Vigile du Québec* : « Qu'avons-nous fait au juste depuis 1960 ? Avons-nous célébré la fête exaltée que se donne une société avant d'entrer dans une agonie plus silencieuse ? » Cette question, il est tentant de l'assimiler à une conjoncture particulière, de n'y voir que l'expression du traumatisme provoqué par la crise d'Octobre. La société québécoise n'a-t-elle pas fait preuve depuis octobre 1970 d'une étonnante résilience ? Les réussites spectaculaires des Québécois francophones dans de nombreux domaines ne viennent-elles pas apporter un flagrant démenti à l'hypothèse d'une agonie silencieuse ? Jamais l'argument des « grands arbres » ne convaincra Fernand Dumont. Dans *Raisons communes*, paru en 1995, il évoquera la même agonie silencieuse « qui n'épargne que les nantis », qui, eux, « ont le loisir de se réfugier dans l'ironie ou la fuite », en se dérobant à l'exigence de maintenir *avec* et *pour* le peuple « la valeur *pédagogique* d'une culture » menacée, aujourd'hui comme hier, par l'inquiétant voisinage des États-Unis plus encore que par celui des provinces canadiennes. Refuser ou accepter cette agonie silencieuse, cette lente déchéance de la culture que l'histoire nous a léguée, tel était, pour Dumont, le choix **éthique** fondamental qui se posait à chacun de nous, et par rapport auquel la souveraineté et le nationalisme lui-même trouvaient leur raison d'être. Car il n'existe pas de plus grand péril à l'horizon de notre société que l'effacement des « raisons communes » au profit des droits de l'individu désaffilié, lesquels finissent toujours par servir les intérêts des individus les plus forts ou les plus riches.

Pour parer à un tel péril et donner un sens collectif à notre avenir, Dumont posait cependant une condition préalable : que les Québécois se réconcilient avec leur passé, « en prenant charge de l'héritage sans le répéter». Or ce travail de remaniement de notre mémoire historique – amorcé dès les années 1950 par un poète comme Gaston Miron et auquel Dumont a lui-même beaucoup contribué, notamment en écrivant *Genèse de la société québécoise* – s'est dévoyé dans le refus du passé canadien-français, échouant par là même – comme j'ai tenté de le montrer dans le chapitre 3 – à combler la brèche ouverte par la Révolution tranquille, et révélée par la crise d'Octobre, entre notre passé et notre avenir, entre la *référence* traditionnelle et le défi de se donner une nouvelle référence, un nouveau *nous*, dans une culture «dont l'originalité, écrivais-je, paraît résider dans "son défaut même d'intégration", dans la dispersion de ses éléments et le droit inaliénable pour l'individu sans attaches d'en disposer à sa guise».

Pourquoi donc ai-je voté pour le Parti québécois le 7 avril dernier? Justement pour contrer, autant que faire se peut, cette «dispersion» libérale des individus, pour sauvegarder, au sein de la société québécoise, l'idée de nation, c'est-à-dire d'un vivre-ensemble enraciné dans une «volonté de continuer à faire valoir l'héritage qu'on a reçu», selon la définition renannienne de la nation que contredit si nettement la «politique» officielle du multiculturalisme canadien défendue par le Parti libéral. En disant cela, je n'ignore pas que le Parti québécois s'est lui-même largement rallié, après le référendum de 1995, au multiculturalisme, et que celui-ci demeure aujourd'hui l'option privilégiée par de nombreux péquistes. Reste qu'en faisant officiellement, avant et au cours de la dernière campagne électorale, la promotion d'une charte des valeurs québé- coises – pour une part, j'en conviens, par électoralisme – le Parti québécois affirmait l'existence d'un *nous* irréductible au commu- nautarisme ghettoïsant dont Marcel Gauchet dénonçait, il y a près de trente ans, l'imposture.

> La notion de «société multiculturelle» dont se gargarise la gauche mondaine en son invariable bêtise relève [...] de l'imposture démago- gique la plus caractérisée [...]. Reconnaître les immigrés parmi nous comme des individus de plein exercice, c'est les pourvoir d'une connaissance approfondie de *notre* culture, seule à même de leur permettre de s'y conduire à leur guise, y compris pour renouer de manière dominée avec leur civilisation de provenance. Pas d'accession à la citoyenneté politique et sociale sans le détour «violent» de cette dépossession et de cette acquisition. Autant il est sûr que l'entreprise d'acculturation ne peut plus emprunter les routes abruptes qui étaient les siennes au temps du nationalisme et du colonialisme triomphants,

autant il est clair que le pathos sentimental et relativiste qui prétend en évacuer la nécessité aux noms des joies de la différence est mystificateur[1].

Dans le contexte du Québec, ce pathos est non seulement mystificateur, mais destructeur de l'idée même d'un *nous*, sans lequel notre culture *distincte* en Amérique est condamnée à disparaître. Il y a une vingtaine d'années, dans *Gouverner ou disparaître*, Pierre Vadeboncœur exhortait ses lecteurs à prendre conscience «qu'un jour il pourrait n'y avoir plus de temps».

Ce jour serait-il arrivé?

---

1. Marcel Gauchet, «L'École à l'école d'elle-même», *Le Débat*, n° 37, novembre-décembre 1985. Article repris dans *La démocratie contre elle-même, op. cit.*, p. 122-123.

**MARQUIS**

Québec, Canada

REJETÉ
DISCARD